Manfred Füllsack

Leben ohne zu arbeiten?

Zur Sozialtheorie des Grundeinkommens

AVINUS
Berlin 2002

Die Deutsche Bibliothek – CIP-Einheitsaufnahme

Füllsack, Manfred:
Leben ohne zu arbeiten? Zur Sozialtheorie des Grundeinkommens /
Manfred Füllsack. – Berlin : Avinus-Verl., 2002
ISBN 3-930064-07-3

Gustav-Adolf-Str. 10, 13086 Berlin
Internet: www.avinus.de
Herstellung: Books on Demand GmbH, Norderstedt

ISBN 3-930064-07-3

Inhalt

Vorwort

Dass wir *arbeiten* müssen, um zu *leben*, dürften viele von uns für eine vielleicht zwar lästige, aber doch notwendige Bedingung des Daseins halten. Wie sonst, wenn nicht durch Arbeit, sollten wir uns all die vielen Dinge, die wir zum Leben benötigen, verschaffen?

So scheinen die Menschen schon immer gedacht zu haben. In der Geschichte finden sich zahlreiche Hinweise, dass Arbeit auch früher schon als grundlegende Bedingung für den Besitz und den Genuss lebensnotwendiger Güter betrachtet worden ist. Bereits auf babylonischen Schrifttafeln finden sich Regeln, die das Dasein der Menschen an Arbeit knüpfen und im Neuen Testament steht im zweiten Brief des Paulus an die Thessalonicher der berühmte Satz „Wer nicht arbeitet, soll auch nicht essen".[1] Noch Kapitän John Smith, der Anführer der ersten englischen Niederlassung in Amerika, hat mit diesem Grundsatz die frühen amerikanischen Siedler zum Arbeiten angehalten. Auch die erste Sowjetische Verfassung aus dem Jahr 1918 beruft sich – so seltsam dies klingen mag – auf das Paulus-Zitat und hält fest, dass im Sozialismus nur diejenigen mit Lebensnotwendigem versorgt werden sollen, die arbeiten.[2] Und auch die moderne Wohlfahrtsgesellschaft geht im Wesentlichen noch davon aus, dass Einkommen, sprich die für viele Zeitgenossen entscheidende Lebensgrundlage, nur für den Gegenwert von Arbeit bezahlt werden sollen.

Trotzdem kennen wir alle natürlich auch Situationen, in denen wir *leben ohne zu arbeiten*. Abgesehen von den Ruhepausen *während* der Arbeit oder den in der Moderne immer länger werdenden Phasen der Freizeit *nach* getaner Arbeit haben sich die Menschen schon früh auch grundsätzliche Ausnahmen von der Regel „Nur wer arbeitet, soll auch essen" erlaubt. Bereits einfache Gesellschaftsformen, sowohl menschliche wie auch tierische, sehen etwa die Mitversorgung von Kindern, Alten und Behinderten vor, die noch nicht oder nicht mehr arbeiten können. Und schon in der Antike wurden Arbeitsprodukte auch jenseits familiärer Bindungen regelmäßig an Gesellschaftsmitglieder verteilt, die nicht unmittelbar an ihrer Erzeugung beteiligt waren. Die christliche wie auch später dann die sozialistische Weltanschauung bauen wesentlich auf diesem Umstand auf. Und noch John Smith hat die Paulus-Regel „Nur wer arbeitet, soll auch essen" bekanntlich jenen Aristokraten unter den Kolonisten entgegen gehalten, die, weil sie zuvor in ihrer alten Heimat gelebt hatten *ohne zu arbeiten,* nicht

---

[1] Kapitel 3, Vers 10.
[2] Artikel 18 der Verfassung von 1918. Vgl. dazu: Thayer 1997.

einsehen wollten, dass ihre Arbeitskraft nun in der Neuen Welt plötzlich gefragt war.

Besonders in modernen Gesellschaften, in denen unter Arbeit in der Regel *Lohnarbeit* verstanden wird, bestehen verschiedenste Möglichkeiten, ein Auskommen auch ohne Arbeit zu finden. Auf der einen Seite sorgt hier oftmals ein mehr oder weniger üppiges soziales Netz dafür, dass auch nichtarbeitende Gesellschaftsmitglieder bis zu einem bestimmten Grad am gesellschaftlich produzierten Wohlstand teilhaben können. Zum anderen leben viele unserer Zeitgenossen auch etwa aufgrund von Erbschaften oder von Zinsen und Dividenden aus Güter- oder Kapitalbesitzen schon recht komfortabel, ohne dem nachgehen zu müssen, was allgemein als Arbeit bezeichnet wird. Leben scheint demnach doch nicht so grundsätzlich an Arbeit, zumindest nicht an Lohnarbeit, gebunden zu sein, wie dies historische Normenkodizes festschreiben und wie dies auch heute noch als grundlegende Prämisse der aktuellen Arbeits- und Sozialpolitik angesehen wird.

Trotzdem werden solche Möglichkeiten zu *leben ohne zu arbeiten* auch in der modernen Gesellschaft eher als *Ausnahmen,* denn als Regel betrachtet. Als Ausnahmen nämlich vom angenommenen *Normalfall* des *Normalarbeitsverhältnisses* unter Bedingungen der *Vollbeschäftigung*. Unter Bedingungen also, unter denen alle arbeitsfähigen Gesellschaftsmitglieder Arbeit finden, weil es genügend passende Arbeitsplätze für alle gibt. Normalarbeitsverhältnis und Vollbeschäftigung gelten, anders gesagt, in unserer Gesellschaft als Richtgrößen, an denen sich der Arbeitsmarkt und sein soziales Sicherheitsnetz, wie auch die meisten politischen Reformvorschläge dazu, orientieren. Normalarbeitsverhältnis und Vollbeschäftigung bestimmen heute, so könnte man sagen, die Perspektive der Gesellschaft auf ihre Arbeit.

Und dies, obwohl die moderne Arbeit, die Lohnarbeit, längst eine Reihe von Arbeits- und Tätigkeitsformen hervorgebracht hat, die sich in keiner Weise mehr unter den Kategorien Normalarbeitsverhältnis und Vollbeschäftigung einordnen lassen. Die Arbeitsgesellschaft hat sich im Zuge ihrer Entwicklung längst über die klassische und historisch so folgenreiche Polarisierung von Arbeitnehmern und Arbeitgebern hinaus differenziert und hat mittlerweile auch die vielschichtigen Identitäten der Arbeitslosen, der geringfügig Beschäftigten, der Teilzeitarbeiter, der Scheinselbständigen und Niedriglohnarbeiter einerseits, und die der Fixangestellten, gewerkschaftlich Vertretenen oder Pragmatisierten andererseits hervorgebracht. Das Normalarbeitsverhältnis stellt damit nur mehr für einen Teil der Gesellschaft ein tatsächlich *normales* Arbeitsverhältnis dar. Für den Rest der prekarisierten Arbeitenden und Nichtarbeitenden herrschen dagegen heute sehr unterschiedliche Chancen, ihr Ein- und Auskommen regelmäßig *durch Arbeit* zu sichern. Viele müssen sich beispielsweise ohne jegliche Garantien oder Tarifvereinbarungen am freien Markt anbieten und bringen sich so in der Konkurrenz, die sie sich gegenseitig bereiten, vollends um jegliche Chance auf halbwegs angemessene Löhne und Arbeitszeiten. Andere hasten beständig von einem Niedriglohnjob zum anderen und finden trotzdem kein hinreichendes Auskommen mehr. Und wieder andere sehen sich vom modernen Arbeitsmarkt überhaupt ausgeschlossen und resignieren vor den Fallen, die die bestehende Sozial- und Arbeitsmarktpolitik ihnen stellt, und vor den Vorwürfen der Faulheit und des Parasitentums, die ihnen die Gesellschaft macht.

Für diese Gruppe der vom Normalarbeitsverhältnis ausgeschlossenen, *prekarisierten* Arbeitenden und Nichtarbeitenden ist die Selbstverständlichkeit, mit der Arbeit in unserer Gesellschaft nach wie vor als alleinige Voraussetzung für Ein- und Auskommen betrachtet wird, längst problematisch geworden. Für sie sind die Chancen, ihr Leben über Arbeit zu sichern, *zu zufällig* in der Gesellschaft verteilt. Aus ihrer Sicht liegt es daher nahe zu fragen, ob die Mittel, die in der Moderne für viele die wesentliche Grundlage des Daseins darstellen, nämlich die *Einkommen,* auch weiterhin ausschließlich von Arbeit abhängen sollen.

Diese Frage wird im Mittelpunkt der folgenden Überlegungen stehen. Das vorliegende Buch gliedert sich diesbezüglich in zwei große Teile, von denen der erste das Phänomen der Arbeit und verschiedenste Probleme, die sich durch Arbeit für die moderne Gesellschaft ergeben, sowie einige Lösungsversuche dazu, näher betrachtet. Im Mittelpunkt wird dabei die Lohnarbeit stehen, der allerdings ein sehr grundsätzlicher, konstruktivistischer Begriff allgemeiner Arbeit zugrunde gelegt wird, von dem her sich eine, wie ich meine, neue und möglicherweise recht fruchtbare Perspektive auf den Phänomenbereich der menschlichen Arbeit ergibt. Unter anderem wird aus dieser Perspektive sichtbar, dass die menschliche Arbeit im Lauf der Geschichte keineswegs weniger wird, dass also in keinem Fall von einem „Ende der Arbeit" gesprochen werden kann, wie dies auch in den Diskussionen um das Grundeinkommen immer wieder getan wurde. Die Arbeit wird – das mag überraschen – im Zuge des Arbeitsprozesses immer mehr. Gerade dieser Umstand liefert aber, wie wir sehen werden, den eigentlichen Grund dafür, warum die Einkommen längst grundsätzlich von der Arbeit abgekoppelt werden sollten.

Darüber hinaus legt die hier eingenommene Perspektive eine Position jenseits gängiger politischer Orientierungen, *jenseits also von Links und Rechts* nahe, von der her die Diskussion um den traditionell heiß umkämpften und damit stark emotionalisierten Phänomenbereich gesellschaftlicher Arbeit die Chance erhalten könnte, neue und wohl dringend benötigte Anschlussmöglichkeiten zu finden.

Der zweite Teil des vorliegenden Buches wird sodann eine sozialpolitische Idee ins Auge fassen, mit deren Verwirklichung die grundlegende Trennung von Arbeit und Einkommen vollzogen würde: nämlich die Idee des *Garantierten Grundeinkommens.* Diese Idee wird unter Berücksichtigung der aktuellen Diskussionen sowohl in Bezug auf ihre Geschichte, ihre philosophischen Grundlagen, ihre mögliche Bedeutung für Arbeitsmarkt, Wirtschaft und Gesellschaft, ihre Finanzierbarkeit und ihre politische Machbarkeit ausführlich diskutiert werden.

Allerdings – und dies sei gleich vorweg erwähnt – wird diese Idee hier nicht *bedingungslos* als Allheilmittel für die Probleme moderner Arbeitsmärkte gepriesen oder als alleiniges Telos jeder künftigen Sozialpolitik propagiert. Zu deutlich kann in der modernen Gesellschaft – etwa angesichts der Folgen früherer sozialpolitischer Großexperimente, allen voran denen des Kommunismus – gesehen werden, wie problematisch tiefgreifende sozialpolitische Reformen sein können, um zu übersehen, dass auch die Einführung eines garantierten Grundeinkommens – so gute Gründe auch dafür sprechen mögen – eine Vielzahl von Fragen und Problemen aufwerfen *muss*, die nur durch neuerliche, und dann möglicherweise wieder ganz anders geartete Reformkonzepte zu lösen sein werden. Die Frage nach der Möglichkeit der Trennung von Arbeit und Einkommen durch ein garantiertes Grundeinkommen soll hier gleichsam als *regulative Idee* im Kantischen Sinn diskutiert werden, die kommenden Diskussionen und sozialpolitischen Maßnahmen Orientierungshilfen und Denkanstöße geben will, auf dass unser Leben auch in Zukunft, und unabhängig von Arbeit, lebenswerter werden kann.

Teil I:

Arbeit

1. Was ist das, Arbeit?

Beginnen wir mit der Feststellung, dass es viel Arbeit ist, ein Buch über ein *Leben ohne Arbeit* zu schreiben. Wir bedienen damit nicht nur die Eitelkeit des Autors, wir begeben uns, was wichtiger ist, auch unmittelbar in *medias res* unseres Vorhabens. Wenn nämlich auch ein *Leben ohne zu arbeiten*, oder zumindest das Nachdenken darüber, Arbeit bereiten kann, so bedeutet dies, dass wir unsere Vorstellungen von Arbeit genauer klären müssen, so wir nicht von vornherein riskieren wollen, missverstanden zu werden. Mit der obigen Feststellung ist also eine Frage angesprochen, die für unsere folgenden Überlegungen von größter Bedeutung sein wird und der deshalb auch der erste Teil dieses Buches gewidmet ist: die Frage nämlich, was denn das überhaupt ist, was wir hier unter Arbeit verstehen wollen.

Sicher, wir haben alle eine mehr oder weniger konkrete Vorstellung von Arbeit und nicht wenige von uns werden diesbezüglich wohl zunächst einmal an diejenigen Tätigkeiten denken, mit denen wir unseren Lebensunterhalt verdienen. Auch der Titel dieses Buches zielt natürlich, wie eingangs erwähnt, auf Lohnarbeit ab. Trotzdem wollen wir hier im Folgenden versuchen, eine grundsätzlichere Definition für Arbeit zu finden.

Bleiben wir dazu zunächst bei unseren Alltagsvorstellungen. Ihnen gemäß umfasst Arbeit also diejenigen Aktivitäten, für die wir, weil wir sie offensichtlich nicht freiwillig tun, *entlohnt* werden. Arbeit wäre demnach zum Beispiel das, was viele von uns zwischen, sagen wir, 9 und 17 Uhr an einem speziell dafür vorgesehenen Arbeitsplatz, etwa in einem Büro oder in einer Fabrikhalle *für Geld* tun. Das Schreiben dieses Buches, aber auch etwa das Abwaschen des schmutzigen Geschirrs nach dem Essen, oder die Erziehung und das Zubettbringen der Kinder, das Staubsaugen, das Wäschewaschen und vieles mehr gehört nicht zu diesen Tätigkeiten. All das wäre nach dieser Definition keine Arbeit, einfach weil diese Tätigkeiten nicht entlohnt werden. Da ein großer Teil dieser Arbeiten traditionell von Frauen verrichtet werden, müssten wir demgemäß sagen, dass Hausfrauen nicht arbeiten, eine Behauptung, die von den Betroffenen zurecht wohl sofort mit Empörung zurückgewiesen würde. Wenn wir also nicht Gefahr laufen wollen, die Tätigkeit ganzer Gesellschaftsteile aus unserer Definition auszuschließen, müssen wir unseren Begriff von Arbeit genauer fassen. Das, wofür in unserer Gesellschaft Lohn bezahlt wird, umfasst offensichtlich noch nicht alle Arten von Arbeit.

Nun könnten wir freilich auch versucht sein, Arbeit als Tätigkeit zu definieren, die zwar nicht tatsächlich entlohnt werden muss, die aber immerhin entlohnt werden *könnte*, so sich jemand findet, der dafür bezahlt. Wir könnten zum Beispiel festlegen, dass jede Tätigkeit Arbeit genannt wird, die vollständig von jemandem, der nicht unserem Haushalt angehört, gegen Lohn verrichtet werden kann, auch wenn diese Tätigkeit für gewöhnlich in unserer Gesellschaft nicht entlohnt wird.[3] Geschirr- oder Wäschewaschen, Staubsaugen, Kochen und eine Reihe weiterer typischer Haushaltsarbeiten wären damit klar als Arbeit definiert. Das Schreiben von Büchern wie diesem, von Büchern also, die kommerziell aller Voraussicht nach nicht zu den Erfolgreichsten zählen werden, allerdings nicht. Und auch etwa das Zubettbringen von Kindern lässt sich nur sehr bedingt ohne Qualitätsverlust auf außenstehende Dienstnehmer auslagern. Kinder würden entweder schnell protestieren oder sich auf lange Sicht wohl nicht ganz der Vorstellung der Mutter entsprechend entwickeln, würden sie beständig von *lohnarbeitenden* Leihmüttern zu Bett gebracht werden. Auch Tätigkeiten wie Lernen oder, um der Deutlichkeit willen ein Extrem anzuführen, das Gebären von Kindern lassen sich nicht ohne Qualitätsverlust gegen Bezahlung von Lohnarbeitern verrichten. Trotzdem würden manche von uns diese Tätigkeiten wohl doch als recht mühevolle Arbeit bezeichnen.

Wir müssen unsere Definition von Arbeit also noch einmal umstellen. Eine Möglichkeit dazu bietet sich vielleicht, wenn wir die Frage der Entlohnung zunächst einmal hintanstellen und statt dessen den *Zweck* einer Tätigkeit ins Auge fassen. Klassisch wird Arbeit von vielen Ökonomen zum Beispiel als Tätigkeit betrachtet, die die Herstellung von Gütern, die für den Arbeitenden oder für dessen Gesellschaft von Wert sind, zum Zweck hat. Selbst wenn man dabei den Begriff der Produktion sehr weit fasst und darunter etwa auch das Jagen von Wild, das Sammeln von Früchten, das Schreiben von Büchern etc. versteht, so wird damit doch der große und in der Moderne immer wichtiger werdende Bereich der Dienstleistungen ausgeschlossen. Die Pflege bedürftiger Mitmenschen zum Beispiel lässt sich nicht unter dem Produktionsparadigma erfassen.

Ein wenig weiter könnten wir kommen, wenn wir Zweck durch Intentionalität ersetzen und damit jene Tätigkeiten als Arbeit bezeichnen, die in der Intention unternommen werden, Güter oder Dienste für sich oder andere Personen zu schaffen.[4] Altenpflege wäre damit klar als Arbeit

---

3 Es handelt sich dabei um das so genannte „Third person criterion", das Margaret Reid in ihrem Buch *The Economics of Household Production* 1934 vorgeschlagen hat.

4 Dies schlägt zum Beispiel Ingrid Robeyns in ihrer Schrift *The Political Economy of Non-Market Work* (2000) vor.

bestimmt. Im Hinblick auf unsere Eingangsfeststellung müssten wir allerdings die Frage klären, ob das Schreiben dieses Buches ein Gut oder einen Dienst darstellt und für wen dieses Gut geschaffen beziehungsweise dieser Dienst geleistet worden ist. Eine Frage, die auch der Autor des Buches nicht so leicht beantworten könnte.

Was für ihn allerdings unzweifelhaft feststeht, ist der Umstand, dass dem vorliegenden Buch ein *Problem* zugrunde liegt, das Problem nämlich, ob ein *Leben ohne zu arbeiten* in unserer Gesellschaft sinnvoll, denkbar und in absehbarer Zeit auch realisierbar sein kann. Wenn nun das Schreiben dieses Buches den Versuch darstellt, ein Problem zu lösen, so liegt es aus dieser Perspektive nahe, die menschliche Arbeit ganz allgemein als den Versuch, Probleme zu lösen, zu betrachten. Auch wenn es sich dabei nicht wirklich um eine Definition im strengen Sinn, sondern eher um eine Kategorisierung handelt, schließen wir damit zumindest keine der bisher angesprochenen Tätigkeiten von vornherein aus. Sowohl jene Aktivitäten, die ganz simpel der Erhaltung unserer Art und unserer Gattung, unserer Reproduktion also dienen, wie auch die, die dann in der Gesellschaft entlohnt werden, oder die, die zur Steigerung der gesellschaftlichen Produktivität unternommen werden, sowie die, die der Erziehung, der Ausbildung, oder der Pflege von Mitmenschen oder auch der Klärung gesellschaftstheoretischer Fragen dienen, können unter dieser Vorstellung erfasst werden.[5]

[5] Wage können wir uns diesbezüglich an der Allgemeinheit des Arbeitsbegriffs von Karl Marx orientieren, der stets betont hat, dass auch „die Nebelbildungen im Gehirn der Menschen", also etwa auch Dinge wie „Moral, Religion, Metaphysik und sonstige Ideologie und ihnen entsprechende Bewußtseinsformen" im Zuge der materiellen Produktion, sprich im Zuge der Arbeit entwickelt und verändert werden. Vgl.: Marx 1978/83 EB I: 349.

2. Arbeit als Problemlösung

Freilich handelt es sich bei der Feststellung, Arbeit sei der Versuch Probleme zu lösen, um eine eher abstrakte Festlegung. Wollten wir genauer sein, so müssten wir vermutlich behaupten, dass der Versuch, Probleme zu lösen, jeder Arbeit *zugrunde liegt*. Als strikt verstandene Definition würden wir schon mit dem Titel unseres Buches in Schwierigkeiten geraten. Ein „Leben *ohne Probleme zu lösen*" lässt sich nämlich in keiner Weise anhand dessen vorstellen, was wir im Folgenden näher betrachten werden.

Nichtsdestotrotz eröffnet uns aber die Festlegung, Arbeit liege stets der Versuch, Probleme zu lösen, zugrunde, eine ganz neue Perspektive auf den menschlichen Arbeitsprozess. Wir werden erst in späteren Kapiteln zur Gänze verstehen, wie sehr sich die Sichtweise auf das, was wir Arbeit nennen, dadurch verändert. Zunächst gibt uns diese Festlegung einmal die Möglichkeit, das, was wir als Problemlösungsprozess verstehen wollen, in seinen Grundzügen und Konsequenzen zu betrachten.

Was bedeutet es, ein Problem zu lösen? Stellen wir uns zunächst eine steinzeitliche Gesellschaft vor, die im Winter stets unter Kälte leidet. Die Kälte stellt, anders gesagt, für diese Gesellschaft ein Problem dar. Eine einfache und zuverlässige Methode, Feuer zu entfachen, könnte dieses Problem lösen. Die Erfindung, oder vielleicht sollten wir zur Verdeutlichung sagen, die „Erarbeitung" von Streichhölzern (oder deren steinzeitlicher Vorformen) stellt für diese Gesellschaft also eine *Problemlösung* dar. Sobald Streichhölzer verfügbar sind, hat sich die Gesellschaft eine Möglichkeit *erarbeitet*, nicht mehr so schnell unter den Unbilden der Witterungsbedingungen leiden zu müssen. Sie hat ein Problem gelöst, sie hat sich, so könnten wir sagen, eine neue Situation *erarbeitet*, in der sie ein Problem weniger hat. Sie hat sich ein Stück *problemlose* Zeit geschaffen. Der Schluss liegt hier nahe, dass durch fortgesetzte Problemlösung, sprich Arbeit, immer mehr *problemlose* Zeit geschaffen wird, die schließlich ein Ausmaß erreicht, das Arbeit unnötig macht, und damit also ein *Leben ohne zu arbeiten* ermöglicht.

Nun, wäre die Sache so einfach, so bräuchten wir wohl nicht noch extra dieses Buch zu schreiben, um auf die Möglichkeit eines Lebens ohne Arbeit aufmerksam zu machen. Wir würden uns vermutlich alle schon irgendwo in der Sonne räkeln und unser *problemloses* Leben genießen. Betrachten wir daher den Problemlösungsprozess lieber noch einmal etwas genauer. Das Vorhandensein der Problemlösung Streichhölzer stellt, wie gesagt, nun eine völlig neue Situation für unsere Gesellschaft dar. Eine Situation nämlich, in der die Welt plötzlich unter neuen Gesichtspunkten erscheint. Hat bisher die Kälte ein primäres Problem dargestellt, so wird es nun mit der Verfügbarkeit von Feuer zum Beispiel möglich sein, im Genuss der dadurch ermöglichten Wärme über neue Nahrungsquellen nachzudenken. Mit Feuer könnten zum Beispiel neue Fleischarten genießbar und damit neues Wild jagdbar werden. Dafür müssten neue Jagdstrategien erdacht, *erarbeitet* werden. Feuer bringt nun überdies auch die Notwendigkeit mit sich, brennbare Materialien zu sammeln und trocken verfügbar zu halten. In weiterer Folge erlaubt die Wärme des Feuers vielleicht sogar, neue, vielleicht höher oder weiter nördlich gelegene Lebensräume zu erschließen. Und das wiederum birgt einerseits vielleicht die Möglichkeit, mehr und leichter Nahrung zu finden. Andererseits ergeben sich aber auch daraus neue Aufgaben für die Gesellschaft, etwa solche der Orientierung oder der Organisation der kollektiven Migration, etc. Kurz gesagt: die ursprüngliche Problemlösung Streichhölzer eröffnet zahlreiche Möglichkeiten für die Gesellschaft, bringt aber zugleich auch eine Reihe von *neuen Problemen* mit sich, Probleme nämlich, *die vor Erfindung der Streichhölzer als solche gar nicht zur Diskussion gestanden sind, die, anders gesagt, nicht als Probleme wahrgenommen wurden.*

Die Arbeit des Erfindens von Streichhölzern befreit also nicht nur von Arbeit, sondern zieht offensichtlich auch weitere Arbeit nach sich, die erneut neue Situationen schafft, von denen aus wieder andere, zuvor nicht als solche wahrgenommene Problemlagen und Bedürfnisse erkennbar werden, die abermals Lösung verlangen und damit Arbeit erforderlich machen.

Unter dieser Perspektive sieht es nun nicht mehr so aus, als würde die Arbeit jemals ausgehen und ein *Leben ohne Arbeit* ermöglichen. Im Gegenteil, die Arbeit scheint sogar immer mehr zu werden. Die Wirkungskette scheint sich immer weiter zu differenzieren je mehr Problemlösungen erarbeitet werden. Jede neue Lösung scheint stets einen ganzen Horizont an weiteren Anschlussmöglichkeiten zu eröffnen, von denen jede wieder zum Ausgangspunkt neuer Arbeits- sprich Problemlösungsnotwendigkeiten wird. Wer weiß, vielleicht lässt sich auch damit[6] der von Historikern festgestellte Umstand erklären, dass Mitglieder von Jäger und Sammler-Gesellschaften noch kaum mehr als zwei bis drei Stunden am Tag Tätigkeiten verrichtet haben, die wir heute im weitesten Sinn als Arbeit bezeichnen würden, dass aber mit der neolithischen Revolution und dem Sesshaftwerden der Gesellschaft die Arbeitsleistung

6 Von Marx wird dieser Umstand bekanntlich durch die im Zuge der Arbeit entstehende „Entfremdung" erklärt, die die Arbeitenden ihre eigentlichen Bedürfnisse und damit die der Arbeit zugrunde liegenden Probleme aus den Augen verlieren lässt. Siehe dazu ausführlich weiter unten.

unverhältnismäßig schnell angestiegen ist.[7] Ein *Leben ohne zu arbeiten* scheint jedenfalls aus dieser Perspektive zunächst einmal nicht sonderlich nahe zu liegen. Wenn die Arbeit mit jeder verrichteten Arbeit mehr wird, scheint uns eher das Schicksal von Sisyphus, denn das von Krösus zu blühen.[8]

3. Zeitgewinn und Mehrwert

Nun wirft aber der Problemlösungsprozess natürlich nicht immer *unmittelbar nach* der Lösung eines Problems neue Probleme auf. Es wäre fatal und die Gesellschaft längst ausgestorben, würde sich mit jeder neuen Problemlösung *jedes Mal sofort* ein ganzer Schwall neuer Probleme über diejenigen ergießen, die das Problem gelöst haben. Eine Problemlösung, eine verrichtete Arbeit, erzeugt vielmehr in der Praxis, wie wir wissen, tatsächlich ein wenig *Zeit*, einen *Zeitgewinn*, ein Quäntchen *problemloser* Zeit. Unsere prähistorischen Gesellschafter werden vermutlich die Wärme ihres Feuers zunächst einmal genossen haben, bevor sie sich den Kopf über die weiteren Anschlussmöglichkeiten ihrer neuen Lage zerbrochen haben.

In der Wirtschaftstheorie wird ein solcher, durch Arbeit, durch Problemlösung eingefahrener *Zeitgewinn* allgemein als *Mehrwert* bezeichnet. Im Mikrobereich von einzelnen, isolierten Problemlösungen ist dieser Mehrwert allerdings schwer zu erkennen. Er fällt kaum auf, wenn man Problemlösungen einzeln für sich betrachtet. Dies ist allerdings in der Realität auch kaum möglich, *denn isoliert treten Problemlösungen nicht auf.* Jede Problemlösung baut vielmehr *immer schon* auf einer Vielzahl anderer Problemlösungen auf, die gewöhnlich *schon früher von anderen Mitgliedern der Gesellschaft* gefunden worden sind und dann im kollektiven Gedächtnis, in der *Kultur* der Gesellschaft aufbewahrt und weitergegeben werden.

Dieser wichtige Umstand, auf den wir gleich ausführlicher zurückkommen werden, hängt mit einer anderen wichtigen Eigenschaft von

---

7 Siehe dazu u. a. die berühmte Studie *Stone Age Economics* von Marshall Sahlins (1974).

8 Empirische Untersuchungen, die diese These untermauern, wären etwa die Studien *The Harried Leisure Class* von Staffan Linder (1970) oder *Demand as a Factor in the Industrial Revolution* von Elizabeth W. Gilboy (1932), in der die britische Wissenschaftshistorikerin bereits früh anhand von Analysen der Konsumfreudigkeit sozialer Unterschichten im Vorfeld der industriellen Revolution gezeigt hat, wie Wohlstandsgewinne, die in der Landwirtschaft durch gesteigerte Produktivität erzielt wurden, dazu genutzt worden sind, neue Handlungsspielräume bis zu ihren Grenzen auszureizen und dadurch neue Knappheitsprobleme zu bekommen.

Problemlösungen zusammen: Gesellschaftlich relevante Problemlösungen eignen sich nämlich in der Regel dazu, mehr als nur das einzelne, unmittelbar anstehende Problem zu lösen, für das sie ursprünglich gefunden worden sind. Streichhölzer lösen nicht nur das einzelne, isolierte, spezifische Kälteproblem, für das sie von unserer fiktiven Urgesellschaft als Lösung *erarbeitet* worden sind. Streichhölzer, beziehungsweise das Wissen um sie, um ihre Herstellung und ihren Gebrauch, lösen vielmehr, so sie einmal gefunden sind, auch Probleme in ganz anderen Kontexten als in dem ihrer Entstehung. Mit der Problemlösung Streichhölzer lässt sich auch viele Jahre nach dem einzelnen ursprünglichen Kälteproblem noch Feuer entfachen.

Dieser, so simpel scheinende Umstand hat große Tragweite. Zum einen bedeutet er, dass Problemlösungen, also Arbeitsresultate, offensichtlich aus dem Kontext ihres Entstehens gelöst und unabhängig von den ihnen zugrunde liegenden Problemen in andere Situationen *transferiert* werden können, und zwar in *zeitlicher* wie auch in *räumlicher* Hinsicht. Ein Beispiel für einen *zeitlichen Transfer* wäre etwa der Umstand, dass wir uns heute vielfach an Wissensständen etwa aus Büchern orientieren, die in völlig anderen historischen Kontexten, sprich in anderen gesellschaftlichen Situationen und in Reaktion auf andere gesellschaftliche Problemlagen entstanden sind – man denke allem voran etwa an das Buch aller Bücher, die Bibel. Das gleiche gilt aber natürlich auch für weniger bejahrte Schriften wie etwa die von Karl Marx. Ein bedenkenswertes Beispiel für solch einen Transfer in *räumlicher* Hinsicht wäre etwa die folgenreiche Rezeption der Marxschen Bücher im Russland des späten 19. Jahrhunderts. Die Schriften von Marx sind ja bekanntlich in Westeuropa und da in Reaktion auf eine sehr spezifische soziale Situation, auf sehr spezifische sozial *Probleme* also, entstanden, die mit der Situation und den Problemen Russlands sehr wenig zu tun hatten.[9] Ein weiteres, bereits in der Einleitung angesprochenes und für unsere Überlegungen sehr wichtiges Beispiel für solch einen Transfer wäre auch etwa die Orientierung der Sozialpolitik an Vollbeschäftigung, zu Zeiten, in denen es diese Vollbeschäftigung bereits nicht mehr gibt. Wir werden auf all dies und allgemein auf das Phänomen der zeitlichen und räumlichen Transfers von Problemlösungen weiter unten noch ausführlich zu sprechen kommen.

Zum anderen ersparen memorierte und damit wiederverwendbare Problemlösungen – Streichhölzer, aber auch etwa Werkzeuge, Begriffe, sozialstaatliche Regelungen etc. oder Kulturgüter ganz allgemein – die Wiederholung von Problemlösungsversuchen, sprich die Wiederholung von schon einmal getätigten Arbeiten. Das Rad brauchte nur einmal erfunden

[9] Vgl. dazu ausführlicher: Füllsack 1996.

und als Kulturgut gespeichert zu werden, um den Ochsenkarren, das Auto, den Inlineskater und vieles mehr zu ermöglichen. Es war dazu nicht jedes Mal nötig, die *Arbeit* zur Entwicklung des Rades zu wiederholen.

Banal aber folgenreich, denn damit kann sich nun der *Zeitgewinn*, den die Erfindung des Rades eingebracht hat, mit allen anderen Zeitgewinnen, die die Detailproblemlösungen in komplexen Problemlösungsprozessen einbringen, *summieren* und so schließlich recht bemerkenswerte *Mehrwertsraten* erzeugen. Man denke diesbezüglich an die Vielzahl von Problemlösungen, die schon etwa der noch relativ simplen Herstellung von Streichhölzern vorausgehen – also etwa das Wissen um Holzbearbeitung, um die Zündmasse, um das Anbringen dieser Masse am Hölzchen etc. Noch deutlicher wird dies aber je komplexer die Problemlösungen werden. Autos oder Computer setzen bereits eine unübersehbare Vielzahl von Detailproblemlösungen voraus, an deren Zustandekommen, so könnte man sagen, *die gesamte bisherige Menschheit mitgearbeitet hat.*

Dieser Umstand wird für unsere weiteren Überlegungen noch in den verschiedensten Zusammenhängen Bedeutung haben. An dieser Stelle soll er einstweilen nur verdeutlichen, dass der Mehrwert, der Zeitgewinn, der durch menschliche Arbeit erzeugt werden kann, nicht als individuelle Leistung, sondern stets als Zusammengesetztes, als in *unzähligen*, voneinander abhängigen und einander vorausgesetzten Problemlösungen Gewonnenes betrachtet werden muss. Anders gesagt, nur weil wir unsere Probleme stets sozusagen „auf dem Rücken" derjenigen Problemlösungen lösen, die bereits vor uns von Generationen anderer Mitglieder unserer Gesellschaft gefunden worden sind, können wir unsere Probleme oft mit einer Effizienz lösen, die für sich betrachtet mitunter geradezu erstaunlich ist. Weil wir bei unseren Problemlösungsversuchen, bei unserer Arbeit also, stets bereits den *Zeitgewinn* nutzen können, den die schon bereitstehenden Problemlösungen, die unserer Arbeit zugrunde liegen, ermöglichen, sind wir im Normalfall in der Lage, unsere Probleme so effektiv zu lösen, dass wir, so scheint es, *mehr* als nur das *erarbeiten*, was ursprünglich als Bedürfnis vor Augen gestanden hat.

In ökonomischen Termini ausgedrückt, stellt der Mehrwert die Differenz zwischen den Kosten des Erhalts der Arbeitskraft in einer gewissen Zeiteinheit und demjenigen Wert dar, der in der selben Zeiteinheit mit eben dieser Arbeitskraft erzeugt werden kann. Würde also zum Beispiel ein Schuster für eine Stunde seines Daseins den Gegenwert von sagen wir 60 Euro benötigen, um seine Arbeitskraft zu reproduzieren und einsetzbar zu halten – was mindestens etwa die Kosten für Verpflegung, Kleidung, Unterkunft, sowie sonstige grundsätzliche Bedürfnisse beinhalten müsste –

und würde er mit dieser Stunde seiner Arbeitskraft in der Lage sein, Schuhe im Wert von 100 Euro herzustellen, so hätte er damit – wenn Material-, Werkzeug- und sonstige Produktionskosten hier der Einfachheit wegen mit 10 Euro veranschlagt werden – einen *Mehrwert* von 30 Euro geschaffen. Er könnte also seine Arbeitskraft eine weitere halbe Stunde reproduzieren, ohne arbeiten, ohne Probleme lösen zu müssen. Er könnte, so sind wir versucht zu sagen, eine halbe Stunde *leben ohne zu arbeiten.*

Für sich betrachtet sieht es fast ein wenig nach Zauberei aus: Aus etwas, das insgesamt 70 Euro (60+10) kostet, werden durch Arbeit 100 Euro Wert. Gemäß unseren oben angestellten Überlegungen ist für diesen Wertzuwachs, für diesen *Mehr*wert, aber nicht etwa die besondere Geschicklichkeit oder die Muskelkraft des einzelnen Schusters verantwortlich, sondern einzig der Zeitgewinn, der sich aus den zahlreichen Problemlösungen ergibt, die derjenigen des Schusters zugrunde liegen und voraus gehen. Nur weil eben des Schusters Arbeits- oder Problemlösungskapazität an all jenen Werkzeugen und Wissensständen ansetzen kann, die dem Schusterhandwerk über die Generationen hinweg zugewachsen sind, und weil all diese Detailproblemlösungen bereits einen Zeitgewinn einfahren, der sich zu einem ansehnlichen Ausmaß summiert, ist er in der Lage, durch das Hinzufügen seiner individuellen Problemlösungskapazität, die allerdings nur einen Bruchteil der in einem Schuh enthaltenen Problemlösungskapazität darstellt, einen insgesamt recht beachtlichen Mehrwert zu erwirtschaften. Ein Schuster braucht, anders gesagt, nicht mehr sämtliche der Erzeugung eines Schuhs zugrundeliegende Detailprobleme mühsam selbst zu lösen. Er teilt sich vielmehr diese Arbeit mit den früheren Generationen derjenigen, die in der einen oder anderen Art zur Lösung des Problems Fußbekleidung beigetragen haben.

Im Hinblick auf die gegenwärtige Lohnpolitik – man denke etwa an die exorbitant hohen Löhne mancher Manager oder Politiker – kann man diesen Umstand gar nicht oft genug betonen: Die Arbeit des einzelnen trägt nur einen geringen Teil zur eigentlichen Wertschöpfung bei. Der weitaus größere Teil jeder Mehrwertproduktion entstammt dem Anteil, den frühere Generationen in Form abertausender kleiner Detaillösungen, die jeder neuen Problemlösung vorangehen, beigesteuert haben. Die Taten und Leistungen auch noch so engagierter Unternehmer, Manager, Wissenschaftler, Innovateure wären nichts ohne diesen *gesellschaftlichen* Beitrag.

4. Mehrwert und gesellschaftliche Entwicklung

Um nun weiter zu sehen, wie entscheidend und folgenreich das Phänomen der Mehrwertproduktion für die menschliche Gesellschaft ist, wollen wir an dieser Stelle kurz eine etwas abstrakte ökonomische Methode zur Berechnung von Ernteerträgen betrachten. Diese geht davon aus, dass in der Landwirtschaft von einem *Mehrwert* erst dann gesprochen werden kann, wenn das Verhältnis von ausgesätem zu geerntetem Ackerkorn mindestens eins zu *drei* beträgt. Um die Arbeitskraft eines Bauern mindestens zu reproduzieren, muss nämlich jedes ausgesäte Ackerkorn stets mindestens *zwei* andere hervorbringen: eines, um im nächsten Jahr erneut ausgesät werden zu können, und ein weiteres, um den Bauern, der es sät, zu ernähren. Damit wäre aber noch *kein Mehr*wert erzielt. Erst ein Verhältnis von eins zu drei würde also zum Beispiel einen Angehörigen des Bauern miternähren, der nicht am Feld mitarbeiten muss. Wirtschaftshistoriker gehen davon aus, dass dieses Verhältnis in Europa bereits im Mittelalter überschritten worden ist. Mit Hilfe von verbesserten Anbautechniken und der Verwendung von Düngemitteln, aber auch aufgrund eines sich entwickelnden Marktes, dessen Nachfrage entsprechend Druck auf die Produktion ausgeübt hat, konnte das Verhältnis von Saatgut und Ernte hier relativ schnell auf eins zu zehn in der Mitte des neunzehnten Jahrhunderts gesteigert werden und erreicht heute zum Beispiel in den berühmten Kornkammern im Mittelwesten der Vereinigten Staaten gar Mehrwertsraten von eins zu dreißig.

In Russland hingegen, wo im Gegensatz zu Zentraleuropa schlechtere Böden und ungünstigere klimatische Bedingungen, und infolgedessen keine ausgebauten Handelswege und kein Nachfragedruck städtischer Märkte vorhanden war, konnte die Getreideproduktion über lange Zeit hinweg nicht signifikant gesteigert werden.[10] Noch heute bleibt die landwirtschaftliche Produktion Russlands deutlich hinter der europäischen und der amerikanischen zurück.[11] Die Gesellschaft Russlands hat sich dadurch über lange Zeiträume deutlich weniger dynamisch entwickelt als die Gesellschaft Westeuropas. Der zwar auch dort, aber in geringerem Ausmaß produzierte Mehrwert hat in Russland den Bauern, kurz gesagt, weniger Zeit gelassen, sich anderen Problemen zuzuwenden. Die Bevölkerung Russlands blieb dadurch länger als die westeuropäische bei ihren angestammten Daseinsformen, im wesentlichen bei der Landwirtschaft,

---

[10] Vgl.: Pipes 1984: 16f.

[11] Vgl.: Füllsack 2000.

deren relativ geringe Erträge keine gesellschaftliche Differenzierung im großen Stil erlaubt hat.

In Europa haben die relativ guten Ernteerträge unter anderem zur Bildung des *Majorats*, des Erstgeborenenrechts beigetragen, das seinerseits, indem es nur den erstgeborenen Sohn mit dem Erbe des Hofes bedacht hat und diejenigen nachgeborenen Söhne, die für die Arbeit am Hof nicht mehr nötig waren, dazu veranlasst hat, sich ihren Unterhalt durch eine andere Art der Tätigkeit zu erwirtschaften, die Dynamisierung der europäischen Gesellschaft entscheidend befördert haben dürfte. Die Wanderschaft, auf die viele dieser Bauernsöhne geschickt worden sind, dürfte viel zur Mobilisierung und Durchmischung der westeuropäischen Gesellschaft beigetragen haben und stellt vermutlich einen der Grundsteine für die komplexe Kultur und Struktur des heutigen Europas dar.

In Russland hat es demgegenüber bis zur Zeit Peters des Großen keine Form des Majorats gegeben.[12] Die Bauern mussten ihre arbeitsfähigen Familienmitglieder zusammenhalten, weil die Ernteerträge hier niemals mit solcher Regelmäßigkeit Überfluss abgeworfen haben wie in Europa. In den Verkehrsformen der russischen Gesellschaft konnte sich damit keine Sozialordnung festsetzen, die einen Teil der Gesellschaft sozusagen per Dekret zur Aufnahme anderer Tätigkeiten, etwa zur handwerklichen Spezialisierung und weiter zur Manufaktur etc. gezwungen hätte. Die russische Gesellschaft blieb im Verhältnis zur europäischen in ihrer Entwicklung weitaus undynamischer, und während in Europa bereits Industrialisierung und mit ihr Urbanisierung, Demokratisierung, Proletarisierung und schließlich die Schaffung völlig neuer Ordnungen zur Umverteilung des immer reichhaltiger produzierten Mehrwerts diskutiert wurden, ist die russische Gesellschaft im wesentlichen eine Ackerbaugesellschaft geblieben. Noch am Vorabend der sogenannten „proletarischen" Revolution haben 85 Prozent der Bevölkerung in Russland am Land gelebt, eingebunden in die eher starren Formen der russischen Agrargesellschaft.

In Westeuropa ist unterdessen die Produktion von Mehrwert schnell angewachsen. Der aus heutiger Sicht wirklich entscheidende Produktivitätszuwachs hat sich hier freilich nicht so sehr in der Landwirtschaft, als vielmehr in der Industrie abgespielt. Erst mit der industriellen Produktions-

---

[12] Peter I. hatte 1714 versucht, das Majorat in Russland mittels Ukas einzuführen, um die ländliche Gesellschaft nach dem Vorbild der europäischen dynamischer zu organisieren. Das Gesetz entsprach aber so wenig der Daseinsform des russischen Volkes, dass es kaum befolgt und 1731 wieder abgeschafft wurde. Im 19. Jahrhundert hatten die Besitzer der größten Güter das Recht auf das Majorat, weil man ihnen die Chance geben wollte, der Zerstückelung ihrer Besitztümer vorzubeugen. Es wurde aber auch da kaum angewandt. Vgl. dazu: Füllsack 1996: 28f.

weise sind jene Mehrwertraten möglich geworden, die, wie gerne gesagt wird, aus der ursprünglichen *Mangelgesellschaft*, die auf den vollen Arbeitsbeitrag jedes ihrer arbeitsfähigen Mitglieder angewiesen war, um allen Mitgliedern ein menschenwürdiges Leben zu sichern, eine *Wohlstandsgesellschaft* gemacht haben, in der für die simple Reproduktion der Gesellschaft nicht mehr alle verfügbaren Arbeitskräfte gebraucht werden.

Die enorme Steigerung der Produktivität durch die Industrialisierung führt sich im wesentlichen auf zwei entscheidende Faktoren zurück: einerseits auf die systematische Teilung der Arbeit, die mit der Industrieproduktion möglich geworden ist, und anderseits auf den vermehrten Einsatz maschineller Arbeitskraft.

4.1. Arbeitsteilung

Obwohl Arbeitsteilung natürlich, wie wir bereits gesehen haben, eine grundsätzliche Bedingung der menschlichen Problemlösungsfähigkeit schlechthin ist – wir haben ja betont, dass jede Problemlösung eine Vielzahl von vorhergehenden Problemlösungen als Voraussetzung hat und daher nie als Leistung eines Einzelnen betrachtet werden kann – und obwohl Arbeitsteilung natürlich auch immer schon ein wichtiges Charakteristikum realer gesellschaftlicher Prozesse ist – für Marx und Engels stellt bekanntlich die Familie und die in ihr realisierte „biologische Aufgabentrennung" die Urform der Arbeitsteilung dar – hat erst die Industrielle Revolution das Problemlösungspotential der Arbeitsteilung in einem Ausmaß zu nutzen gewusst, das die Gesellschaft zu einer neuen Sicht auf die von ihr verrichtete Arbeit veranlasst. Erst mit dem Beginn der industriellen Fertigung ist die Arbeit nämlich *systematisch und planmäßig zerteilt* worden. Bereits Adam Smith hat am Beispiel einer Stecknadelfabrik seiner Zeit das Potential festgestellt, das die Aufteilung des Produktionsprozesses in viele kleine Arbeitsschritte mit sich bringt. Während, so stellte er fest, ein einzelner Arbeiter, der alle Arbeitsschritte selbst nacheinander ausführt, an einem Arbeitstag gerade einmal mit Mühe und Not eine Handvoll Stecknadeln erzeugen kann, sind mehrere Arbeiter, die sich die einzelnen Produktionsschritte teilen und sich dabei jeweils auf bestimmte Handgriffe *spezialisieren*, im selben Zeitraum in der Lage, Tausende von Stecknadeln zu produzieren.

Das Geheimnis liegt dabei in der Spezialisierung und in der bewussten Ausklammerung aller anderen Tätigkeiten. Ein Arbeiter, der sich nicht mehr gleichzeitig um alles, also sagen wir etwa um die Qualität des für die Nadeln verwendeten Stahls, um die perfekte Arbeitsorganisation, die Qualität des Endprodukts, den Verkauf der Nadeln, die Moral der Arbeiter etc. kümmern muss, kann mehr Zeit für die Perfektionierung seiner Spezialität, sagen wir für die Verkaufsorganisation aufwenden und diese wesentlich effektiver ausführen.

Diese enorme Effektivitätssteigerung hatte, wie wir wissen, weitreichende Folgen für die weitere gesellschaftliche Entwicklung. Weil die Arbeit, die zuvor von Einzelpersonen verrichtet worden ist, nun in kleinste Einheiten zerlegt und auf relativ viele Arbeitsschritte aufgeteilt wurde, für die zunächst natürlich weitere Arbeiter benötigt wurden, hat die neue Produktionsweise großen Bedarf für Arbeitskräfte erzeugt. Dies und der Umstand, dass die so erzeugten Massenprodukte nun wesentlich billiger zu verkaufen waren und damit den Konsum kräftig ankurbelten, was seinerseits wieder die Produktion antrieb und noch mehr Nachfrage nach Arbeitskräften schuf, führte dazu, dass mit der Einführung der industriellen Produktionsweise immer mehr Menschen aus der Landwirtschaft in die Industrie und damit vom Land in die Städte abgewandert sind, wo sie im 19. Jahrhundert die vielbesungenen „Proletariermassen" zu bilden begannen. Während im 18. Jahrhundert noch über 80 Prozent der europäischen Bevölkerung in der Agrarwirtschaft tätig waren, sind es heute – bei höherer Produktivität – nur mehr um die zwei bis drei Prozent. Der sogenannte „sekundäre Sektor", also das produzierende Gewerbe und die Industrie, hat am Höhepunkt dieser enormen gesellschaftlichen Umschichtung in den hochindustrialisierten Ländern der Welt Beschäftigtenanteile von an die 50 Prozent erreicht. Die Industriearbeit ist damit im Zwanzigsten Jahrhundert bekanntlich zu so etwas wie einem Inbegriff von Arbeit schlechthin geworden, und der Industriearbeiter, der Proletarier als „eigentliches Subjekt der Geschichte" ist im Zusammenhang damit zu einem Hoffnungsträger einer sozialen Aufklärung hochstilisiert worden, die ausgezogen ist, um die Produkte der menschlichen Arbeit gerechter zu verteilen. Die folgenreichsten Früchte haben diese Bemühungen allerdings interessanterweise eben gerade in Gesellschaften getragen, in denen der Anteil der Industriearbeiter im Vergleich zu dem in tatsächlichen Industrieländern eher gering war.

Aufgrund der großen Breitenwirkung der Industriellen Revolution und der damit verbundenen Umschichtungen – von der Gewerkschaftsbewegung bis hin zur proletarischen Revolution und den staatssozialistischen und sozialdemokratischen Wohlfahrtsstaaten – sind auch die vielfältigen Rahmenbedingungen der gesellschaftlichen Arbeit wie wir sie heute kennen – vom herrschenden Berufsethos über die Löhne bis hin zum sozialen Sicherheitsnetz – weitgehend am Beispiel der Industriearbeit modelliert worden. Für die moderne Gesellschaft ist die Industriearbeit mit dem Produktivitätszuwachs, den sie ermöglicht hat, und ihrem zunächst noch enormen Bedarf an Arbeitskräften in den letzten zweihundert Jahren zum wesentlichen Orientierungsfaktor ihrer Erwerbstätigkeit geworden. Das gegenwärtige Arbeitsleben ist von ihrem Muster bis heute tiefgehend geprägt. Weil viele der im Zuge der Industrialisierung gefundenen Problemlösungen noch gegenwärtig, in einer Zeit, da sich die Probleme bereits grundlegend gewandelt haben, von der Gesellschaft geschätzt werden – man denke erneut etwa an das Normalarbeitsverhältnis, an Vollbeschäftigung, Tariflöhne, fixe Arbeitszeiten, Pragmatisierung oder aber auch an mächtige Institutionen, wie die Interessensvertretungen der Arbeiter, die Gewerkschaften – entstehen viele neue Probleme schon aufgrund der Diskrepanz zwischen den Folgen dieser Lösungen und der nun aktuellen Situation.

4.2. Automatisierung und Rationalisierung der Arbeit

Aber greifen wir unseren Überlegungen an dieser Stelle noch nicht zu weit vor. Betrachten wir vorerst lieber den oben erwähnten zweiten Faktor der industriellen Produktivitätssteigerung, der, so scheint es, als Ergänzung zur systematischen Arbeitsteilung zeitgerechter hätte gar nicht kommen können. Denn noch weiter gesteigert konnte das mit der industriellen Arbeitsteilung erreichte Produktivitätsniveau nämlich nun dadurch werden, dass die Zeit zwischen den einzelnen Produktionsschritten möglichst verringert wurde. Die Einführung des maschinengetriebenen Fließbandes im Jahre 1913, das die Werkstücke nun maschinell von Arbeitsschritt zu Arbeitsschritt weiter beförderte, ist darum vielfach als eine der „Sternstunden" der industriellen Produktionsweise angesehen worden. Das zuvor noch weitgehend vom individuellen Eifer der Arbeiter oder von sonstigen „unkontrollierbaren" Faktoren abhängige Arbeitstempo konnte nun einem regelmäßigen Takt unterworfen werden und die Produktivität damit von einem Vorarbeiter oder Fließbandoperateur bestimmt werden. Während vor Einführung des Fließbandes der Zusammenbau des berühmten Fordschen Automodells „Tin Lizzy" noch über zwölf Arbeitsstunden in Anspruch genommen hatte, konnte nach Einführung der Fließbandproduktion ein

Fahrzeug in nur mehr 93 Minuten zusammengebaut werden.[13] Erst durch diese abermalige enorme Produktivitätssteigerung und die damit verbundene Senkung der Produktionskosten konnte das Auto im 20. Jahrhundert zu einem Massenkonsumgut und damit zu einem vermeintlichen „Grundbedürfnis" werden, für dessen Erwerb zu arbeiten, viele moderne Gesellschafter heute ohne zu zweifeln als lohnend bezeichnen.

Fordismus und Taylorismus, wie die Automatisierung und die wissenschaftlich geplante Zerlegung der Arbeit in einfachste Teilaufgaben genannt werden[14], markieren damit gewissermaßen den Höhepunkt der gesellschaftlichen Breitenwirkung der industriellen Produktionsweise. Die von da an rapide fortschreitende Automatisierung und Rationalisierung der Produktion sorgt nämlich seitdem zunehmend dafür, dass der „sekundäre Sektor" seine vorherrschende Stellung bei der Beschäftigung der Gesellschafter nach und nach wieder verliert. Indem typische „Probleme" der Fließbandproduktion wie die „Ermüdbarkeit" oder „fehlende Motivation" der menschlichen Arbeitskräfte mehr und mehr durch den Einsatz von Maschinen „gelöst" wurden, begann der anfänglich so hohe Bedarf an menschlichen Arbeitskräften in der Industrie wieder deutlich zu sinken. So wie zuvor in der Landwirtschaft sind damit heute auch in der Industrie die Beschäftigungsraten rapide im Rückgang begriffen. In manchen Ländern – etwa in den Vereinigten Staaten – beträgt der Beschäftigtenanteil des „sekundären Sektors" bereits nur mehr ein Viertel der Gesamtbeschäftigung.[15] Die industrielle Produktion, die einst gravierende soziale Umbrüche dadurch ausgelöst hatte, dass sie enorme Mengen menschlicher Arbeitskraft aus anderen Arbeitsbereichen abgesaugt hat, kommt heute, anders gesagt, immer mehr ohne menschliche Arbeitskraft aus. Große Konzerne wie BMW oder Volkswagen haben bereits vor Jahren angekündigt, ihre Produkte schon bald ausschließlich maschinell zu fertigen. Das Schlagwort von der „menschenleeren Fabrik" ist in aller Munde.

Gleichzeitig hat sich durch die Automatisierung, wie gesagt, auch die Produktivität entscheidend erhöht. Die amerikanische Wirtschaft soll die ihre zum Beispiel zwischen 1950 und 1990 verdoppelt haben.[16] Das Bruttoinlandsprodukt von Westdeutschland soll sich zwischen 1965 und 1985 mehr als verdreifacht haben, während gleichzeitig die Zahl der menschlichen Arbeitsstunden, die für diese Produktivität noch benötigt

---

[13] Vgl. dazu: Willke 1999: 77.

[14] Nach dem Autofabrikanten Henry Ford und dem Begründer der „Wissenschaftlichen Betriebsführung" Frederick W. Taylor.

[15] Vgl.: Willke 1999: 52.

[16] Vgl.: Schor 1991.

werden, um mehr als ein Viertel zurückgegangen sind.[17] Allein in der deutschen Automobilindustrie sind in der ersten Hälfte der neunziger Jahre mehr als ein Fünftel aller Arbeitsplätze abgebaut worden, während sich der Wert der Produktion insgesamt stetig erhöht hat. Beim Volkswagen-Konzern, der in den Neunziger Jahren eine flexible Vier-Tages-Woche eingeführt hat, wurden 1991 noch 1,2 Millionen Autos mit einem Gesamtarbeitsaufwand von 200 Millionen Stunden hergestellt, was einem Output-Input-Verhältnis von einem Auto pro 167 Stunden entspricht. Zehn Jahre später soll ein Auto nur mehr in der Hälfte der Zeit, also in 83 Stunden hergestellt worden sein. Die Produktivität hätte sich damit in zehn Jahren verdoppelt und der Bedarf an Arbeitskräften halbiert, so die Produktion nicht gleichzeitig erhöht worden wäre.[18]

Ein ähnliches Bild des Zeit- oder Mehrwertgewinns, den die industrielle Produktionsweise ermöglicht hat, ergibt sich auch aus dem enormen „Freizeitgewinn" moderner Erwerbsarbeiter. Auch er kann, mit gewissen Einschränkungen, als Indiz für den Zuwachs an Produktivität betrachtet werden. Obwohl – wie wir sehen werden – nicht jeder Produktivitätsgewinn unter modernen Arbeitsbedingungen in Freizeitgewinn umgesetzt wird, wäre Freizeitgewinn umgekehrt aber ohne Produktivitätszuwachs kaum vorzustellen. In Mitteleuropa zum Beispiel hat sich die effektive Lebensarbeitszeit für Werktätige in den letzten 120 Jahren nahezu halbiert. Die Wochenarbeitszeit wurde von 65 Stunden auf um die 35 Stunden, die Jahresarbeitszeit von ungefähr 4000 Stunden auf tarifliche 1650 und effektive (unter Abzug der Fehlzeiten) 1500 Stunden reduziert. Die durchschnittliche Freizeit der Erwerbstätigen hat sich demgegenüber in der selben Zeit versechsfacht und Prognosen gehen davon aus, dass sie in den nächsten 50 Jahren gar den neunfachen Wert dessen erreichen wird, was einem durchschnittlichen Erwerbstätigen um die Wende vom 19. zum 20. Jahrhundert an Freizeit zur Verfügung gestanden ist.[19]

Dabei stehen diesen *realen* Freizeitgewinnen *rein theoretisch* noch weitaus größere mögliche Zeitgewinne gegenüber. André Gorz zum Beispiel geht davon aus, dass eine Wochenarbeitszeit von 25 Stunden reichen würde, um die derzeit noch nachgefragte gesellschaftliche Arbeit auf alle umzuverteilen. Juliett Schor hat vorgerechnet, dass die Arbeitswoche der modernen Erwerbstätigen bereits 6,5 (!) Stunden kurz sein könnte, wenn die amerikanische Produktivitätssteigerung seit 1950 bei gleich anhaltendem Wachstum auf Freizeit umgerechnet würde. Und John Maynard Keynes hat bereits 1930 in einem Aufsatz über die „wirtschaft-

[17] Vgl.: Gorz 1994: 343 Fn. 4.
[18] Vgl.: Willke 1999: 172.
[19] Willke 1999: 92 u. 110.

lichen Möglichkeiten unserer Enkelkinder" darauf hingewiesen, dass drei Stunden Arbeit genug seien, um „den alten Adam in uns zu befriedigen".[20]

Der Schluss, dass in absehbarer Zukunft kaum noch menschliche Arbeitskraft notwendig sein dürfte, um die Bedürfnisse und Wünsche der Menschen weitgehend zu befriedigen, scheint also, zumindest angesichts der Entwicklung der Industriearbeit, durchaus auf der Hand zu liegen. Das Schlagwort vom „Ende der Arbeit"[21] wie wir sie kennen, könnte es, so man den Produktivitätszuwachs der menschlichen Problemlösungsfähigkeiten für sich genommen betrachtet, demnach nahe legen, die in der Moderne möglich gewordenen Mehrwertsraten als *hinreichend* für ein komfortables *Leben ohne Arbeit* zu betrachten.

Allerdings – und das kompliziert unsere bisher angestellten Überlegungen nun leider beträchtlich – ist das, was wir hier so einfach als menschliche Bedürfnisse und Wünsche bezeichnen, keine ein für allemal vorgegebene Größe. Menschliche Bedürfnisse und Wünsche sind vielmehr grundlegend *soziokulturell* definiert. Das heißt, sie hängen wie alles in der Gesellschaft vom jeweiligen kulturellen und historischen Kontext ab, in dem sie zu stehen kommen. Sie hängen, anders gesagt, jeweils von genau demjenigen Zustand ab, den sich die Gesellschaft im Zuge ihrer Problemlösungsversuche, im Zuge ihrer Arbeit also, schafft, sprich *erarbeitet.*

---

[20] Keynes 1952: 369.

[21] So der Titel eines vieldiskutierten Buches von Jeremy Rifkin (1995).

5. Mehrwert im kulturellen Vergleich

Erinnern wir uns an die eingangs erwähnte Steinzeitgesellschaft, die gerade so etwas wie Streichhölzer erfunden („erarbeitet") hatte, und dann, während sie die Wärme des damit entzündeten Feuers genoss, langsam realisierte, dass sie, um weiterhin Feuer zu haben, wohl einen Vorrat an trockenem Holz anlegen wird müssen. Dieser Gesellschaft sind also gerade aufgrund der Problemlösung Streichhölzer plötzlich Bedürfnisse und Wünsche erwachsen, die sie vor Erfindung der Streichhölzer nicht gehabt hat. Sie hat, so könnte man sagen, plötzlich ganz andere Dinge, andere Problemlagen gesehen, die sie erneut zu Lösungsversuchen herausfordert. Dieser Umstand markiert, wie gesagt, eine grundlegende Eigenschaft des Problemlösungsprozesses schlechthin. Jede neue Lösung eröffnet einen neuen Horizont, eine neue Ausgangslage, von der aus neue Probleme sichtbar werden, die vorher einfach nicht gesehen werden konnten. Erst die Erfindung des Autos hat das Bedürfnis nach asphaltierten Straßen entstehen lassen, die Einführung von Plastik als Verpackungsmaterial hat einen umweltverträglicheren Umgang mit der Natur nahegelegt, und erst der Aufstieg in eine höhere Gehaltsklasse lässt uns manchmal erkennen, welche Vielzahl von noch teureren Dingen existieren, die wir uns auch gerne leisten würden.

Menschliche Bedürfnisse und Wünsche sind also nichts ein für allemal Feststehendes, sondern grundsätzlich abhängig von denjenigen Problemen, die die Menschen und ihre jeweilige Gesellschaft in ihrer Geschichte bereits gelöst haben. Besonders deutlich wird dies, wenn man, wie wir das schon getan haben, verschiedene Gesellschaften miteinander vergleicht. Es ist zum Beispiel nicht schwer vorzustellen, dass dasjenige Einkommen, das einem Bewohner Russlands, oder, um einen noch deutlicheren Kontrast zu wählen, einem Bewohner Schwarzafrikas erlauben würde, ein äußerst komfortables Leben zu führen, bei weitem nicht ausreichen muss, um einem Mitteleuropäer ein Leben zu ermöglichen, das dieser ebenfalls als komfortabel empfinden würde. Selbst wenn man die unterschiedlichen Preisniveaus zwischen Afrika und Europa mitberücksichtigt, lässt sich leicht vorstellen, dass der Afrikaner seine Mobilität, sagen wir, nach dem Erwerb eines gebrauchten Mopeds bereits als recht komfortabel empfinden könnte, während so mancher Europäer erst ab dem Erwerb des neuesten BMW-Modells von einer komfortablen Mobilität zu sprechen bereit wäre.

Um der Schwierigkeit solcher interkulturellen Vergleiche zumindest ein Stück weit beizukommen, hat sich die Wissenschaft eine Reihe von Methoden ausgedacht, mit denen sie subjektive Einstellungen der

Menschen zu ihrer Arbeitsproduktivität zu analysieren versucht. Eine dieser Methoden ist es zum Beispiel, die Feiertage, also die arbeitsfreien Tage zu zählen, die sich Gesellschafter im Laufe eines Jahres selbst zugestehen. Ackerbaugesellschaften zum Beispiel, das heißt also Gesellschaften, die, wie angenommen wird, ihren unmittelbaren Lebensbedürfnissen noch nicht allzu sehr „entfremdet" gegenüberstehen – wir kommen auf den Begriff der „Entfremdung" gleich ausführlicher zurück – wird unterstellt, in der Regel ein recht gesundes Empfinden dafür zu haben, wie viele Feiertage sie sich leisten können, ohne durch *Nichtstun* ihr Dasein, ihre Existenz zu gefährden.

Blicken wir diesbezüglich kurz noch einmal zurück auf die vorsowjetische Gesellschaft Russlands, die ja, wie gesagt, noch zu 85 Prozent am Land gelebt hat. Die Arbeitsproduktivität dieser Gesellschaft wurde von der sowjetischen Geschichtsschreibung gerne als eher gering angegeben, obwohl der russische Bauer als durchaus arbeitsam und fleißig dargestellt wurde. Seine Bemühungen konnten aber, so betonten sowjetische Parteihistoriker, damals nicht fruchten, weil er von „bourgeoisen" Grundherrn unterdrückt und ausgebeutet wurde. Erst die glorreiche sozialistische Revolution hätte ihn dann aus diesem Abhängigkeitsverhältnis befreit und seine Arbeitskraft Früchte tragen lassen.

So man aber nun vor dem Hintergrund dieser Geschichtsdarstellung die Zahl der Feiertage, die sich die vorrevolutionäre russische Landbevölkerung selbst zugestanden hat, genauer betrachtet, so zeigt sich recht deutlich, dass der russische Landarbeiter keineswegs so nahe am Hungertod dahinvegetiert hat, wie dies sowjetische Historiker mitunter glauben machen wollten. Grundsätzlich dürfte nämlich die Arbeitsproduktivität der russischen Landbevölkerung, die noch um 1900 herum den weitaus größten Teil der russischen Gesellschaft dargestellt hat, seit längerem zumindest so hoch gewesen sein, dass sich die *arbeitsfreie* Zeit als weithin geschätzter und entsprechend in den sozialen Ordnungen und Regeln der Gesellschaft manifestierter Wert fest verankern konnte.[22]

Dies zeigt sich zunächst etwa an dem Umstand, dass die Einhaltung der kirchlich und staatlich geregelten Sonn- und Feiertage stets äußerst streng beachtet worden ist. Wiederholt sollen Grundherrn mit dem Gesetz in Konflikt geraten sein, weil sie ihre Vasallen am Sonntag zum Arbeiten gezwungen haben. Überliefert sind auch eine Reihe strenger Strafen für die Nichteinhaltung der Feiertagsruhe. Darüber hinaus zeigt aber auch die auf längere Sicht anwachsende Zahl der Feiertage, dass die russische Bevölkerung das Leben, das sie sich mit ihrer Arbeit ermöglicht hat, durchaus als komfortabel empfunden hat. Vor allem die gegen Ende des 19.

[22] Vgl. für das folgende: Mironov 1999: 305-317.

Jahrhunderts stark steigende Zahl der „Volksfeiertage", also der nicht kirchlichen oder staatlichen Feiertage scheint einen deutlichen Hinweis dafür darzustellen. Weil zur Zahl der russischen Feiertagen meist mindestens ein Tag für die Vorbereitung des Festes und ein Tag für die Erholung von den Trinkgelagen als *arbeitlose* Tage hinzugezählt werden müssen – die russische Sprache ist reich an Sprichwörtern über den „Blauen Montag", den „Katertag" – ergibt sich, so man die tatsächlich dann noch übrig bleibenden Arbeitstage zusammenzählt, ein erstaunlich kurzes Arbeitsjahr. Um 1850 ist die russische Landbevölkerung gerade einmal 135 Tage und um 1900 gar nur mehr knapp über 100 Tage im Jahr ihrer eigentlichen landwirtschaftlichen Tätigkeit nachgegangen. Mehr als zwei Drittel ihres Daseins im Jahr haben die Russen also, so könnte man sagen, *gelebt ohne zu arbeiten*. Und obwohl sich dies kaum wirklich hinreichend genau feststellen lässt, scheinen sich doch einige Historiker darüber einig zu sein, dass sie dabei keineswegs schlechter gelebt haben, als andere vergleichbare Völker.[23]

Angesichts dessen drängt sich nun allerdings die Frage auf, warum dann diese Gesellschaft, wenn sie es sich offensichtlich leisten konnte, relativ wenig zu arbeiten, eine Revolution initiiert hat, in der ihre Arbeitsbedingungen grundlegend umgestoßen worden sind. Sollten etwa doch nicht alle Russen der Meinung gewesen sein, dass die russische Arbeitsproduktivität ausgereicht hat, um ein komfortables Leben zu führen?

Ab Mitte der 1860er Jahre hatten sich, so berichtet der russische Sozialhistoriker Mironov, die Beschwerden von Grundbesitzern, dass die irregulären Feiertage von Jahr zu Jahr mehr würden und damit immer weniger gearbeitet würde, zu häufen begonnen. Auch der russischen Regierung waren die vielen Feiertage ein Dorn im Auge. Sie rechnete 1913 zum Beispiel vor, dass, wenn die Zahl der russischen Feiertage auf die Zahl der Feiertage in Amerika beschränkt würde (– 68 statt 140 –), die Volkswirtschaft insgesamt um die vier Milliarden zusätzliche Arbeitstage im Jahr[24] gewinnen würde und sich die gearbeitete Zeit so um fast 20 Prozent erhöhen würde. Wenn die Bevölkerung überdies noch das Geld, das sie an Festtagen in Form von Wodka zu vertrinken gewohnt war, in ihre Wirtschaft investieren würde, könnte aus Russland im Nu ein blühendes Land werden.

---

[23] Der Historiker V.I. Semevskij meinte z.B., dass der Lebensstandard der Russen besser war als der vergleichbarer Schichten der Deutschen und der Polen und nur knapp hinter dem der Franzosen lag. Und auch der westfälische Baron von Haxthausen, der in der ersten Hälfte des 19. Jahrhunderts Russland ausgiebig bereist hatte, betonte einmal, dass nirgends das Verhältnis von Einkommen und Preis der Grundnahrungsmittel so günstig sei wie in Russland. Vgl. auch dazu: Mironov 1999: 305-317

[24] 72 multipliziert mit der Anzahl der 57 Millionen arbeitsfähigen Russen.

Sowohl die russische Regierung, wie auch die Grundbesitzer waren also offensichtlich mit der Arbeitsproduktivität ihrer Untergebenen, anders als diese selbst, keineswegs zufrieden. Weil die zaristische Autokratie – so könnte man, sehr verkürzt, die weiteren Entwicklungen in Russland zusammenfassen – diese ihre Unzufriedenheit mit zunehmendem Druck und einer Reihe inadäquater Mittel der Bevölkerung schmerzlich zu spüren gab, konnte eine dritte Gruppe, die als europäisch gebildete Sozialisten abermals andere *subjektive* Vorstellungen von effektiver Arbeit hatte, die Landbevölkerung schließlich für eine grundlegende Umgestaltung der Produktionsverhältnisse gewinnen.

Die Geschichte davon ist bereits oftmals erzählt worden und braucht uns hier nicht noch einmal im Einzelnen zu interessieren. Was aber für unsere weiteren Überlegungen wichtig ist, ist der Umstand, dass die Produktivität einer Gesellschaft nicht nur von verschiedenen Gesellschaften, sondern offensichtlich auch von verschiedenen Gesellschafts*teilen* völlig unterschiedlich bewertet werden kann.

6. Die Differenzierung der Gesellschaft

Wir müssen also im nächsten Schritt überlegen, warum verschiedene Gesellschaftsmitglieder ein und die selben Mehrwertraten völlig unterschiedlich beurteilen können. Naheliegen würde es zum Beispiel, dies in Bezug auf wie auch immer geartete individuelle, genetische, rassische, völkische oder sonstige Prädisposition zum Arbeiten, beziehungsweise zum „komfortablen" Leben zu erklären. Es gäbe, so könnte man sagen, nun einmal fleißigere Menschen, die höhere Ansprüche stellen, und faule, die sich mit weniger begnügen und früher als andere beim Erreichen eines bestimmten Wohlstandsniveaus zu arbeiten aufhören. Manchen Leuten, und offensichtlich auch manchen Völkern sei es sozusagen in die Wiege gelegt, strebsam zu sein, zu arbeiten, und das selbst dann noch, wenn ihr Auskommen für andere eigentlich längst gesichert erscheint. Andere dagegen wären von Haus aus mit wenig zufrieden und würden lieber in den Tag hineinleben, als sich großen Mühen zu unterziehen.

Obwohl individuelle Unterschiede in der Herangehensweise zur Arbeit ohne Zweifel existieren und auch in der Geschichte der Arbeit die eine oder andere Rolle gespielt haben mögen, so sollten wir doch eher vorsichtig sein mit solch vorschnellen Urteilen. So wir nämlich das Phänomen des Mehrwerts noch einmal genauer betrachten, wird schnell klar, dass der Grund, warum erzielte Mehrwertraten von verschiedenen Menschen und verschiedenen Kulturen unterschiedlich beurteilt werden, in nichts anderem zu suchen ist, als im Mehrwert selbst.

Erinnern wir uns: Mehrwert ist derjenige Wert, der entsteht, wenn durch Arbeit *mehr* an Lebensnotwendigem, oder sagen wir an „Energie" produziert wird als in der Zeit, in der gearbeitet wird, zum Reproduzieren der Arbeitskraft benötigt wird. Als Folge des Mehrwerts kann also genaugenommen schon die Möglichkeit betrachtet werden, sich Nachts auszuruhen, zu schlafen, anstatt auch da zu arbeiten, oder im nächsten Schritt, die Möglichkeit, dem noch nicht oder nicht mehr arbeitsfähigen Teil seiner Familie ein Überleben zu sichern.

Wirklich interessant wird das Phänomen der Mehrwertsproduktion allerdings erst da, wo es darüber hinaus auch möglich wird, mit Arbeit *soviel* Mehrwert zu erzeugen, dass, trotzdem die eigenen Familienmitglieder bereits recht gut versorgt sind, noch immer etwas übrig bleibt. Dieser *Überschuss* könnte nun nämlich dazu verwendet werden, *andere dafür zu bezahlen, die Arbeit zu verrichten.*

Nehmen wir an, dass einem Ackerbauer nach einer besonders guten Ernte so viel Getreide übriggeblieben ist, dass er und seine Familie nicht nur das nächste, sondern auch das übernächste und eine Reihe von weiteren Jahren recht komfortabel davon leben könnten. Der Nachbar dieses Bauern hat dagegen gleichzeitig, aufgrund schlechterer Bodenbeschaffenheit eine sehr schlechte Ernte eingefahren, braucht, um zu überleben, dringend Getreide und kann dafür nichts anderes zum Tausch anbieten als seine Arbeitskraft. Indem ihm der erste Bauer nun Getreide für seine Arbeit gibt, indem er ihn also für sich arbeiten lässt, könnte sich die Vorstellung der beiden Nachbarn, was *angemessener* Mehrwert ist, zu unterscheiden beginnen.

Bleiben wir im Rahmen unseres zugegeben eher theoretischen Beispiels. Ein erfahrener Ackerbauer weiß in der Regel recht genau, wie viel Getreide er benötigen wird, um sich und seine Familie für, sagen wir, ein Jahr gut zu versorgen. Auch der Nachbar, der ebenfalls ein erfahrener Ackerbauer ist, weiß, was er und seine Familie benötigen. Und beide wissen im Großen und Ganzen auch ungefähr wie lange und wie intensiv sie im Normalfall dafür arbeiten müssten. Ihre Lebensplanung und die ihrer Familien, aber auch die zahlreichen Regeln, Ordnungen, Sitten und Gebräuche, die sie und ihre Vorfahren im Laufe des Versuchs, ihr Leben zu sichern, ausgebildet haben, sind recht genau auf dieses Wissen abgestimmt. Wie oben die russischen Landarbeiter, so sollten also auch unsere beiden Ackerbauern recht genau wissen, wann und wie lange sie etwa feiern können, ohne ihrer Produktion zu schaden. Sie sind bis zu diesem Zeitpunkt, um dies mit dem entsprechenden Terminus zu bezeichnen, Herr ihrer eigenen *Produktionsverhältnisse.* Das heißt, sie geben sich die Regeln ihrer Arbeit selbst.

Sobald nun aber ein Nachbar, der sich aufgrund seiner schlechten Ernte in Not befindet, gegen Bezahlung für den anderen arbeitet, weiß *dieser* zwar weiterhin, wie viel sie nun gemeinsam arbeiten müssen, um den *von ihm* gewünschten Mehrwert zu erbringen. Der Nachbar muss aber nun, da er *für den anderen* arbeitet, nicht mehr unbedingt mit diesem darin übereinstimmen, was angemessener Mehrwert ist. Denn während er angesichts seiner eigenen Not den Reichtum des anderen bereits für Überfluss hält, könnte dieser, der nun einen größeren Betrieb mit entsprechend höherem Verwaltungsaufwand und vielleicht auch höheren Investitionskosten zu führen hat, es für notwendig erachten, sein Auskommen durch noch höhere Produktivität zu sichern. Er könnte es also zum Beispiel, um seine nun höheren Aufwände zu decken, für notwendig halten, den durch die gekaufte Arbeitskraft seines Nachbarn erzeugten Mehrwert abermals zu reinvestieren, um so noch weitere Nachbarn für sich arbeiten zu lassen und so die Investitionen, die dies mit sich bringt – muss er doch nun mindestens etwa die Geräte und Ausrüstungen für die neuen Arbeitsplätze bereitstellen – erneut zu decken.

Natürlich könnte – um dies kurz einzuwerfen – hinter dem fortgesetzten Ankauf von Fremdarbeitskraft ursprünglich auch ganz einfach der Wunsch stehen, den eigenen Anteil an Arbeit gegen Null zu reduzieren, um selbst irgendwann „auf dem Rücken der Angestellten" dem Müßiggang frönen zu können. Allerdings erzeugen nach unseren Annahmen in der Regel auch unternehmerische Tätigkeiten, entgegen den ihnen zugrundeliegenden Intentionen, eher Notwendigkeiten denn Freiheit. Wir dürfen also die „Zwänge", denen auch Arbeitgeber unterliegen, die sozusagen mit der Zukunft handeln, nicht außer Acht lassen. Die simple Notwendigkeit zum Beispiel, die Zinsen von Krediten, die zum Betrieb eines Unternehmens aufgenommen wurden, auch weiterhin zu bedienen, stellt vermutlich mehr Grund dar, stets mehr und mehr Mehrwert zu erzeugen, als das Vorhaben, nichtstuend in der Sonne zu liegen.

Ob nun die Notwendigkeit, den höheren Aufwand zu decken, den der Ankauf von Fremdarbeitskraft mit sich bringt, oder der Wunsch, selbst nicht mehr arbeiten zu müssen, hinter forcierter unternehmerischer Tätigkeit steht, klar ist jedenfalls, dass sich von da an die Frage nach einem *angemessenen* Ausmaß an Produktivität für Arbeitgeber und Arbeitnehmer auf höchst unterschiedliche Weise stellt. Der arme Nachbar unseres reichen Ackerbauern könnte sich aus seiner Perspektive also sehr wohl wundern, warum der andere plötzlich so erpicht auf mehr und immer mehr Gewinn ist und ihn zu immer mehr Arbeit anhält.

Es sollte an dieser Stelle bereits deutlich geworden sein, worauf unsere Argumentation hinaus will. Die *Produktionsverhältnisse*, das heißt, die gesellschaftlichen Rahmenbedingungen der Produktion, also etwa die Eigentumsverhältnisse an den Produktionsmittel beginnen sich durch die „Enteignung" von Arbeitskraft für unseren Ackerbauern und seinen Nachbarn zu unterscheiden. Weil jener, kurz gesagt, *für sich selbst*, dieser aber nicht mehr nur *für sich selbst*, sondern zum Teil nun eben auch *für den anderen* arbeitet, beginnen sich die Meinungen, was ein angemessener Mehrwert der gemeinsamen Arbeit wäre, zu unterscheiden. Obwohl die beiden nach wie vor Nachbarn sind und in der selben Gesellschaft leben, können sich ihre Vorstellungen darüber, wie viel zu arbeiten ist, um komfortabel leben zu können, und damit in weiterer Folge auch ihre sonstigen Lebensgewohnheiten, ihre Regeln, Bräuche, Sitten, kurz, ihr Weltbild, ihre *Kultur* im Laufe der Zeit erheblich auseinanderentwickeln. Die klassische Polarisation von Proletariat und Unternehmern, die bis heute schwerwiegende Folgen für die Arbeitswelt nach sich zieht, liefert ein anschauliches Beispiel dafür. Der Grund dafür, dass unterschiedliche Gesellschaftsteile und unterschiedliche Gesellschaften verschiedene Vorstellungen von angemessenem Mehrwert haben können, liegt also, wie wir nun deutlicher sehen, nicht in irgendwelchen individuellen oder genetischen Prädispositionen zu mehr oder weniger Fleiß begründet, sondern einfach in dem Umstand, dass es, wie in unserem Beispiel, durch unterschiedliche Ausgangslagen in der Gesellschaft zu verschiedenen Nutzungsarten des durch Arbeit erzeugten Mehrwerts kommt.

Oder anders gesagt, durch unterschiedliche Lösungen eines „Anfangsproblems" werden in weiterer Folge andere Anschlussmöglichkeiten sichtbar. Der eine Gesellschafter ist dazu gezwungen, seine Arbeitskraft zu verkaufen, der andere dazu, fortgesetzt in seine Produktionsmittel zu investieren und dabei darauf zu bauen, dass sich seine Investitionen irgendwann in der Zukunft rentieren.

7. Die Entfremdung

Mit der Ursache für die unterschiedliche Interpretation von Produktivitätsraten haben wir nun eine minimale gesellschaftliche Differenzierung ins Spiel gebracht, nämlich die Teilung der Gesellschaft in *Arbeitgeber* und *Arbeitnehmer*. Unter dem Stichwort „Klassenteilung" ist diese Differenzierung unter anderem von Karl Marx und seinen Anhängern für eine ganze Reihe von Problemen der Gesellschaft verantwortlich gemacht worden. Marx hatte diesbezüglich bekanntlich angenommen, dass diejenigen Gesellschaftsmitglieder, die es sich leisten können, Arbeitskraft zu kaufen und in ihrem Sinne zu nutzen, dadurch im weiteren auch die Möglichkeit erhalten, die gesellschaftlichen Arbeits- und Daseinsbedingungen zu bestimmen. Weil sich die Arbeitgeber den von den angekauften Arbeitskräften produzierten Mehrwert *einseitig aneignen* und ihn in weiterer Folge stets für den eigenen Vorteil reinvestieren und so schließlich in die Lage geraten, den Produktionsprozess weitgehend zu bestimmen, erhalten sie auch die Möglichkeit, die *Produktionsverhältnisse*, also den gesetzlichen Rahmen an sozialen Ordnungen und Regeln, der die gesellschaftliche Arbeits- und Daseinsweise umgibt, zu kontrollieren.

Die *Produktivkräfte* hingegen, kurz gesagt also die Arbeitnehmer, würden dadurch, so Marx, gezwungen, ihre Arbeit immer mehr unter Bedingungen zu verrichten, die ihren eigenen Daseinsformen und damit auch ihren eigenen unmittelbaren Bedürfnissen nicht mehr entsprechen, die ihnen *fremd* sind. Im Zuge der Entwicklung der Produktionsweisen wird das Verhältnis der Arbeiter zu ihrer Arbeit damit immer *abstrakter*. Ihre Arbeit hat immer weniger mit jenen Bedürfnissen zu tun, die den ursprünglichen Impuls für ihre Arbeit dargestellt haben, und auch immer weniger mit dem gesetzlichen Rahmen der Arbeit, mit den Eigentumsverhältnissen etwa. Produktivkräfte und Produktionsverhältnisse „entfremden" sich, anders gesagt, im Zuge der Geschichte zunehmend voneinander. Die einzige Chance, dieses gestörte Verhältnis wieder richtig zu stellen, war für Marx bekanntlich die Revolution, der radikale Umbruch der bestehenden gesellschaftlichen Gegebenheiten.

Dieser Umstand stellt allerdings noch nicht den einzigen Grund dafür dar, warum sich das Verhältnis der Gesellschaft zu ihrer Arbeit, zu ihren Problemlösungsversuchen, zunehmend abstrahiert. Einen weiteren „Entfremdungsfaktor" sah Marx in der *Warenform* der produzierten Güter gegeben. Diese Warenform sorgt dafür, dass aus der individuellen menschlichen Arbeit eine abstrakte Größe wird, die nicht mehr im einzelnen auf den Grund dafür, warum wir arbeiten, bezogen werden kann, sondern nur mehr als gesamtgesellschaftlicher Durchschnitt des Produktionsaufwandes bestimmt wird. Um nämlich aus Gütern Waren werden zu lassen, so hat Marx festgestellt, müssen diese *austauschbar* sein. Die einzige Größe aber, die die für diesen Austausch notwendige *Vergleichbarkeit* herstellen kann, ist für Marx die zur Herstellung der Güter notwendige Arbeitszeit. Da die Güter aber, sobald sie als Waren auf einem Markt angeboten werden, in vielfache Konkurrenz zueinander treten, bestimmt sich ihr *Tauschwert* nicht über die *konkrete individuelle* Arbeitszeit ihres echten Produzenten, – dieser könnte ja etwa aufgrund mangelnder Geschicklichkeit auch uneffektiver produzieren als sein Konkurrent –, sondern über jene Arbeitszeit, die beim jeweiligen gesamtgesellschaftlichen Stand der Produktivkräfte und Produktionsverhältnisse für die Produktion der Ware *objektiv* notwendig ist. Über eine Arbeitszeit also, die gewissermaßen nur einen Durchschnittswert der gesamtgesellschaftlich für die Herstellung einer Ware notwendigen Arbeitszeit darstellt. Die *individuelle* Arbeitszeit hingegen, die *tatsächlich* notwendig war, um das Gut herzustellen, bleibt für die Warenform irrelevant und verschwindet damit aus dem Bewusstsein der Konsumenten. „Indem [die Menschen] ihre verschiedenartigen Produkte im Austausch als Werte gleichsetzen, setzen sie ihre verschiedenen menschlichen Arbeiten einander als menschliche Arbeit gleich. Sie wissen das nicht, aber sie tun es", hat Marx diesbezüglich geschrieben.[25]

Die individuelle tatsächliche Arbeit setzt sich, anders gesagt, indem sie und ihre Produkte als Waren angeboten werden, dem Vergleich mit allen anderen Arbeitsleistungen aus – und dies in einer globalisierten Wirtschaft bereits weltweit. Immer mehr tritt dabei übrigens auch die Maschinenarbeit hochentwickelter Industrienationen in Konkurrenz zur Handarbeit in Entwicklungsländern. Der einzelne Arbeiter kann seine Arbeit deshalb nicht mehr als spezifische, individuelle Leistung betrachten, die in Beziehung zu seinen Bedürfnissen und Wünschen steht, sondern nur noch als hochabstrakten Anteil am gesamtgesellschaftlichen Produktionsprozess, der für ihn damit nicht mehr primär zur Befriedigung irgendwelcher Bedürfnisse, sondern mehr und mehr um seiner selbst willen stattzufinden scheint. Seine Arbeit und deren Produkt wird ihm, so Marx, zunehmend *fremd.*

Der zweite von Marx bezeichnete Grund für die Abstraktion der Arbeit bezieht sich auf den Umstand, dass die Warenform aufs Engste mit der Einführung des Mediums Geld verknüpft ist. Durch das Aufkommen von Geld entsteht nämlich eine zusätzliche Möglichkeit, an sich unvergleich-

[25] Marx 1978/1983 Bd.23: 88.

bare Werte und Güter vergleichbar zu machen. Der höchst subjektive *Gebrauchswert* eines Sonntagsausfluges zum Beispiel lässt sich im Normalfall nicht unmittelbar mit dem ebenfalls sehr subjektiven *Gebrauchswert* vergleichen, den der Verzehr eines saftigen Steaks mit sich bringt. Sobald aber das Medium Geld zwischen die beiden *Gebrauchswerte* von Ausflug und Steak geschaltet wird und so die Möglichkeit entsteht, die Gebrauchswerte auf einen gemeinsamen *Tauschwert* zu beziehen und diesen auf einem Markt einen *objektiven* Wert, also einen *Preis* ausbilden zu lassen, kann der ursprüngliche Gebrauchswert selbst in Vergessenheit geraten. Was zählt ist nun das, wofür die Werte gehandelt werden können: nämlich Geld, und wer dafür arbeitet, wer seinen Arbeitslohn also nicht mehr in Form von Naturalien, sondern in Form von Geld ausbezahlt bekommt, hat unmittelbar keinen Sonntagsausflug oder den Verzehr eines Steaks als Ziel seiner Anstrengungen vor Augen, sondern ein hoch abstraktes Medium, das nur mehr sehr indirekt durchahnen lässt, wie viel von ihm nötig ist, um bestimmte *Gebrauchswerte* zu erstehen. Da es überdies prinzipiell keine Grenze für die Geldmenge gibt, die man verdienen und ausgeben könnte, rückt auch die Grenze der Bedürfnisse, die mit Geld zu befriedigen sind, und damit auch die Grenze des Bedarfs für immer mehr Geld aus dem Blickfeld.[26]

Geld ist darüber hinaus in modernen Wirtschaften mittlerweile selbst zu einer Art Ware geworden, zu einer Ware freilich, die, so scheint es, eben nicht mehr so sehr um ihres Gebrauchswertes, sondern immer mehr um ihres Tauschwertes willen gehandelt wird. Mit Geld scheint, anders gesagt, nicht mehr nur gehandelt zu werden, um damit Werte zu schaffen, die dann von irgend jemandem *konsumiert* werden können. Mit Geld wird gehandelt, damit sich das Geld selbst und nichts anderes vermehrt. Moderne Kapitalmärkte, so wird jedenfalls von Kapitalismus- und Globalisierungsgegnern immer wieder argumentiert, dienen keinen unmittelbaren Lebensbedürfnissen mehr, sondern einzig dem eitlen Ziel, mehr und immer mehr Geld zu schaffen.

Der Schluss liegt also nahe, dass der tatsächliche Produktions-, Arbeits- und Wertschöpfungsprozess, in den viele von uns über ihre Lohnarbeit involviert sind, mit der eigentlichen Befriedigung von Bedürfnissen und Wünschen, mit dem Lösen von Problemen, die ein unmittelbares Anliegen der Gesellschaft sind, längst nichts mehr zu tun hat. Der Produktions- und Wertschöpfungsprozess hätte sich vielmehr längst verselbständigt und gehorcht nur mehr seinen eigenen Gesetzen, die uns gleichsam als Rädchen im Getriebe eines riesigen Mechanismus in das tägliche Joch unserer

---

[26] Vgl.: Gorz 1994: 41.

Arbeit einspannen, welche wir zum größten Teil verrichten, ohne zu wissen, wozu sie eigentlich gut sein soll.

Unterstützung findet dieser Mechanismus heute zusätzlich bei einer hochspezialisierten Reklame- und Kulturindustrie, die uns über ihre „Verbündeten", die Massenmedien, stets neue Bedürfnisse – das neueste Mobiltelefon, ein noch schnelleres Auto etc. – aufoktroyieren, nur um uns den Ausstieg aus der Maloche der *Arbeit um der Arbeit willen* so nachhaltig wie möglich zu verbauen.

Gelänge uns dieser Ausstieg jedoch – so scheint die Rede von der „Entfremdung" sagen zu wollen – und würden wir uns mit weitaus weniger begnügen als dem, was wir gegenwärtig. ohne zu wissen wozu, meinen, unbedingt haben zu müssen, so könnten wir längst bereits einen großen Teil unserer Arbeit Arbeit sein lassen und trotzdem ein recht komfortables Leben führen. In Anbetracht der Produktivitätssteigerung und der Mechanisierung, die die menschliche Arbeit in den letzten Jahrhunderten erfahren hat, ließe sich längst mit weniger Arbeit auskommen, wenn wir nicht „falsche", weil über zahlreiche „Entfremdungsfaktoren" vermittelte Bedürfnisse anstreben würden. Kurz, wir könnten, würden wir unserer Arbeit und unseren Bedürfnissen nicht grundsätzlich „entfremdet" gegenüberstehen, tatsächlich bereits *leben ohne zu arbeiten.*

Natürlich, es ist nicht von der Hand zu weisen, dass es manchen von uns auch tatsächlich gelingt, Bedürfnisse entscheidend zurückzuschrauben und, anstatt ein Leben lang einer zwar gut bezahlten aber nicht sonderlich befriedigenden oder sinnvollen Arbeit nachzugehen, lieber mehr Freizeit und Freiheit ohne großartige finanzielle Absicherungen zu genießen. Der „Aussteiger", der irgendwo im sonnigen Süden von den Kokosnüssen lebt, die von den Palmen fallen, gehört heute schon beinahe ebenso selbstverständlich ins Bild der Arbeit in einer modernen Wohlstandsgesellschaft, wie das des Büromenschen oder des Börsenspekulanten. Trotzdem ergeben sich aber aus unseren eingangs angestellten Überlegungen zur Arbeit als bestimmte Form eines gesellschaftlichen Problemlösungsprozesses grundsätzliche Zweifel an der Halt- und Brauchbarkeit des Begriffs „Entfremdung", wie er von Marx und seinen Nachfolgern zur Bezeichnung der Trennung von Bedürfnisbefriedigung und Arbeitsergebnis verwendet worden ist.

Wir haben oben zwei grundlegende Eigenschaften des gesellschaftlichen Problemlösungsvorgangs, wie wir ihn vorstellen, markiert: zum einen beruhen Problemlösungen, oder anders gesagt, die Resultate unserer Arbeit, oder der Arbeitsprozess schlechthin, stets auf den Resultaten früherer Arbeiten, früherer Problemlösungen, ohne welche die aktuellen Problemlösungsversuche in ihrer spezifischen Form schlichtweg nicht möglich sind. Und zum anderen schafft der Arbeitsprozess mit jeder neuen Problemlösung auch stets neue Gegebenheiten, von denen aus, wie wir gesagt haben, neue Problemlagen sichtbar werden, die in dieser Form vorher nicht wahrnehmbar waren, die aber dann nichtsdestotrotz als genuine Probleme erscheinen.

Zieht man diese beiden Annahmen in Betracht, so relativiert sich die Marxsche Kategorie der „Entfremdung". Denn einerseits folgt daraus, dass der Problemlösungsprozess gewissermaßen *immer schon* begonnen hat, dass es also streng genommen keinen *Anfang* des Problemlösens, des Arbeitens gibt. Was wir hier als Problemlösen bezeichnen, kann nämlich mit ein wenig Abstraktionsfähigkeit im Prinzip auf alle Ebenen des Daseins ausgeweitet werden. Das Bild des Problemlösungsvorgangs ist abstrakt genug, um damit über den Arbeitsprozess hinaus zum Beispiel auch noch den Prozess der biologischen Konstitution des Menschen, die Konstruktion seiner Zellen und selbst noch biochemische und schließlich wohl auch physikalische Prozesse zu beschreiben. Auch die Bildung der Sinnesorgane etwa, oder der Zusammenschluss bestimmter Moleküle zu Zellen, bestimmter Atome zu Molekülen etc. könnte damit gewissermaßen als „Arbeit", als „Problemlösungsversuche" *der Natur* betrachtet werden, die ebenfalls jeweils auf bestimmten Voraussetzungen, auf bereits zuvor „gelösten Problemen" aufbauen. Der „Problemlösung" Mensch, mit ihren vielfältigen Problemen, würde so gesehen die „Problemlösung" Zelle und dieser die „Problemlösung" Molekül jeweils vorausgehen und wäre ohne diese nicht möglich. Erst wenn sich die Zelle entwickelt hat, kann sich so etwas wie der Mensch bilden, und erst wenn dieser existiert, können Dinge wie das Feuer, das Rad, das Auto oder die Dreißigstundenwoche entstehen. Eine *ursprüngliche,* eine *erste*, allen anderen zugrunde liegende Problemlösung, vor der eine *problemlose* Zeit geherrscht hätte, lässt sich also aus dieser Perspektive nicht vorstellen. Der Problemlösungsprozess hat damit, auf welch mikroskopisches Niveau man sich auch immer begibt, *immer schon* begonnen.

Damit kann es nun aber auch keinen „nicht-entfremdeten" Zustand geben, von dem sich die Arbeit oder die Bedürfnisse der Gesellschafter „entfremdet" haben sollen und der durch die Diagnose des „entfremdet Seins" notwendig impliziert wird. Wenn dieser Zustand nun aber nicht positiv bezeichnet werden kann, weil Probleme schlichtweg *immer schon* bestehen, so wird dadurch der Begriff der „Entfremdung" entsprechend unscharf. Die Vorstellung eines „nicht-entfremdeten" Zustandes, wie er auch in zahlreichen Legenden vom biblischen Paradies über Atlantis bis hin zur urkommunistischen russischen Dorfgemeinschaft *Mir* seinen

Ausdruck findet, scheint damit eher eine in die Vergangenheit projizierte Vorstellung davon zu sein, wie unsere Arbeit Idealerweise sein sollte, wie sie in der Realität aber nicht ist.

Noch mehr von seiner Substanz verliert der Begriff der „Entfremdung" wenn wir in Betracht ziehen, dass sich, wie wir eingangs erwähnt haben, die Probleme, die auf jedem neuen Problemlösungsniveau auftauchen, in ihrer von den Betroffenen erlebten Qualität prinzipiell nicht von Problemlagen anderer Problemlösungsniveaus unterscheiden lassen. Banale Streichhölzer stellen für unsere eingangs erwähnte Steinzeitgesellschaft ein ebenso gravierendes Problem dar, wie, sagen wir, passable Brennstoffzellen für die Gesellschaft der Gegenwart. Und, so zynisch es klingen mag, einem amerikanischen Milliardär, der, sagen wir, mit seiner Luxusyacht die nächste Hochseeregatta gewinnen will, können seine Sorgen ebenso gravierend erscheinen, wie sich die Sorgen einem russischen Industriearbeiter darstellen, dem bereits monatelang kein Lohn und kein Arbeitslosengeld ausbezahlt wird, weil sein Betrieb pleite ist, aber aus politischen Gründen nicht zugesperrt wird.

Anders gesagt, *ein Problem ist für den, der es hat, ein Problem, und zwar jeweils aus seiner spezifischen Perspektive*. Und diese Perspektive wird, wie wir gesagt haben, durch die bereits zuvor gelösten Probleme, durch die bereits geleistete Arbeit und den damit zur Verfügung stehenden Fundus an gespeicherten Problemlösungen, man könnte auch sagen, durch die Kultur, in der die spezifischen Problemlösungen stattfinden, festgelegt. Der amerikanische Milliardär ist damit, nur weil er reich ist und einer anderen Kultur entstammt, seinem Dasein und seinen Bedürfnissen und Problemen um nichts weiter „entfremdet" als der russische Industriearbeiter. Er hat einfach aktuell *andere* Sorgen.

Freilich, eine gewisse Berechtigung scheint der Begriff der „Entfremdung" zum einen dann zu erhalten, wenn die Problemwahrnehmung des Milliardärs mit der des Industriearbeiters unmittelbar kollidiert, weil, sagen wir, der Milliardär in den russischen Betrieb investiert hat und nun, obwohl er seine Regatta auch so gewinnen könnte, Dividenden sehen will und deshalb auf einen drastischen Beschäftigungsabbau drängt, der dem Industriearbeiter den Job kosten wird. Dann liegt es nahe, anzunehmen, dass sich die Probleme des Milliardärs und die des russischen Industriearbeiters reichlich „fremd" gegenüberstehen. Ob dies freilich ausreicht, um von einer „*Entfremdung* der Bedürfnisse" im Marxschen Sinn zu sprechen, wollen wir hier dahingestellt lassen.[27] Wir kommen weiter unten auf die Folgen solcher Kollisionen noch ausführlicher zurück.

[27] Vgl. zu einer etwas anders gelagerten Kritik des Marxschen Begriffs der „Entfremdung" auch etwa: Schwimmer 1979.

Zum anderen lässt sich natürlich auch nicht von der Hand weisen, dass sich unser Bild von Arbeit im Laufe der Geschichte tatsächlich durch eine Reihe von Faktoren maßgeblich verändert und weit von jenen ursprünglichen Problemlösungen entfernt hat, die einst unmittelbar der Erhaltung des Individuums und seiner Art gedient haben. Selbsterhaltung, Überleben oder grundlegende Existenzsicherung werden in modernen Gesellschaften kaum mehr durch Arbeit gewährleistet. Dafür sorgt vielfach ein soziales Sicherheitsnetz, das die Gesellschaft bezahlt. Wofür wir heute primär arbeiten, hat nichts mehr mit dem zu tun, wofür unsere steinzeitlichen Vorfahren gearbeitet haben. Der Problemlösungsprozess hat sich bis zu einem Grad abstrahiert, auf dem es oft sogar schwer fällt, Probleme noch als Probleme zu sehen.

8. Die Abstraktion der Arbeit

In einer Reihe von Sprachen weist die Wurzel des Begriffs „Arbeit" noch deutlich auf jene Überlebensnotwendigkeiten hin, die mit Arbeit ursprünglich verbunden gewesen sind. Im Deutschen zum Beispiel hat das Wort erst durch eine an der Ethik des Rittertums und der mittelalterlichen Mystik orientierte Umwertung, die Martin Luther eingeleitet hat, seine ursprüngliche Bedeutung von „unwürdiger, mühseliger Tätigkeit" verloren. In anderen Sprachen weist der Begriff noch direkt auf die Bezeichnung unmündiger Menschen, Abhängiger oder Sklaven. Im Russischen ist das Wort für Arbeiten „rabotat'" zum Bespiel etymologisch eng mit dem Begriff für Sklave „rab" verwandt. Auch schon in der europäischen Antike mussten vor allem diejenigen arbeiten, die nicht *frei* waren. Und die Arbeit der Unfreien war eine Tätigkeit, unter der sie litten, unter deren Last sie schwankten („laborare"). Die Arbeit wurde, weil sie für den größeren Teil der Gesellschaft noch tatsächlich existenzsichernde Notwendigkeit war, als mühseliges Übel aufgefasst. Im Alten Testament noch wird Arbeit als Fluch Gottes bezeichnet.

„Frei sein" bedeutete dagegen allerdings nicht unbedingt das Gegenteil – die absolute Freiheit von Arbeit. Der „Freie" konnte vielmehr über seine Arbeit selbständig bestimmen, er konnte selbst festlegen, wann und wie viel er arbeiten wollte. Odysseus war nach Homer zum Beispiel stolz darauf, sein Bett selbst gezimmert zu haben, und aus verschiedenen anderen Kulturkreisen berichten Erzählungen von Herrschersöhnen, die oft neben der Kriegskunst und den geistlichen Lehren auch das eine oder andere Handwerk erlernten, nicht um dann als Handwerker zu arbeiten, sondern um in mehrfacher Hinsicht „geschickt" zu sein und verschiedene Tätigkeiten miteinander kombinieren zu können. Der russische Zar Peter der Große lernte zum Beispiel in den Niederlanden Schiffe zu bauen, um später damit die militärische Schlagkraft seines Landes zu erhöhen. Was in vormodernen Zeiten also an der Arbeit als negativ bewertet wurde, war nicht nur die Mühsal die sie bereitet hat, sondern auch die in manchen Arbeitsformen mit ihr verbundene Unterwerfung des Menschen unter andere Menschen oder später dann unter eine einzige ausschließlich und lebenslang ausgeübte Tätigkeit.

Im europäischen Raum war es das Christentum, dass für eine folgenreiche Uminterpretation der Arbeit und die beginnende Loslösung von ihrem eigentlichen Zweck der Existenzsicherung gesorgt hat. Nachdem Christus mit seinem Leiden am Kreuz die Menschheit von ihren irdischen Sünden befreit hatte, fühlte sich diese aufgefordert, es ihrem Erlöser gleich zu tun. Mönche und Nonnen in mittelalterlichen Klöstern unterwarfen sich in masochistischer Nachahmung der Leiden Christi als „Knechte Gottes" einer Zucht und Ordnung, deren Askese und deren strenge Tageseinteilung vielfach als Vorläufer späterer Fabrikdisziplin und einer abstrakten „betriebswirtschaftlichen" Zeitrechnung beschrieben worden sind.

Im Protestantismus und besonders dann im Kalvinismus wurde diese Askese und Arbeitsethik aus den Klöstern heraus in die weltlichen Bereiche des Daseins überführt. Nicht mehr in der Abgeschiedenheit der Klöster sollten die Mühen der Arbeit gottesfürchtig ertragen werden, sondern in der profanen irdischen Welt musste die Auserwähltheit durch Gott an den Früchten der Arbeit, am beruflichen Erfolg demonstriert werden. Die Früchte der Arbeit durften dabei allerdings nicht unmittelbar genossen werden, da sonst die göttliche Gnade in der Nachfolge Christi wieder verspielt worden wäre. Das, was durch Arbeit geschaffen werden konnte, wurde vielmehr zum Ausgangspunkt immer neuer Arbeit gemacht, damit die Andacht an die Leiden Christi gewahrt blieb. Genuss blieb dem fortgesetzten Anhäufen abstrakter Reichtümer versagt.[28] Die Produktivität hatte damit nicht mehr primär um des Selbsterhalts der Menschen, sondern immer mehr um ihrer selbst willen zu wachsen. Der implizite Geist der abendländischen Wirtschaftsrationalität, die Grundlage des Kapitalismus, als die Max Weber die protestantische Ethik dechiffriert hat, sorgte dafür, dass sich das Bild der menschlichen Arbeit mehr und mehr abstrahierte.

Die Warenform und der Tausch der produzierten Güter gegen Geld hat diesen Prozess, wie wir oben beschrieben haben, nachhaltig unterstützt. Die grundsätzliche Notwendigkeit der Unternehmer, die Produktion am Laufen zu halten und dazu immer längerfristige Kredite aufzunehmen, weil mit der Industrialisierung immer höhere Produktionskosten anfielen, hat es darüber hinaus notwendig gemacht, die jeweils *aktuelle* Arbeit immer mehr durch Anleihen auf die Gewinne *zukünftiger* Arbeit zu finanzieren.[29]

Arbeit unter modernen Produktionsbedingungen darf damit nicht mehr zum Stillstand kommen, weil dies die Schulden der Produzenten unbezahl-

---

[28] Der Puritaner und Arbeitsfanatiker Thomas Carlyle hat damals in seinem Buch *Arbeiten und nicht verzweifeln* die arbeitenden Menschen zu einem regelrechten Feldzug gegen den „Erzfeind Selbstsucht und Müßiggang" aufgerufen: „Arbeit ist die Mission des Menschen auf dieser Erde. Es kämpft sich ein Tag herauf, es wird ein Tag kommen, an dem der, welcher keine Arbeit hat, es nicht für geraten halten wird, sich in unserem Bereich des Sonnensystems zu zeigen, sondern sich anderwärts umsehen mag, ob irgendwo ein fauler Planet sei." Zit. nach: Eisenberg 1999: 44f.

[29] Darüber hinaus, – wir wollen dies hier einstweilen nur vorausschickend erwähnen –, können natürlich auch Kollektivverträge oder sonstige Verpflichtungen gegenüber der Gesellschaft Dynamiken erzeugen, die dazu zwingen, die Produktion an zukünftigen und nicht nur an gegenwärtigen Nachfragen zu orientieren.

bar machen würde. Das wissen auch die Kreditgeber, die Banken. Kredite, die zur Ermöglichung von Arbeit aufgenommenen werden, können nur bedient werden, wenn sie lange genug und damit womöglich viel länger laufen, als aktuelle Nachfragen nach den Produkten der Arbeit tatsächlich bestehen. Um den Fortbestand der Arbeit zu sichern, müssen also stets neue Nachfragen, und das heißt, neue, mit Arbeit zu befriedigende Bedürfnisse geschaffen werden und dies leistet in modernen Gesellschaften unter anderem die Reklameindustrie, die sich mit immer ausgefeilteren Tricks darum kümmert, dass unsere Bedürfnisse nicht versiegen. Es weckt kaum noch größere Verwunderung, wenn der einmal erfüllte Wunsch, sagen wir, ein Auto zu besitzen, recht schnell vom Streben nach einem noch prestigereicheren oder noch schnelleren Auto abgelöst wird – auch wenn es längst keine Straßen mehr gibt, auf denen die mit diesen Autos möglichen Geschwindigkeiten gefahren werden können – oder dass, wenn Personalcomputer oder Mobiltelefone einmal zum Allgemeingut zählen, die bessere technische Ausstattung dieser Geräte zum Wunschziel wird – auch wenn kaum noch jemand überblickt, was sein Gerät denn nun wirklich alles kann. Eine Sättigung des Marktes mit Autos, Computern oder Mobiltelefonen würde die „Gefahr" bergen, den Konsum und damit die Produktion, also die Arbeit zum Stillstand zu bringen und das hätte fatale Folgen für all jene, die in die Produktion investiert haben – und das sind in einer Shareholder-Society, die sich zunehmend über den Besitz von Aktienpaketen zusätzliche Einkommensquellen sichert, immer größere Teile der Gesellschaft. In gewisser Hinsicht erfüllt so gesehen die moderne Reklameindustrie in einer globalisierten Weltwirtschaft eine ähnliche Funktion, wie der Imperialismus des 19. Jahrhunderts, der die Produktion der Industrieländer durch neu erschlossene Rohstoffquellen und Absatzmärkte am Laufen gehalten hat.

All diese Faktoren haben das Bild unserer Arbeit grundsätzlich verändert. Wir arbeiten nicht mehr unmittelbar um des Selbsterhalts, um der Reproduktion unserer Arbeitskraft willen. Und es fällt uns in der Moderne angesichts mancher Arbeitsformen nicht mehr ganz leicht festzustellen, dass durch Arbeit tatsächlich handfeste Probleme gelöst werden. Das Beispiel des Milliardärs, der eine Hochseeregatta gewinnen will; die Arbeit, die in der Freizeitindustrie von Animateuren geleistet wird, oder auch die Tätigkeit von Künstlern, Freizeitsportlern oder Liebhabern und Amateuren lässt uns – insbesondere angesichts der Sorgen des oben beschriebenen russischen Industriearbeiters – Zweifel an der tatsächlichen Problemhaftigkeit der diesen Arbeitsformen zugrunde liegenden „Probleme" hegen. Gesamtgesellschaftlich sonderlich relevante, oder gar überlebensnotwendige Probleme scheinen jedenfalls durch diese Tätigkeiten nicht gelöst zu werden.

Der Grund dafür ist die Tatsache, dass Probleme in der Moderne, aufgrund der Vielzahl der ihnen vorausgehenden, insgesamt bereits gelösten, allerdings von nahezu jedem Gesellschaftsmitglied in unterschiedlicher Weise gelösten Probleme, zu sehr individuellen und damit sehr relativen und abstrakten Größen geworden sind, die als solche oftmals nur mehr von demjenigen, der sie hat, tatsächlich noch als genuine Probleme erlebt werden. Nahezu jeder von uns verfügt heute über seine eigenen spezifischen Erfahrungen, besitzt seine eigene Herangehensweise ans Dasein, an die Welt, die ihn umgibt. Jeder entwirft sich sein eigenes Selbstbild und bestimmt von daher seine Wüsche und Bedürfnisse.

Etwas abstrakter, im Rahmen unserer Perspektive formuliert, verfügt in einer hoch individualisierten Gesellschaft wie der unseren jedes Gesellschaftsmitglied aufgrund seiner spezifischen Erfahrungen über seinen ureigenen, individuellen Problemlösungsfundus, der sich von dem aller anderen unterscheidet und damit ein sehr spezifisches Bild der Welt und ein sehr spezifisches Bild dessen, was in dieser Welt ein Problem darstellt, festlegt. In einer hochdifferenzierten Gesellschaft, in der sich kaum noch zwei Individuen über annähernd identische Herkunft, Klassenzugehörigkeit, Ausbildung, Berufsweg, Karriere etc. definieren, werden Probleme zu *Individualgrößen*, die von jedem eben höchst *individuell* erlebt werden. Die Probleme eines Börsenspekulanten, eines Musikers, eines Wissenschafters, eines Briefmarkensammlers oder eines Freizeitsportlers können völlig verschieden ausfallen und dabei nichts mit dem zu tun haben, was durch das, was traditionell unter Arbeit verstanden wird, gelöst werden könnte.

Dies wäre an sich wohl noch kein großes Problem – wir sind ja in der Regel sehr stolz darauf Individuen zu sein und unsere ureigene Welt- und Problemsicht zu haben. Zu einem Problem wird dies erst dann, wenn manche der Problemlösungstätigkeiten, die die hochindividuellen Problemsichten moderner Gesellschafter nach sich ziehen, von der Gesellschaft *entlohnt* werden *und andere nicht.* Um diesen Umstand deutlicher zu sehen, sollten wir freilich zunächst das Phänomen des Arbeitslohns etwas genauer betrachten.

9. Der Arbeitslohn und seine Zufälligkeit

Lohn ist, zunächst einmal ganz allgemein gesprochen, ein Ergebnis von Arbeit. Der Lohn für die Jagd ist, so könnte man sagen, der Braten, der den Hunger stillt, der Lohn für die Erfindung von Streichhölzern die Wärme, die das durch sie entfachte Feuer bereitet. Unter einfachen sozialen Bedingungen, wie sie hier angesprochen sind, wird der Lohn einer Arbeit *vollständig* von demjenigen eingestrichen, der arbeitet. Lohn und der mit Arbeit erzeugte Wert sind hier noch identisch. Unter komplexeren gesellschaftlichen Bedingungen ist dies allerdings, wie wir gesehen haben, nicht mehr unbedingt der Fall. Nicht wenige Ökonomen gehen davon aus, dass Unternehmer, die für sich arbeiten lassen, einen Teil des von ihren Arbeitern erzeugten Wertes, nämlich den Mehrwert, *für sich* einstreichen, und dies auch dann, wenn mitberücksichtigt wird, dass Unternehmer Kosten, also etwa Anschaffungskosten der für die Arbeit benötigten Werkzeuge oder Maschinen etc. zu tragen haben. Den Arbeitern wird dafür *Lohn* bezahlt, was nun die spezifische Entgeltung von *Lohnarbeit*, von *unselbständiger* Arbeit meint und mit dem durch Arbeit erzeugten Wert nicht mehr identisch ist. Lohn scheint vielmehr um den vom Unternehmer eingezogenen Teil, um den Mehrwert, *geringer* zu sein als der erarbeitete Wert.

Es liegt hier nahe, die Frage zu stellen, warum sich die Arbeiter mit Weniger, als ihre Arbeitskraft erbringt, begnügen sollen, warum sie es hinnehmen, dass ein Teil des von ihnen erarbeiteten Wertes von ihren Arbeitgebern einbehalten wird. Und tatsächlich hat diese Frage und ihre Diskussion, wie wir wissen, enorme soziale Konsequenzen nach sich gezogen, im Zuge deren sich die Stellung sowie die Einkommensverhältnisse der Arbeiterschaft grundlegend verändert haben. Wir werden weiter unten noch darauf zu sprechen kommen.

Auf wissenschaftlicherer Ebene haben manche Ökonomen diese Frage mit dem Hinweis auf die *Konkurrenz* beantwortet, die sich die Arbeiter auf dem Arbeitsmarkt machen. Ein beständiges Überangebot an Arbeitskräften würde, so heißt es, den Preis der Ware Arbeitskraft, sprich also den Lohn drücken und damit beständig niedriger als den erarbeiteten Wert halten.

Auch diese Erklärung lässt freilich einige Fragen offen: von Historikern wird zum Beispiel berichtet, dass keineswegs zu allen Zeiten in der Geschichte ein selbstverständliches Überangebot an willigen und fleißigen Arbeitskräften geherrscht hat. Von den russischen Landarbeitern, die sehr genau auf die Einhaltung ihrer Feiertage geachtet haben und nicht allzu versessen auf zusätzliche Arbeit waren, haben wir oben schon berichtet.

Aber auch zu Beginn der industriellen Produktion etwa soll die Nachfrage der Unternehmer nach Arbeitskräften oftmals deutlich größer gewesen sein, als die der Arbeiter nach Arbeit. Verschiedenste Zeitzeugen[30] berichten zum Beispiel, dass es damals durchaus nicht selten vorgekommen ist, dass Lohnarbeiter bereits zur Wochenmitte hin die Arbeit niedergelegt haben, einfach weil sie der Meinung waren, bereits genug verdient zu haben. Vor allem Arbeiter, die aus dem ländlichen Raum in die Industriezentren gekommen waren, sind der Arbeitsdisziplin in der Fabrik und den neuen strikten Arbeitszeiten oft reichlich fremd gegenüber gestanden. Vielfach sollen damals neue Arbeitsverhältnisse schon nach wenigen Wochen wieder gekündigt worden sein, weil die Arbeiter der Meinung waren, nicht noch mehr Lohn, als sie schon verdient hatten, nötig zu haben.

Die Arbeitgeber, denen jeder unbesetzte Arbeitsplatz in ihrer Fabrik Kosten verursachte und damit der Produktion schadete oder vielleicht gar die rechtzeitige Rückzahlung von Krediten gefährdete, haben angeblich anfänglich auf das Defizit an willigen Arbeitskräften durchaus so reagiert, wie es ein Ökonomielehrbuch voraussagen würde. Sie haben die Löhne erhöht. Dies hat freilich dazu geführt, dass die Arbeiter noch früher zu arbeiten aufgehört haben, einfach weil sie noch früher das erarbeiten konnten, was sie zum Leben benötigten. Erst in Reaktion darauf sollen die Löhne in weiterer Folge herabgesetzt worden sein und ein verschärftes Regime und strenge Kontrollen eingeführt worden sein, die darauf geachtet haben, dass die Arbeiter in der Fabrik auch wirklich ihre Leistung erbrachten. Strafen und Lohnabzüge wurden für unerlaubtes Fernbleiben verhängt, Zucht- und Arbeitshäuser als Sanktionsmaßnahmen für „faule" Arbeiter gebaut, Fabriksirenen wurden zu unbarmherzigen, regelmäßigen Verkündern von Arbeitsbeginn, Pausen und Feierabenden. Mitunter sollen sogar Wachklopfer von den Unternehmern beschäftigt worden sein, die in den Arbeiterquartieren von Tür zu Tür gingen, um die Beschäftigten aus den Federn zu holen. In Deutschland hat es angeblich sogar Fälle gegeben, in denen die Fabrikbesitzer vom Landesherrn die niedere Gerichtsbarkeit zugesprochen bekamen, was die Arbeiter dem Gesinde auf einem Gutshof gleichgestellt und dem Fabrikbesitzer weitgehende Vollmachten über sein Personal gegeben hat.

All dies spricht weniger für einen preisdrückenden Konkurrenzkampf am Arbeitsmarkt, als für eine nachhaltige Kollision von Arbeitgeber- und Arbeitnehmerinteressen, die – abgesehen von den sonstigen historischen Folgen des „Arbeitskampfes", den sie bewirkt hat – natürlich auch die wissenschaftlichen Perspektiven, sprich die Problemsichten auf die Polari-

---

[30] Vgl. dazu die berühmten Stellen bei Sombart 1928: 426; Landes 1973: 67; Weber 1976: 49f.

sation von selbständiger und unselbständiger Arbeit festgelegt hat. Dementsprechend wurden, je nach dem welche Perspektive dem jeweiligen Ansatz zugrunde gelegt wurde, sehr unterschiedliche Erklärungen für das Phänomen des einbehaltenen Mehrwerts angeboten. Von schierer Ausbeutung seitens der Arbeitgeber bis zur rasant sinkenden Profitrate aufgrund immer kapitalintensiverer technischer Produktionsmethoden, auf die in einem globalisierten Wettbewerb nicht mehr verzichtet werden konnten, reicht die Palette.

Uns brauchen diese unterschiedlichen Erklärungen hier nicht zu interessieren. Es reicht uns einstweilen in Anbetracht der Polarisation von Arbeitgebern und Arbeitnehmern, aber jenseits der politischen Implikationen dieser Unterscheidung, festzustellen, dass sich mit der Trennung von Lohn und Wert, sprich mit dem Entstehen *unselbständiger Lohnarbeit*, auch die Problemsichten der am Arbeitsprozess Beteiligten differenzieren. Die Probleme, die durch Arbeit zu lösen versucht werden, müssen nun nicht mehr unbedingt auch von denjenigen, die die Probleme bearbeiten, als *Probleme* wahrgenommen werden. Lohnarbeit trennt, anders gesagt, die Verbindung zwischen Problemen und denjenigen, die sie zu lösen versuchen. In diesem Sinn können wir Lohnarbeit tatsächlich als „entfremdete" Arbeit bezeichnen. Die Probleme erscheinen, wie schon gesagt, nicht mehr für alle Gesellschafter in gleicher Weise als Probleme.

An diesem Umstand, den wir im vorgehenden Abschnitt als Folge der Abstraktion des Problemlösungsprozesses beschrieben haben, ist freilich nun nicht alleine die Lohnarbeit schuld. Zunächst einmal differenzieren sich ja die Probleme, wie wir gesagt haben, bereits im Zuge der allgemeinen Problemlösungstätigkeit. Weil sich mit jeder neu erarbeiteten Problemlösung stets ein ganzer Horizont neuer Probleme eröffnet, stößt die Fähigkeit von Einzelindividuen, jeweils alleine alle anstehenden Probleme zu bearbeiten, sehr bald an ihre Grenzen. Die Arbeitsteilung und damit die Spezialisierung auf bestimmte Problemlösungs- sprich Arbeitsbereiche legt sich also schon aufgrund der Dynamik des Problemlösungsprozesses selbst nahe. Schon der Umstand etwa der Geschlechtertrennung kann, wie Marx gemeint hat, als primäre, biologisch bedingte Arbeitsteilung angesehen werden. Die dabei zu lösenden Probleme wären ohne diese Spezialisierung offensichtlich weniger effektiv gelöst worden. Und auch jenseits der biologischen Ebene ist es für den Menschen offensichtlich bald notwendig geworden, sich auf spezifische Problemlagen und auf die zu deren Bearbeitung nötigen Kenntnisse und Fertigkeiten, kurz gesagt, auf unterschiedliche Tätigkeiten, auf *Berufe* zu spezialisieren.

Und als solche Spezialisierungen wollen wir im Folgenden, völlig wertfrei, auch die Tätigkeiten von Arbeitgebern und Arbeitnehmern betrachten. Dass es in der Geschichte immer wieder zu Konflikten der unterschiedlichen Interessen dieser beiden Gesellschaftsteile gekommen ist und dass möglicherweise tatsächlich eine gewisse Macht-Asymmetrie zwischen ihnen besteht, die aus dem Umstand herrührt, dass Arbeitgeber aufgrund der Kontrolle über den Einsatz arbeitssparender Maschinen sowie über das Aufsuchen arbeitskostensparender Standorte typischerweise mehr Optionen haben, ihre Angewiesenheit auf Arbeitskräfte zu reduzieren, als umgekehrt der Arbeitnehmer Optionen hat, seine Angewiesenheit auf Arbeitseinkommen zu reduzieren[31], soll unsere Sicht auf die Bedingungen der Lohn- und Einkommensverhältnisse hier nicht weiter beeinflussen.

Aus dieser Sicht kann nämlich die Aufmerksamkeit nun uneingeschränkt auf den Umstand gelenkt werden, dass sich mit der Arbeitsteilung, mit der Spezialisierung auf unterschiedliche Tätigkeiten, auch die *Nachfrage* nach verschiedenen Problemlösungsfähigkeiten, sprich nach den Arbeitsqualifikationen der Gesellschafter differenziert, und zwar unabhängig davon, ob sie selbständige oder unselbständige Arbeit leisten.

Arbeit sollte also, je nachdem, welche Problemlagen in der Gesellschaft gerade als vorrangig oder besonders gravierend empfunden werden, unterschiedlich bewertet und damit auch unterschiedlich entlohnt werden. Jene Fertigkeiten und Kenntnisse, die gefragt und selten sind, sollten sich entsprechend teurer verkaufen lassen, sprich höheren Lohn oder ein höheres Einkommen erzielen, als jene Kenntnisse und Fertigkeiten, über die die große Masse der Gesellschaftsmitglieder verfügt. Idealiter sollte sich damit eine Lohn- oder Einkommenspyramide ergeben, in der einige Wenige sehr hohe Einkommen für ihre Problemlösungsfähigkeiten erzielen, ein etwas größerer Teil der Gesellschaft, sagen wir, ein durchschnittliches Einkommen erhält und der große Rest ohne nennenswerte Qualifikationen sich mit relativ geringer Nachfrage und damit recht niedrigen Einkommen begnügen muss.

Interessant ist, dass diese unterschiedlichen Einkommensniveaus *auf freien Arbeitsmärkten* miteinander in Verbindung zu stehen scheinen. Jede Bewegung in der Nachfrage, jede Veränderung des Einkommens setzt sich nämlich durch die gesamte idealtypische Pyramide hindurch fort. Sobald sich aufgrund eines besonderen Umstandes, sei es einer technischen Innovation, einer Katastrophe, eines sozialen Notstandes, einer Mode etc., eine einzelne Berufsgruppe steigender Nachfrage nach ihrer Spezialität erfreuen kann und damit höhere Einkommen erzielt, so werden sich Gesellschafter aus anderen Schichten der Pyramide daran machen, die Qualifikationen für diesen nun besonders nachgefragten Beruf zu erlangen. Damit wird zwar einerseits der Effekt der steigenden Nachfrage nach der

[31] So etwa: Claus Offe 2000a: 497.

ersten Profession durch ein ebenfalls steigendes Angebot an Arbeitskräften teilweise neutralisiert, andererseits wird aber in jenen Berufsgruppen, aus denen die Veränderungswilligen abwandern, die Konkurrenz niedriger und damit auch dort die Nachfrage relativ zum sinkenden Angebot größer. Die Einkommen werden also auch dort steigen, was die gleiche Reaktionskette für diese Berufsgruppe und damit schließlich auch für alle anderen in Gang setzt. Analog dazu setzen sich auch *sinkende* Einkommen *auf freien Märkten* durch alle Berufsgruppen hindurch fort. Mangelnde Nachfragen und damit niedrige Einkommen in einem Berufszweig führen dann zum Abwandern in andere Branchen, wo somit ebenfalls das größere Angebot am Arbeitsmarkt für ein Sinken der Einkommen sorgt und damit erneut weitere Branchen mit zusätzlichem Arbeitsangebot konfrontiert.

Wenn wir nun diese Erkenntnis an jene Annahmen anlegen, die unseren Überlegungen zugrunde liegen, so müsste daraus eigentlich folgen, dass das allgemeine Einkommensniveau von Gesellschaften, die sich fortgesetzt differenzieren und spezialisieren, *beständig sinkt*. Wenn nämlich jede Problemlösung erneut Probleme nach sich zieht, die erneut wieder spezifische Problemlösungsversuche notwendig machen, so müssten sich mit der Zeit *immer mehr Spezialisten* ausdifferenzieren, und das hätte zur Folge, dass spezielle Fähigkeiten für sich genommen, allgemein gesprochen, nur mehr auf *relativ* geringe Nachfrage in der Gesellschaft stoßen. Geringere Nachfragen bedeuten aber, wie gesagt, sinkende Einkommen und diese müssten sich entsprechend dem gerade erwähnten Prinzip durch die gesamte Einkommenspyramide hindurch fortsetzen und das Einkommensniveau der Gesellschaft im Ganzen nach unten drücken.

Nun fällt es zwar nicht schwer, in modernen, hochdifferenzierten Gesellschaften Beispiele für hochspezialisierte Problemlöser zu finden, die kaum noch auf Nachfrage nach ihren spezifischen Kenntnissen und Fähigkeiten stoßen. Man denke nur etwa an Kernphysiker oder an Astronomen, an Lyriker oder Avantgardemaler, um nur einige zu nennen. Und obwohl arbeitslose Wissenschafter und hungernde Künstler durchaus bereits zum gewohnten Bild moderner Gesellschaften zu gehören scheinen, lässt sich wohl keinerlei Gesetzmäßigkeit feststellen, nach der die Löhne mit Notwendigkeit umso niedriger würden, je weniger gesellschaftliche Nachfrage nach bestimmten Berufen und Tätigkeiten besteht. Im Gegenteil, eine Reihe von Berufen und Qualifikationen scheinen mit dem Lohn, den sie erbringen, äußerst unempfindlich gegenüber gesellschaftlichen Nachfragen zu reagieren. Und ganz allgemein scheint das Lohnniveau moderner Erwerbstätiger in den letzten zwei Jahrhunderten eher zu steigen, denn, wie es gemäß unseren Annahmen zu erwarten gewesen wäre, zu sinken.[32]

[32] Vgl. dazu etwa: Willke 1999: 25.

Warum dies so ist, ist im Prinzip leicht zu erklären: Löhne und Einkommen bestimmen sich unter modernen Arbeitsbedingungen *nicht nur* oder nicht unmittelbar über das Angebot und die Nachfrage auf Arbeitsmärkten. In der Praxis sorgen vielmehr eine Reihe zusätzlicher Einflüsse und Faktoren für eine eher „marktunabhängige" Entwicklung von Löhnen und Einkommen. Zum Beispiel gelingt es, wie wir andeutungsweise schon gesehen haben, immer wieder bestimmten gesellschaftlichen Gruppierungen, ihre spezifischen Lohnforderungen und Interessen gegenüber anderen Gesellschaftsteilen durchzusetzen und mithilfe von eigens dafür ins Leben gerufenen Institutionen zumindest vorübergehend auch zu stabilisieren. Wir werden gleich ausführlicher auf dieses wichtige Phänomen zu sprechen kommen, wollen uns davor aber noch einige bereits erwähnte und sehr grundsätzliche Überlegungen zur Dynamik des Problemlösungsprozesses in Erinnerung rufen.

10. Verwerfungen

Der Umstand, dass sich bestimmte Problemlösungen, hier also etwa die Arbeitslöhne (auch sie sind ja gemäß unserer Annahmen nichts anderes als Lösungen von Problemen), von den ihnen zugrunde liegenden Problemen – nämlich hier von der gesellschaftlichen Nachfrage nach den entsprechenden Tätigkeiten – loslösen und ein scheinbar unabhängiges, ein *autonomes* Dasein beginnen, ist keineswegs selbstverständlich. Für gewöhnlich würde man wohl eher annehmen, dass eine Lösung zu ihrem Problem wie der Deckel zum Topf gehört.

Aber erinnern wir uns: wir haben oben bereits davon gesprochen, dass viele gesellschaftliche Problemlösungen nicht nur isolierte, einzeln auftretende, je aktuelle Probleme lösen, sondern als *gesellschaftlich geschätzte Problemlösungen* im kulturellen Fundus der Gesellschaft aufbewahrt und damit für spätere Zeiten zur Lösung ähnlicher Probleme bereitgehalten werden. Streichhölzer zum Beispiel, so haben wir festgestellt, entfachen, so sie einmal erfunden sind, mehr als nur ein einzelnes Feuer. Und gesellschaftlich wichtige Erkenntnisse, etwa solche über den Sinn und die sinnvolle Ordnung des Daseins, wie sie in Schriften wie der Bibel festgehalten sind, können offensichtlich auch mehr als 2000 Jahre nach ihrem Entstehen noch als Orientierungshilfen geschätzt sein.

Wie sich Problemlösungen im Detail von den ihnen zugrunde liegenden Problemlagen lösen, brauchen wir an dieser Stelle nur kurz anzudeuten, da dies für unsere hier angestellten Überlegungen keine allzu große Rolle spielt.[33] Wie oben erörtert, werden kulturelle Errungenschaften, Problemlösungen, für gewöhnlich nicht nur in Bezug auf das ihnen zugrunde liegende Problem gespeichert, sondern stets auch in einen *Kontext* eingegliedert, in einen Verweisungszusammenhang also, der auf jene unzähligen anderen Problemlösungen verweist, die jeder Problemlösung, wie gesagt, schon vorangehen. Und es ist dieser komplexe Verweisungszusammenhang, der es ihnen ermöglicht, sich von den ihnen zugrunde liegenden Problemlagen zu lösen. Sprachliche Problemlösungen etwa, Zeichen oder Worte für bestimmte Dinge zum Beispiel, werden, so sie einmal in den Sprachschatz der Gesellschaft eingegangen und dort memoriert worden sind, nicht mehr primär anhand des Phänomens definiert, das sie ursprünglich bezeichnen sollten, sondern mehr und mehr im Verweis auf andere Zeichen und Worte. Um zu erklären was ein Tisch ist, ist es damit nicht mehr nötig, auf einen Tisch zu verweisen. Der Begriff

[33] Siehe dazu aber ausführlicher: Füllsack 1998.

lässt sich vielmehr mit Hilfe von anderen Begriffen erklären. Er trennt sich dadurch von dem, was ihm zugrunde liegt, wird *arbiträr*, wie Linguisten sagen, und kann damit eine Entwicklungsgeschichte beginnen, die ihn schließlich weit weg von dem ursprünglichen Phänomen, für dessen Bezeichnung er gebildet worden ist, bringen kann.

So geht es auch nichtsprachlichen gesellschaftlichen Problemlösungen. Denken wir zum Beispiel an die Problemlösung „Sonntag". Primär wird ein arbeitsfreier Tag in der Woche wohl vor allem das Problem der Regeneration der Arbeitskraft zu lösen gehabt haben. Wer am siebten Tag ruhte, konnte an den anderen Tagen seiner Arbeit mit neuer Frische, sprich besonders produktiv nachgehen. Gott selbst soll sich ja seine Zeit so eingeteilt haben. Damit die Menschen diese Regel aber auch wirklich befolgen, damit die Problemlösung also nicht problematisiert und hinterfragt wird – bedeutete sie doch gegenüber der Siebentagewoche eine wichtige soziale Errungenschaft –, wurde sie nicht nur in Bezug auf ihren *primären* Zweck als Ruhetag gespeichert, sondern eben auch im Kontext derjenigen Problemlösungen verankert, die ihr gewissermaßen vorausgingen und in deren Kontext der Diskurs um die nötige Regeneration der Arbeitskraft damals geführt wurde, nämlich im Rahmen der Religion der Gesellschaft. Die Regel „Am siebten Tag sollst du ruhen" wurde, anders gesagt, als solche im Verweis auf eine Reihe von sinnstiftenden Pritexten religiösen Ursprungs im kulturellen Fundus der Gesellschaft gespeichert. Und sie hat in diesem Verweisungszusammenhang eine Stabilität erlangt, die sie auch heute noch zu Zeiten der 35-Stunden-Woche, lange nachdem also die Notwendigkeit der Regeneration der Arbeitskraft an nur einem bestimmten Tag in der Woche verschwunden ist, zu einem kaum hinterfragbaren Thema für Ladenöffnungsschlussgegner macht. Die Problemlösung „Sonntag" wird, anders gesagt, nach wie vor von der Gesellschaft recht hoch geschätzt, obwohl das ihr zugrunde liegende Problem, nämlich die Regeneration der Arbeitskraft, längst nicht mehr in seiner ursprünglichen Form existiert.

Ähnliche Beispiele lassen sich unzählige finden und wir werden weiter unten noch auf einige von ihnen zu sprechen kommen. Zunächst wollen wir aber an dieser Stelle noch einmal an die grundsätzlichen Konsequenzen dieses Phänomens erinnern. Dass sich Problemlösungen unter bestimmten Umständen als stabiler erweisen als das ihnen zugrunde liegende Problem, heißt nämlich, wie wir oben bereits gesagt haben, dass Problemlösungen *zeitliche* und *räumliche* „Wanderschaften" antreten können. Sie können, anders gesagt, sowohl in *zeitlich*, wie auch *räumlich* von ihrem Entstehungsort, sprich vom ursprünglichen Problem entfernten Kontexten ihre Wirkung entfalten. *Und dies kann zu folgenreichen Kollisionen mit anderen Problemlagen und anderen Problemlösungen führen.* Man denke nur etwa an die Möglichkeit, in einer modernen Gesellschaft mit hochdifferenzierter Arbeitsvielfalt und den sich daraus ergebenden Notwendigkeiten, gleichzeitig die Position der Kirche, die ihren heiligen Sonntag verteidigt, der Gewerkschaft, die allgemein mehr Freizeit bei höheren Löhnen fordert, und der Geschäftsleute, die auf den ständig steigenden Konkurrenzdruck durch attraktivere Ladenöffnungszeiten reagieren wollen, unter einen Hut zu bringen. Oder, um an unsere aktuelle Fragestellung zu erinnern: man denke etwa an die Diskrepanz zwischen Tariflöhnen und freien Marktlöhnen. Während Tariflöhne zum Beispiel einen überdimensionierten Beamtenapparat, der aufgrund seiner internen Logik nicht immer wirklich bedarfsorientiert funktioniert, mit relativ hohen, jedenfalls aber regelmäßig steigenden Löhnen ausstatten kann, können gleichzeitig freie Marktlöhne hochqualifizierte Spezialisten dazu zwingen, zu Minimallöhnen zu schuften, weil ihre Qualifikationen im Moment nicht gefragt sind. Wir werden auch darauf noch ausführlicher zu sprechen kommen.

Vorerst wollen wir unser theoretisches Fundament aber noch ein wenig ausbauen, indem wir die Folgen solcher Widersprüche allgemein als *Verwerfungen* bezeichnen, sie als grundsätzliche Charakteristika des modernen Daseins und seiner Arbeitsnotwendigkeiten und -möglichkeiten kennen lernen und im Hinblick darauf einen kurzen Exkurs in die Wirtschaftstheorie unternehmen.

10.1. Hayek und Schumpeter

Wir haben in unseren bisherigen Überlegungen nun bereits wiederholt das ökonomische Grundgesetz von Angebot und Nachfrage erwähnt. Bekanntlich bildet dieses Gesetz unter anderem die Basis einer Wirtschaftstheorie, die annimmt, dass sich auf freien Märkten *selbstständig* so etwas wie ein für die Gesellschaft *ideales Gleichgewicht* von Gütern, Preisen und Löhnen ausbildet, wenn nur die wirtschaftlichen Kräfte, also etwa das Angebot und die Nachfrage nach Arbeitskräften, sich selbst überlassen bleiben. *Ideal* ist dieses Gleichgewicht deswegen, weil es bei wirtschaftlichem Wachstum einer steigenden Flut gleich sowohl große wie auch kleine Schiffe gleichermaßen anhebt und so zu einer gleichmäßigen Steigerung des gesamtgesellschaftlichen Wohlstandes führt.

Die ökonomische Gegenposition zu dieser Annahme stellt demgegenüber bekanntlich fest, dass sich in komplexen Gesellschaften notwendig stets gewisse Bereiche – Kultur, Kunst, Soziales etc. – finden, für die die Gleichgewichtsannahme nicht zutrifft und die deswegen, um der Gesamtgesellschaft Wohlstand zu sichern, des *steuernden Eingriffs* einer übergeordneten Macht, eines Staates etwa, bedürfen. Wirtschaftliche und soziale Ungleichgewichte, so sie durch irgendeinen Zufall einmal entstehen, würden nämlich keineswegs von selbst zu einem Gleichgewichtszustand zurückfinden. Sie würden sich, so hat etwa Karl Marx vielfach zu zeigen versucht, eher perpetuieren und selbst verstärken, als sich von selbst in einer Weise auszubalancieren, die für die Gesamtgesellschaft optimal wäre. Wer immer, und sei es durch Zufall, einmal in die Lage gekommen sei, die Arbeitskraft eines anderen dazu zu nutzen, Profit zu erwirtschaften, hätte aufgrund dieses Umstandes auch in Zukunft deutlich bessere Chancen, dies weiterhin zu tun, während auf der anderen Seite der, der seine Arbeitskraft auch nur einmal an einen anderen verkaufen musste, schon damit in eine Position gerät, in der sich seine Chancen, jemals wieder sein eigener Herr zu sein, deutlich vermindern.

Anstatt ein Gleichgewicht auszubalancieren, würden freie unregulierte Wirtschaftsdynamiken also vielmehr dafür sorgen, dass sich die gesellschaftlichen Verhältnisse differenzieren, dass Klassen entstehen, deren Lebens-, Arbeits- und schließlich Einkommensverhältnisse sich so weit auseinanderentwickeln, dass die Gesellschaft schließlich droht, zu zerbrechen. Um dem entgegenzuwirken, müsse ein starker intervenierender Mechanismus – für Marx und seine Anhänger bekanntlich der sozialistische Staat – für Ausgleich sorgen. Im Idealfall sollte dieser Staat die Produktionsmittel „entpropriieren" und den Besitz umverteilen, so wie dies im sozialistische Sowjetstaat schließlich versucht worden ist.

Nun wissen wir allerdings heute, dass gerade dieses welthistorische Großexperiment recht bald schon nach seiner Realisation auch wieder der Gegenthese neue Argumente geliefert hat, die schwer von der Hand zu weisen waren. Ein starker intervenierender Mechanismus, der in der Lage ist, Wirtschaftskräfte „sinnvoll" zu steuern, bedurfte nämlich in der Praxis eines sehr umfassenden administrativen Apparates, der umso mächtiger gestaltet werden musste, je massiver die Eingriffe in das Wirken der Wirtschaftskräfte ausfielen.

Das sowjetische Zentralkomitee und seine Planungs-, Versorgungs- und Preisbestimmungsministerien hatten die Aufmerksamkeit auf einen Umstand gelenkt, auf den Friedrich von Hayek 1945 in einer berühmt gewordenen Schrift hingewiesen hat: auf den Umstand nämlich, dass in zentralisierten Bürokratien die *Informationswege* dazu neigen, *gefährlich lange zu werden.* Gegenüber einem „man on the spot", also einem Wirtschaftsakteur, der unmittelbar am Marktgeschehen *spontan* und *unrestringiert* auf die Fluktuationen von Angebot und Nachfrage reagieren kann, und zum Beispiel die Preise seiner Produkte unmittelbar erhöhen kann, sobald er mehr Nachfrage feststellt, würden zentralisierte Apparate notgedrungen ein *Informationsdefizit* aufweisen, das deren Konkurrenzfähigkeit entscheidend vermindert, weil in der Zeit, die die Information über mehr Nachfrage am Markt benötigt, bis in die Schaltzentrale dieser Apparate vorzudringen und von da als Entscheidung über eine Preiserhöhung wieder zurück auf den Markt zu gelangen, der „man on the spot" das Geschäft schon längst zu seinen Gunsten abgewickelt hätte. Wie das Beispiel der Sowjetwirtschaft eindrucksvoll gezeigt hat, können zentralgesteuerte Wirtschaften, sei es vom Typ des Sowjetstaates oder von dem des europäischen Sozialstaates, *nie* hinreichend effektiv auf Marktfluktuationen reagieren. Die Wirtschaftskräfte seien deshalb, so schließt Hayek, *freizugeben*, der Staat solle sich auf die Schaffung und Sicherung der Voraussetzungen für ein *unrestringiertes* Marktgeschehen zurückziehen.

Diese Meinung scheint sich in den letzten Jahren des 20. Jahrhunderts gegenüber den verschiedenen interventionistischen Wirtschafts- und Sozialstaatskonzepten durchgesetzt zu haben. Das wenig ruhmreiche Ende des Sowjetsystems auf der einen Seite und die wirtschaftlichen Erfolge, die angeblich geringe Arbeitslosigkeit und der scheinbare Aufschwung der *New Economy* auf der anderen scheinen dem Neoliberalismus Hayekscher Prägung kräftige Argumente für die weitgehende Freigabe der Wirtschaftskräfte und einen fortgesetzten Abbau des Sozialstaates an die Hand gegeben zu haben. In Bezug auf die Arbeitsverhältnisse tragen aus dieser Perspektive die Schuld an den Beschäftigungsproblemen der modernen Gesellschaft die starren, unflexiblen, von den „Linken" erkämpften Tarifabmachungen und Arbeitszeitregelungen, die verhindern, dass die Löhne auf ein Niveau fallen, auf dem alle angebotenen Arbeitskräfte aufgekauft würden, auf dem der Arbeitsmarkt also „geräumt" würde.

So treffend Hayeks Argument von den zu langen Informationswegen in dirigistischen Wirtschaftssystemen auch sein mag, so ist damit genaugenommen allerdings noch nichts über das Entstehen eines für die Gesellschaft *idealen Gleichgewichts* von Gütern, Preisen und Löhnen ausgesagt. Im Gegenteil, ziehen wir die Annahmen in Betracht, die unseren Überlegungen hier zugrunde liegen, so ergibt sich eine Perspektive, die es nahe legt, den liberalistischen Glauben an optimal sich ausbalancierende Wirtschaftskräfte erneut in Zweifel zu ziehen. Aus unserer Perspektive würde sich ein optimales Gleichgewicht wirtschaftlicher und sozialer Kräften nämlich nur einstellen können, wenn sich wirtschaftliche und soziale Strukturen, sprich also Problemlösungen, stets *gleichmäßig* neu entwickeln und *gleichmäßig* auch ihre Wirkung wieder verlieren, wenn sich also zum Beispiel die Rahmenbedingungen der feudalen Produktionsweise in eben dem Maße in der Gesellschaft auflösen würden, in dem sich gleichzeitig die neuen Rahmenbedingungen für die kapitalistische Produktionsweise bilden.

Dies ist allerdings unter realen Bedingungen niemals der Fall. Wie wir oben festgestellt haben, bleiben Problemlösungen vielmehr, welcher Art auch immer sie sind, oftmals auch dann noch stabil, wenn die ihnen zugrunde liegenden Probleme schon längst nicht mehr existieren. Feudale und kapitalistische Produktionsverhältnisse zum Beispiel sind in der Geschichte in vielfacher Weise kollidiert und haben damit für die in ihnen Tätigen, sowie für diejenigen, die Lösungen für die dadurch entstehenden Probleme gesucht haben, also für Sozialpolitiker etwa, *Verwerfungen* geschaffen, die allem anderen eher glichen als einer optimalen Balance wirtschaftlicher Kräfte.

Um anschaulicher zu illustrieren, was wir im Folgenden unter solchen *Verwerfungen* verstehen wollen, bietet es sich an, einen kurzen Blick auf die Überlegungen eines Kollegen von Hayek, nämlich auf die von Josef Schumpeter zu werfen, der darauf hingewiesen hat, dass nicht nur das sowjetische Zentralkomitee, sondern auch der „man on the spot", trotz seiner Nähe zum Markt (oder vielmehr gerade aufgrund dieser Nähe) nicht davor gefeit ist, die Entwicklung von Angebot und Nachfrage auch grundlegend falsch einzuschätzen. Auch der einzig seinem persönlichen Vorteil folgende und *frei* handelnde Akteur, der über *unmittelbare* Einsicht in das aktuelle Marktgeschehen verfügt, kann nämlich nicht verhindern, vor Unwägbarkeiten zu stehen zu kommen, die jede liberale Wirtschaftspolitik grundsätzlich in Frage stellen.

Als Beispiel einer solchen Unwägbarkeit hat Schumpeter den sogenannten „Schweinezyklus" angeführt, in dem ein Bauer selbstgezüchtete Schweine auf dem Markt anbietet und dabei zur Gänze dem Hayekschen „man on the spot" entspricht, also dem „liberalisierten" Wirtschaftsakteur, der über die vollkommene Information über Angebot und Nachfrage nach Schweinen verfügt und einzig seinem persönlichen Vorteil gehorcht. Dieser Bauer stellt nun, nachdem er seine Schweine verkauft hat, fest, dass die Nachfrage nach Schweinen noch wesentlich größer ist, als die Menge der Schweine, die er und die anderen Schweinezüchter an diesem Tag angeboten haben. Als rational kalkulierender Wirtschaftsakteur wird er danach trachten, seine Produktion zu erhöhen, um der festgestellten Nachfrage zu entsprechen.

Nun sind aber Schweine bekanntlich nichts, was sofort und bedingungslos verfügbar ist. Schweine müssen erst einige Zeit heranwachsen, bevor sie auf dem Markt als Fleischlieferanten angeboten werden können. In eben dieser Zeit wachsen nun aber auch jene Schweine heran, die die Kollegen unseres Bauern gezüchtet haben, die zur gleichen Zeit wie er festgestellt haben, dass nach Schweinen gerade große Nachfrage herrscht. Wenn alle Schweine dann schlachtreif sind, werden sie von all diesen *freien* Wirtschaftsakteuren *gleichzeitig* auf den Markt geworfen – auf einen Markt, der, obwohl alle Akteure auf ihm als „men on the spot" gehandelt haben, dann vermutlich sehr schnell gesättigt sein wird und keineswegs mehr die ursprüngliche Nachfrage erkennen lässt, die zur Zucht der Schweine geführt hat. Die vollkommene Information über Angebot und Nachfrage, über die unsere „men on the spot" ursprünglich verfügt haben, hilft ihnen also in diesem Fall nicht, um der Nachfrage optimal zu entsprechen und damit ein Gleichgewicht von Angebot und Nachfrage am Markt zu erzeugen. Schuld daran ist dabei aber nun keine intervenierende Zentralmacht, sondern ganz einfach die *Zeit*, die zur Aufzucht der Schweine notwendig war. Sie hat nämlich zu grundsätzlichen *Verwerfungen* zwischen Angebot und Nachfrage geführt, die auch die Situation auf modernen Arbeitsmärkten wesentlich prägen.

Deutlich wird dies zum Beispiel, wenn wir die aktuelle Ausbildungssituation ein wenig näher betrachten. Die Nachfragen nach manchen Universitätsausbildungen etwa, die noch vor kurzem jedem Absolventen einen sicheren Arbeitsplatz auf einem *freien Markt* garantiert hätten, sind vor kurzem innerhalb kürzester Zeit aufgrund solcher Verwerfungen stark zurückgegangen. Informatik zu studieren, zum Beispiel, hat noch Anfang der neunziger Jahre als durchaus weitblickend und marktgerecht gegolten. Gegen Mitte der neunziger Jahre hingegen haben siebzehnjährige Computerfreaks damit begonnen, den Informatikern, die nach Abschluss ihres Studiums gewöhnlich die Mitte ihres dritten Lebensjahrzehnts bereits überschritten hatten, den Rang am Arbeitsmarkt abzulaufen. Da sich die jungen Computerfreaks kaum allzu sehr mit Grundlagentheorie oder Mathematik herumschlugen, konnten sie oft wesentlich schneller und effektiver auf neu eingeführte Technologien reagieren als die teuer ausgebildeten Akademiker. Obwohl diese also an sich, so könnte man sagen, *marktgerecht* „produziert" worden waren, waren sie am Arbeitsmarkt dann nur äußerst schwer zu vermitteln. Den Universitäten sind infolgedessen damals die Mittel gekürzt worden, worauf der Zustrom zum Informatikstudium wieder abgerissen ist, nur um gegen Ende des Jahrtausends, nachdem sich die Situation ein weiteres Mal geändert hatte, die Beschäftigung ausländischer Fachkräfte notwendig zu machen, weil sich abermals teure Verwerfungen zwischen Angebot und Nachfrage am Arbeitsmarkt eingestellt hatten.[34]

[34] Vgl. dazu u. a.: *Der Spiegel* Nr. 22, 29. 5. 2000, S. 74.

Beispiele für ähnliche Verwerfungen ließen sich tausendfach anführen. Schon wer heute in eine, sagen wir, dreimonatige Ausbildung eines gängigen Computerprogramms investiert, kann keineswegs mehr sicher sein, ob dieses Computerprogramm nach Ende seiner Ausbildung, sprich: nach nur drei Monaten noch zu den gängigen zählt und ob das erworbene Wissen am Arbeitsmarkt dann noch gefragt ist. Die Wissensstände wechseln heute viel schneller, als noch so weitblickende Aus- und Weiterbildungspläne kalkulieren können. Oder anders gesagt: der technische Fortschritt unterliegt einer völlig anderen Dynamik als Lern- und Lehrbedingungen.

Die Verwerfungen zwischen diesen grundverschiedenen Dynamiken lassen sich weder durch die völlige Freigabe der Wirtschaftskräfte einerseits, noch durch entsprechende planende Interventionen, also weder durch „rechte" noch durch „linke" Wirtschafts- oder Sozialpolitik vollständig beseitigen. Sie legen damit eine Stellung jenseits klassischer sozialpolitischer Positionen nahe, die berücksichtigen, dass gesellschaftliche Entwicklungen zwar tatsächlich, wie dies Marx betont hat, vielfach das Ergebnis menschlichen *Handelns*, dass sie aber nicht als Ergebnis menschlicher *Absichten* oder *Planungen* gesehen werden können. Handlungen und Entscheidungen gesellschaftlicher Akteure interagieren vielmehr untereinander in weitgehend *unvorhersehbarer* Weise und erzeugen so *diachrone Dynamiken* in der Gesellschaft, *Gleichzeitigkeiten ungleich schneller Wandlungsprozesse* also, die dafür verantwortlich sind, dass *Verwerfungen* zu grundlegenden Charakteristika komplexer sozialer Gegebenheiten werden.

Unter diesem Blickwinkel können wir nun vielleicht ein wenig genauer sehen, warum Angebot und Nachfrage nur eine bedingte Rolle für die Entlohnung von Arbeit spielen. Unter realen gesellschaftlichen Bedingungen reagieren die Marktkräfte nicht unmittelbar auf bestehende Marktgegebenheiten, sondern werden vielfach in ihrer Dynamik über verschiedenste Strukturen *gebrochen*. Diese Strukturen sind zwar ihrerseits auch nichts anderes als Resultate der Marktgegebenheiten, allerdings verdanken sie sich bereits *früheren* Gegebenheiten, sprich *früheren* Problemlagen. Sie sind als von der Gesellschaft geschätzte Problemlösungen bewahrt oder stabilisiert worden und beeinflussen damit *aktuelle* Gegebenheiten entscheidend.

Besonders prekär wird dieser Umstand in Bezug auf die Entlohnung von Arbeit natürlich dort, wo diese Strukturen jenseits von Angebot und Nachfrage nicht mehr nur für unterschiedliche Lohn- und Einkommenshöhen sorgen, sondern darüber hinaus auch bewirken, *dass unabhängig von jeglicher realen Nachfrage bestimmte Problemlösungstätigkeiten von der Gesellschaft entlohnt werden und andere nicht*. Wir wollen uns im Folgenden diesen Umstand in Bezug auf unsere bisherigen Überlegungen etwas genauer ansehen.

11. Die Arbeitslosigkeit

Wir haben bisher im Rahmen einer reichlich idealtypischen Unterscheidung im Prinzip nur zwei gesellschaftliche Akteure am Arbeitsmarkt kennen gelernt – nämlich die Arbeitgeber und die Arbeitnehmer. Beide haben aufgrund ihrer unterschiedlichen Herangehensweisen an die gesellschaftlich anfallende Arbeit im Lauf der Geschichte ihre je spezifischen Problemsichten entwickelt und kultiviert und mit den Lösungen, die sie für die sich daraus ergebenden Probleme gefunden haben, in weiterer Folge Bedingungen geschaffen, die schließlich einen dritten Arbeitsmarktakteur hervorgebracht haben – nämlich den *Arbeitslosen.*[35]

Auch dieser Arbeitslose hat natürlich, dies gleich vorweg, unter den gegebenen Bedingungen und in Bezug auf seine Situation mittlerweile seine eigene, spezifische Problemsicht entwickelt. Er ist zum Beispiel aus seiner Perspektive in der Regel nicht in der Lage, seine Arbeitslosigkeit als *Freiheit* von der Arbeit, als *Freizeit* zu betrachten. Er ist, anders gesagt, nicht fähig, den Zustand des „Nicht-Arbeitens" zu genießen, sondern erlebt ihn als *Ausgeschlossensein* von einem als allgemein angenommenen Recht, dem Recht auf Arbeit. Arbeitslosigkeit meint demnach nicht die Möglichkeit, leben zu können, ohne zu arbeiten, sondern bedeutet für die Betroffenen vielmehr die *Exklusion* von der Möglichkeit, am gesellschaftlichen Produktionsprozess und damit an einem wichtigen Teil des gesellschaftlichen Lebens teilzunehmen.[36]

Unsere russischen Bauern aus dem vorigen Jahrhundert dagegen, scheinen allerdings im Gegensatz dazu nicht sonderlich viel dabei gefunden zu

---

[35] Das wir hier Gesellschafter, die keinen Lohn erhalten, als „arbeitslos" bezeichnen, ist natürlich aus unserer Perspektive von vornherein einigermaßen missverständlich, weil ja auch Arbeitslose durchaus Probleme lösen – *und zwar ihre je eigenen* (wir erinnern nur kurz daran, dass die Frage, was ein Problem ist, von je spezifischen Problemsichten abhängt und nicht pauschal definiert werden kann) – und damit nach unserer Definition eigentlich *arbeiten.* Schon Leben schlechthin ist ja Problemlösen, wie wir gesagt haben, ein Leben, ohne Probleme zu lösen, nicht möglich. Um korrekt zu sein, müssten wir also im Folgenden ausschließlich von Einkommenslosen oder Erwerbslosen, beziehungsweise von Erwerbslosigkeit sprechen. Dies bringt allerdings die Pressanz des Phänomens, wie ich meine, nicht hinreichend zum Ausdruck. Wir werden uns deshalb im Folgenden an den allgemeinen Sprachgebrauch halten und das Phänomen unter der Bezeichnung „Arbeitslosigkeit" näher ins Auge fassen.

[36] Siehe klassisch dazu die Studie *Die Arbeitslosen von Marienthal* von Maria Jahoda, Paul Lazarsfeld und Hans Zeisel (1975), nach der die arbeitslose „Freizeit" ein „tragisches Geschenk" für die Marienthaler war, in der sie ihre sozialen Kontakte und ihren zusätzlichen Lebensraum, den die Beschäftigung ihnen gewährte, einbüßten.

haben, einfach einen weiteren Feiertag zu „erfinden", wenn die Arbeit einmal schneller erledigt war als sonst und es nichts mehr zu tun gab. Und sie haben diesen Feiertag bereitwillig auch wieder abgeschafft, sobald wieder mehr Arbeit vorhanden war. *Arbeitslosigkeit* in unserem Sinn des Wortes scheinen sie nicht gekannt zu haben.

Es läge nahe, dies damit zu erklären, dass die russischen Bauern ihrer Arbeit und ihren Bedürfnissen *weniger weit* „entfremdet" waren als moderne Gesellschafter. Sie konnten, so könnte man meinen, noch *unmittelbarer* erkennen, was für ihr Leben, ihr Dasein notwendig war. In modernen Gesellschaften hingegen, in denen die Produktionsverhältnisse in der Regel nicht selbst, sondern von anderen gesellschaftlichen Akteuren und Faktoren bestimmt werden, lässt sich auf Fluktuationen des Arbeitskräftebedarfs nicht mehr ähnlich flexibel reagieren. Die „entfremdeten" Erwerbstätigen sind nun in ihre „abstrakte Arbeit" so tief verwoben, in den komplexen Gesetzesapparat zur Regelung ihrer Arbeitsbedingungen, in die Notwendigkeit, teure Maschinen rationell zu betreiben, oder auch in die Anforderungen, dem beständig wachsenden Konkurrenzdruck durch Senkung von Arbeitskraftkosten zu begegnen, dass sie keine Chance haben, auf mangelnde Arbeitskräftenachfrage einfach durch eine allgemeine Produktivitätssenkung, also durch vorübergehendes *Nichtarbeiten* zu reagieren. Es läge nahe, zu meinen, dass der moderne Arbeiter also genau deshalb *arbeitslos* werden kann, weil er nicht mehr einfach „arbeitslos" sein kann.

Allerdings widerspricht die Rede von der „Entfremdung", wie schon gesagt, unserer Annahme, dass sich Probleme und Bedürfnisse jeweils spezifischen Problemsichten verdanken, die von der im historischen Problemlösungsprozess selbst geschaffenen individuellen und sozialen Situation desjenigen, der sie hat, determiniert werden. Es macht deswegen wenig Sinn, im Hinblick auf die Probleme oder Bedürfnisse von Arbeitslosen von „mehr oder weniger entfremdeten" Bedingungen zu sprechen. Oder anders gesagt, es hilft keinem Arbeitslosen, ihn darauf aufmerksam zu machen, dass sein Zustand auch anders betrachtet werden könnte. Denn der Arbeitslose selbst sieht, so wie alle anderen Gesellschafter, nur das, was er eben sieht, und das ist in seiner Situation in der Regel vor allem seine Ausgeschlossenheit von einer wichtigen gesellschaftlichen Einrichtung, nämlich von der entlohnten Arbeit.

Wir sind daher dazu angehalten, die offensichtliche Diskrepanz zwischen Arbeitslosigkeit und Freizeit, die nicht als solche erlebt werden kann, anders zu erklären. Und es liegt nahe, dabei besonders jene *Verwerfungen des Sozialen* im Auge zu behalten, auf die wir im vorigen Abschnitt aufmerksam gemacht haben. So wir nämlich genauer hinsehen, wird schnell deutlich, dass die Daseinsbedingungen, die Verkehrsformen, die Eigentumsverhältnisse oder allgemeiner, der gesetzliche und soziale Rahmen der modernen Arbeitsverhältnisse selbst nichts anderes sind, als Problemlösungen, die in langwierigen „Klassenkämpfen" unter vielen Opfern und beiderseitigen Zugeständnissen von Arbeitgebern und Arbeitnehmern „ausgehandelt" und mit Hilfe entsprechender Strukturen – allen voran etwa Arbeitgeberorganisationen oder Gewerkschaften – stabilisiert worden sind. Und genau als solche relativ stabile Strukturen stehen sie heute in vielfacher Hinsicht quer zur aktuellen Situation am Arbeitsmarkt und erzeugen mit den daraus entstehenden *Verwerfungen* Probleme, nämlich unter anderem das der Arbeitslosigkeit.

Betrachten wir unter diesem Blickwinkel einige Theorien über die Gründe für das Phänomen der Arbeitslosigkeit. Wie schon gesagt, dürfte es auf idealen, freien Arbeitsmärkten eigentlich gar keine Arbeitslosigkeit geben, denn das freie Spiel von Angebot und Nachfrage sollte dort dafür sorgen, dass sich stets ein „Gleichgewichtslohn" einpendelt, zu dem die Arbeitnehmer bereit sind, genau soviel Arbeit anzubieten, wie die Arbeitgeber zu entlohnen bereit sind. Diese Entlohnungsbereitschaft der Arbeitgeber würde, um auch das kurz anzudeuten, von den Erwartungen abhängen, die sie auf das sogenannte „Wertgrenzprodukt" der Arbeit richten, das heißt auf den Nettowert dessen, was für sie die letzte noch entlohnte Arbeitseinheit stiftet. Kurz gesagt, würden also, wenn zuwenig Arbeitskraft am Markt nachgefragt wird, die Löhne, und das heißt die Preise der Arbeitskraft sinken, was die Nachfrage wieder erhöhen würde, bis sich schließlich wieder ein Gleichgewicht zwischen Angebot und Nachfrage herstellt.

Dieses Gleichgewicht kommt freilich in der Realität niemals zu Stande. Löhne zeigen sich vielmehr in der Praxis nach unten wenig flexibel. Das heißt sie sinken nicht entsprechend der Nachfragelagen am Arbeitsmarkt. Schuld daran sind nun nach unserer Terminologie *Verwerfungen* am Arbeitsmarkt, die allerdings, je nach dem aus welcher Perspektive sie jeweils betrachtet wurden, historisch unterschiedlich gedeutet worden sind.

Eine der diesbezüglichen Überlegungen geht zum Beispiel davon aus, dass Arbeitslosigkeit Folge einer diffizilen Disziplinierungsmaßnahme seitens der Arbeitgeber ist. Diese hätten nämlich, nachdem sie feststellen mussten, dass die Arbeitnehmer von sich aus niemals bereits sein würden, mit dem Eifer und in dem Ausmaß zu arbeiten, in dem die Arbeitgeber es für notwendig hielten, dafür gesorgt, dass stets eine „Reservearmee" an Arbeitskräften bereitsteht, aus der jeweils willigere und eifrigere Arbeiter die unwilligen ersetzen könnten. Dazu hätten die Arbeitgeber von Haus aus bereits Löhne bezahlt, deren Höhe ein wenig über jenen lag, die dem tatsächlichen Angebot an Arbeitskräften am Arbeitsmarkt entsprochen haben. Damit wurde ein Überangebot an Arbeitskräften erzeugt, aus dem die Arbeitgeber diejenigen Arbeitskräfte auswählen konnten, die ihren Vorstellungen gemäß gearbeitet haben. Diejenigen, die diesen Vorstellungen nicht entsprechen wollten, sahen sich, weil sie nun angesichts der entstehenden Konkurrenz nicht mehr leicht und jederzeit einen neuen Job finden konnten, in der Regel ebenfalls bald zu einer „disziplinierteren" Arbeitsmoral gezwungen, so sie nicht als *Arbeitslose* von den Verdienstmöglichkeiten überhaupt ausgeschlossen bleiben wollten.

Gegen diese Überlegung spricht freilich, dass die Arbeitgeber um ein solches Überangebot am Arbeitsmarkt zu erzeugen, grundsätzlich gegen ihre eigene Logik handeln hätten müssen. Sie hätten nämlich eben die Löhne *höher* ansetzen müssen, als sie vom bestehenden Angebot am Arbeitsmarkt dazu gezwungen waren. Es könnte also bezweifelt werden, ob durchschnittliche Arbeitgeber ihre Lohnkosten tatsächlich in dieser Weise gleichsam „über Bande" kalkulieren.

Eine Variante dieser Theorie nimmt daher an, dass als Disziplinierungsmittel der zu Beginn der industriellen Produktionsweise nur unregelmäßig und sehr bedarfsorientiert arbeitenden Arbeiter nicht sofort höhere Löhne bezahlt wurden, sondern vielmehr eine Einrichtung geschaffen wurde, die die Aufgabe übernahm, das Arbeitskräfteangebot für die Arbeitgeber überschaubarer zu kanalisieren. Diese Einrichtung war das *Arbeitsamt*, das fortan dafür sorgte, dass Gelegenheitsarbeitern, die nur ein paar Tage in der Woche oder überhaupt unregelmäßig arbeiten wollten, ihr Arbeitsplatz zugunsten derjenigen entzogen wurde, die gemäß den Vorstellungen der Unternehmer zu arbeiten bereit waren. Wie aus den Erinnerungen von William Beveridge, dem späteren Entwickler der Sozialhilfe und damaligen Erfinder der Arbeitsämter, hervorgeht, wurde das damit geschaffenen Überangebot an Arbeitskräften, sprich die Arbeitslosigkeit, dabei ausdrücklich als Mittel zur Disziplinierung der Lohnarbeit akzeptiert.[37]

Wie wir heute wissen ist diese Rechnung weitgehend aufgegangen. Die fließenden Übergänge von Nichtarbeit zu Arbeit, die damals noch viele Arbeitsverhältnisse geprägt haben, sind mit den Arbeitsämtern verschwunden und das „Normalbeschäftigungsverhältnis" in einer gesetzlich in ihrem Ausmaß geregelten Arbeitswoche ist zum Standard der Lohnarbeit geworden.[38] Berufs- und Privatleben haben sich damit folgenschwer auseinander differenziert. Der Erfolgswille und die Konkurrenzlogik, die im Beruf für ein persönliches Fortkommen gesorgt haben, konnten in

---

[37] Vgl. dazu die vielzitierte Schrift *The Invention of Unemployment* von Christian Topalov (o.J.)

[38] Vgl. dazu u.a.: Vobruba 2000: 24-32.

krassen Widerspruch zu den privaten Tugenden des guten Familienvaters, des guten Gatten oder des guten Nachbarn treten. Die Verwerfungen zwischen „Geschäftsethik" und Alltagsmoral konnten damit im 20. Jahrhundert jenen Funktionär hervorbringen, dem es kaum noch einen Unterschied bedeutete, ob er einer Republik oder einem totalitären Staat zu dienen hatte. Der feinsinnige Kulturinteressierte konnte im Brotberuf zur KZ-Wachmannschaft zählen, der Familienvater in der Pestizid- oder Waffenfabrik arbeiten.

11.1. Exkurs: Gewerkschaften

Eine etwas anders gelagerte Theorie geht davon aus, dass sich die gegenüber dem Gleichgewichtslohn zu hohen Löhne dem einsetzenden „Arbeitskampf" der Arbeitnehmer verdanken, die, nachdem sie nun einmal in die Abhängigkeit der Erwerbsarbeit gezwungen waren, damit begonnen haben, mit allen Mitteln – allem voran etwa mit dem Zusammenschluss zu *Gewerkschaften* – ihre Rechte von den als „ausbeuterisch" betrachteten Arbeitgebern zu fordern. In Koordination und Organisation ihrer Interessen und Kräfte ist es ihnen – unter Androhung und Durchführung von Streiks, Betriebsbesetzungen, Boykotts etc. – dabei gelungen, einerseits Löhne durchzusetzen, die höher als der Gleichgewichtslohn lagen und so dafür sorgten, dass der Arbeitsmarkt nie mehr vollständig geräumt wurde. Und zum anderen ist es ihnen damit auch gelungen, soziale Sicherheitsleistungen, etwa Arbeitslosengelder zu erkämpfen, die eine sogenannte „Friktionsarbeitslosigkeit" nach sich gezogen haben, welche daher rührt, dass Arbeitslose, die bei ihrer Jobsuche nicht sofort die optimale Stelle finden, je nachdem, wie erträglich ihr Dasein durch das Arbeitslosengeld abgepolstert wird, stets eine zeitlang zuwarten, bis sie einen neuen Job tatsächlich annehmen.[39]

Diese „Erfolge" des Arbeitskampfes haben seine Wirkung überdies noch zusätzlich gestärkt. Denn die damit entstehende „Reservearmee" an Arbeitskräften hat es für die Arbeitnehmer erst recht notwendig gemacht, sich

---

[39] Auch diese Theorie lässt sich übrigens invertieren und von der anderen gesellschaftlichen Seite, von der der Arbeitnehmer, noch einmal durchspielen. Auch die Arbeitgeber warten nämlich abhängig von der Dringlichkeit, mit der sie eine vakante Stelle neu besetzen müssen, unterschiedlich lange auf den entsprechenden Antragsteller mit den für sie idealen Qualifikationen und befördern damit auch ihrerseits die Friktionsarbeitslosigkeit.

gegen diese Konkurrenz zu organisieren und damit den Zusammenschluss zu Gewerkschaften weiter zu forcieren. Damit hat sich die Stellung der Arbeitnehmer erneut gefestigt und es ermöglicht, weitere Lohnforderungen durchzusetzen, die so die vollständige Räumung des Arbeitsmarktes immer unwahrscheinlicher gemacht haben.

Nach dieser Theorie wäre also – dies hier nur als kurzer Einwurf – die Organisation der Arbeitnehmer schuld am Entstehen von Arbeitslosigkeit und es legt sich damit die Frage nahe, warum sich die Gewerkschaften bis heute primär als Arbeit*nehmer*- und kaum jemals als Arbeits*losen*vertretungen sehen. In Reaktion auf und zum Schutz vor Arbeitslosigkeit entstanden, scheinen sie heute noch primär denen zu dienen, die *potentiell* davon betroffen werden *könnten*, nicht aber denen, die *real* bereits davon betroffen sind. Manche Theoretiker meinen, dass für viele Gewerkschaften heute der Grundsatz gilt: „Gut organisierbare Beschäftigte brauchen keine Rücksicht auf schlecht organisierbare Arbeitslose zu nehmen".[40] Gewerkschaften scheinen damit aus unserer Sicht geradezu Paradebeispiele für Problemlösungen zu liefern, die aufgrund ihrer internen Dynamik zu Monolithen erstarrt sind und damit zu den aktuellen Problemlagen und deren Lösungen querliegen.

Grundsätzlich stehen Arbeitnehmern, wenn sie sich organisieren, zwei Möglichkeiten offen, auf Überangebote an Arbeitskräften, oder was dasselbe bedeutet, auf geringer werdende Nachfrage am Arbeitsmarkt zu reagieren: zum einen können sie versuchen, das Angebot an Arbeitskräften einzuschränken, zum anderen, die Nachfrage am Arbeitsmarkt zu erhöhen. Ersteres ist unter der Bezeichnung *Syndikalismus*, zweiteres unter der Bezeichnung *Korporatismus* in die Geschichte der Gewerkschaftsbewegung eingegangen.

Der *Syndikalismus* geht im Prinzip auf das mittelalterliche Gildenwesen zurück und beruht auf der Idee, das Angebot an speziell qualifizierten Arbeitskräften mittels Zugangsbeschränkungen gering zu halten. In der Praxis wird dabei zum Beispiel das Wissen, das zur Ausübung bestimmter Berufe notwendig ist, nur ausgewählten Personen zugänglich gemacht. Die Gilden und Zünfte des Mittelalters haben in diesem Sinn streng über die Vermittlung und Verbreitung der für die von ihnen vertretenen Berufe notwendigen Qualifikationen geachtet und haben sich damit die Möglichkeit geschaffen, den jeweiligen Professionen am Arbeitsmarkt eine entsprechende Nachfrage zu sichern. In neuerer Zeit wird eine ähnliche Politik von den Berufsgruppengewerkschaften, den *Craft Unions* verfolgt. Auch sie versuchen, über entsprechende Zugangsbeschränkungen den von ihnen vertretenen Professionen „*Nischen*nachfragen" am Arbeitsmarkt offen zuhalten.

---

[40] Siegenthaler 2000: 99.

Syndikalistische Interessensvertretungen kümmern sich entsprechend ihrer spezifischen Logik in der Hauptsache also um ihre je eigenen Mitglieder. Sie sind in der Hauptsache daran interessiert, ihren Mitgliedern den Zugang zu speziellen Wissensständen zu sichern. Grundsätzlich ist aber Wissen etwas, dass sich schon immer, zunehmend aber in der Moderne schwer geheim halten und damit einem bestimmten Gesellschaftsteil exklusiv sichern lässt. Dazu kommt noch, dass die aufkommende Industrieproduktion immer weniger Bedarf an qualifizierten Arbeitskräften hatte. Die Fordistische Fließbandfabrik hatte kaum noch spezialisierte Facharbeiter nötig.

In der Praxis sorgen auch noch andere Exklusionsfaktoren dafür, dass das Angebot in den Nischen des Arbeitsmarktes gering bleibt. Nationalität, Alter, Ethnie, Religion, Geschlecht etc. werden auch heute noch vielfach als Ausschlussgründe für Beschäftigungsverhältnisse herangezogen. Auch die lange Tradition der Versuche der Männer zum Beispiel, die Frauen von gewissen Bereichen des Arbeitsmarktes fernzuhalten, ist unter dieser Perspektive nichts anderes als der Versuch, das Angebot am Arbeitsmarkt durch Exklusion gering zu halten. Gerade diese Exklusionen haben aber dazu geführt, dass sich die Exkludierten ihrerseits zu Interessensvertretungen zusammengefunden haben. Historisch für die Gewerkschaftsbewegung von besonderer Bedeutung war etwa der Zusammenschluss von unqualifizierten Industriearbeitern zu den vielfältigen Formen von Industriearbeitergewerkschaften, von *Industrial Unions*.

Die Politik dieser Industriearbeitergewerkschaften ist nun eher *korporatistisch*, denn syndikalistisch orientiert, das heißt, sie versucht der Gefahr der Arbeitslosigkeit in erster Linie durch Sicherung einer steten Nachfrage nach Arbeitskräften zu begegnen. Da unqualifizierte Arbeiter relativ leicht durch andere unqualifizierte Arbeiter ersetzt werden können, haben sich die Bemühungen nun darauf konzentriert, das Ersetzen der Arbeitskräfte selbst zu verhindern. Korporatistische Gewerkschaften sind daher im wesentlichen im Zuge von Fabrikbesetzungen und Streiks entstanden, bei denen es darum gegangen ist, die kapitalintensive Produktion etwa dadurch zu treffen, dass teure Maschinen längere Zeit zum Stillstand gebracht wurden. In Zeiten, in denen die Nachfrage nach Arbeitskräften in folge der Rüstungsproduktion etwa oder später in Europa in folge des Wiederaufbaus beständig angestiegen ist, konnten Streiks und andere Arbeitskampfmaßnahmen als wirksames Druckmittel etwa in Kollektivverhandlungen eingesetzt werden. Es ist den korporatistischen Gewerkschaften damit gelungen, eine Reihe recht komfortabler Rahmenbedingungen für die Arbeit – 40-Stundenwoche, Sozialversicherung, Urlaub, Pension etc. – zu erkämpfen und es ist ihnen, nicht zuletzt dadurch, vor allem gelungen, ihre eigene Position bedeutend zu stärken und sich in einer Reihe von Industriestaaten als feste Bestandteile des politischen Systems stabil zu etablieren.

In dieser Stabilität haben sich die dadurch mächtig gewordenen Gewerkschaftsapparate aber gemäß dem Hayekschen Diktum von den langen Informationswegen notgedrungen auch meist zu sehr behäbigen und damit entsprechend unflexiblen Einrichtungen ausgewachsen, zu deren Eigenschaften es gehört, auf neu auftretende Umstände, neue Problemlagen, nicht immer angemessen reagieren zu können. In dem Ausmaß, in dem das Wachstum der Wirtschaft mit zunehmender Automatisierung nicht mehr unbedingt von einem steten Steigen der Nachfrage nach Arbeitskräften begleitet war und die Arbeitslosen mehr und mehr zu einem *realen,* nicht mehr zu übersehendem Gesellschaftsteil wurden und nicht mehr nur eine *potentielle* Bedrohung für den Arbeitnehmer darstellten, in dem Ausmaß hat sich auch die korporatistische Gewerkschaftspolitik der Nachfrageschaffung in Frage zu stellen begonnen.

Zunächst hat die zunehmende Unfähigkeit der Gewerkschaften, auf aktuelle Entwicklungen adäquat zu reagieren, noch primär die Lage der Arbeitnehmer selbst betroffen. Weil zum Beispiel unter den Veränderungen, die die Wirtschaft in den letzten Jahrzehnten erfahren hat, die Unternehmen, und hier vor allem die arbeitsintensiven Großunternehmen der *Old Economy*, in denen die Gewerkschaftspräsenz traditionell hoch ist, in folge der Globalisierung und der immer rasanter voranschreitenden Technologieinnovationen unter zunehmenden Konkurrenzdruck geraten sind, mussten sich Kollektivverhandlungen, um die Gans, die bisher die goldenen Eier gelegt hatte, nämlich die Unternehmen, nicht zu schlachten, mehr und mehr auf Kompromisslösungen beschränken. Forderungen der Arbeitnehmer konnten bei weitem nicht mehr mit dem selben Druck geltend gemacht werden wie früher.[41]

Darüber hinaus hat sich mit den neuen Gegebenheiten nach und nach auch die traditionelle Klientel der Gewerkschaften verändert. Nur mehr ein relativ kleiner Teil der Erwerbstätigen arbeitet heute in Großbetrieben unter tarifvertraglich gesicherten Beschäftigungsverhältnissen. Auf der anderen Seite ist dafür der Anteil derjenigen Arbeitnehmer, die nur mehr auf Subkontrakt-Basis nicht immer gut bezahlten und von konjunkturellen Schwankungen abhängigen Beschäftigungen nachgehen, ebenso wie der von Hilfs-, Gelegenheits- und Saisonalarbeitern stark gestiegen.[42] Das Klientel der Gewerkschaften, für das schon früher oft sehr unterschiedliche Arbeitsbedingungen und -löhne erkämpft worden sind, differenziert sich

[41] Vgl. dazu u.a.: Cutler und Aronowitz 1998a.
[42] Vgl. dazu u.a. Gorz 2000.

also zunehmend und macht sich mehr und mehr gegenseitig Konkurrenz[43] – nicht selten sogar an ein und demselben Produktionsort.[44]

Dem damit entstehenden Druck in Richtung Flexibilisierung der Beschäftigungsverhältnisse und Lohndifferenzierung können die Gewerkschaften aber nicht nachgeben, weil sie damit ihre über lange Jahre des Arbeitskampfes errungene Machtposition gefährden würden. Als Repräsentanz einer Vielfalt äußerst unterschiedlicher und sich vielfach widersprechender Arbeitnehmerinteressen würden sie kaum mehr in der Lage sein, eine ähnlich mächtige Rolle in der Politik zu spielen wie bisher.

Zugleich können sie aber aus dem selben Grund ihr Tätigkeitsfeld auch nicht mit hinreichender Effizienz auf jene Gesellschaftsteile ausweiten, die bereits real von Arbeitslosigkeit oder prekären Beschäftigungsverhältnissen betroffen sind. Die Gewerkschaften laufen daher Gefahr, wie dies André Gorz ausdrückt, „zu einem Versicherungsverein für eine relativ kleine, privilegierte Stammarbeitergruppe zu werden".[45] Weil sie mit ihrer Verteidigung von vollständig von realen Nachfragen abgekoppelten Berufen und deren Entlohnung enorme Finanzmittel aus der Wirtschaft abziehen, werden andere, nicht gewerkschaftlich vertretene Tätigkeiten noch unbezahlbarer als sie aufgrund der allgemeinen Differenzierung der gesellschaftlichen Problemlösungstätigkeit ohnehin schon sind. Als Resultat davon stehen die Arbeitslosen heute vor der Tatsache, dass sich das allgemeine Lohn- und damit auch das Konsumptionsniveau auf einer Höhe befindet, die notwendig zu nachhaltigen *Teilnahmeexklusionen* führt. Die „Reservearmee" an Arbeitskräften ist damit zu einem festen Bestandteil der modernen Gesellschaft geworden.

So die Löhne, weil diese Verwerfungen von der Gesellschaft allmählich zur Kenntnis genommen werden, nun doch mitunter flexibilisiert werden, so geschieht dies in der Regel auch nur für jenen Gesellschaftsteil, der, weil er noch nicht lange genug als solcher existiert und darüber hinaus auch nicht leicht zu organisieren ist, über keinerlei Vertretungsinstanzen verfügt.

---

[43] Vgl.: Supiot 2000.

[44] Mit der voranschreitenden Globalisierung werden heute nicht selten *standortgleiche* Unternehmen zu sehr unterschiedlichen Strategien gegenüber ihren Arbeitnehmern gezwungen. Während sich etwa ein Unternehmen dem Druck globaler Billiglohnkonkurrenz stellen muss und deswegen den Austritt aus geltenden Tarifverträgen anstrebt, kann ein räumlich unmittelbar benachbartes Unternehmen gleichzeitig in einen kostenindifferenten Innovationswettbewerb verstrickt sein, der es im Gegensatz zur Situation beim Nachbarn sogar notwendig macht, den für das Unternehmen *unersetzlichen,* weil spezifisch qualifizierten Arbeitskräften so viel zu zahlen, dass sie im Bewusstsein, nirgendwo anders besser zu verdienen, keinen Gedanken an Abwanderung verschwenden. Vgl. dazu u.a.: Wiesenthal 2000: 32.

[45] Gorz 1994: 317.

Während alteingesessene und entsprechend mächtige Gewerkschaften dafür sorgen, dass sich die Löhne für die von ihnen Vertretenen, also für die Arbeitnehmer nach wie vor um keinen Deut nach unten bewegen, tragen die Arbeitslosen die doppelte Last.[46] Ausgeschlossen vom „Normalbeschäftigungsverhältnis" müssen sie Billigstlöhne in *McJobs* hinnehmen, weil ihnen andernfalls die Sozialbeihilfen gestrichen werden. Wir werden auf diesen Umstand noch ausführlicher zu sprechen kommen.

Halten wir das Gesagte kurz fest: Gemäß den bisher besprochenen Theorien sind es also grundsätzlich *Verwerfungen* zwischen Angebot und Nachfrage am Arbeitsmarkt, die dafür verantwortlich sind, dass der Arbeitsmarkt in der Realität nie vollständig geräumt wird, dass also nie alle Arbeitskräfte, die ihre Fähigkeiten und Dienste anbieten, auch wirklich beschäftigt werden können. *Verwerfungen* treten in den unterschiedlichsten Formen auf – wir haben hier bisher die Disziplinierungsstrategien der Arbeitgeber – Arbeitsämter zum Beispiel – und die Arbeitskampferfolge der Arbeitnehmer – Sozialunterstützungen, höhere Löhne und, als Folge davon, Gewerkschaften – erwähnt. *Verwerfungen* sind damit dafür verantwortlich, dass das allgemeine Einkommensniveau der Gesellschaft nicht sinkt, obwohl es gemäß unseren Annahmen eigentlich beständig fallen müsste, weil sich der gesellschaftliche Problemlösungsprozess aufgrund seiner internen Dynamik beständig differenziert und damit die notgedrungen immer spezifischer werdenden Problemlösungsfähigkeiten, sprich die Professionen und Berufe der Gesellschafter, insgesamt auf immer geringere Nachfragen stoßen. Verwerfungen sorgen also dafür, dass die Löhne und Einkommen *nicht gleichmäßig für alle sinken*, sondern dass

[46] Für sich genommen hat die Arbeitslosigkeit dabei noch zusätzlich einen selbststabilisierenden, man könnte auch sagen: *selbstverstärkenden* Effekt. Weil die Gewerkschaften, wie gesagt, stets nur für die von ihnen Vertretenen, für die „Insider" Lohnverhandlungen führen und kein Interesse daran haben, Löhne zu akzeptieren, die niedrig genug wären, um auch die Arbeitskraft von „Outsidern" zu verkaufen, bringen sie durch die höheren Löhne die Unternehmer, die ihre Verluste zu kompensieren trachten, dazu, die Preise ihrer Produkte anzuheben. In zeitgenössischen Wirtschaften reagieren auf solche Preissteigerungen die Zentralbanken anti-inflationär und drosseln das Geldangebot. Dadurch verringert sich aber die wirtschaftliche Aktivität insgesamt *und die Arbeitslosigkeit steigt*.
Eine Variante der Gleichgewichtstheorie nimmt diesbezüglich allerdings an, dass sich damit dann in weiterer Folge der Druck der „Outsider", also derjenigen, die nicht gewerkschaftlich vertreten sind, wieder erhöht und es so für die Gewerkschaften schwieriger wird, weitere Lohnerhöhungen durchzufechten. Als Konsequenz soll sich dadurch eine Mindestarbeitslosenrate, die sogenannte „NAIRU" (non accelerating inflation rate of unemployment) einpendeln, die gerade ausreicht, um inflationäre Lohnabschlüsse zu verhindern.

sie vielmehr für manche Gesellschafter steigen, *während sie für andere gegen Null tendieren.*

Nun sollten wir allerdings, der Vollständigkeit halber, auch noch jene Gründe für die Arbeitslosigkeit in modernen Gesellschaften in Betracht ziehen, die sich nicht unmittelbar auf Verwerfungen zurückführen. Auch sie können für unsere weiteren Überlegungen nicht außer Acht gelassen werden.

11.2. Zuwachstheorien der Arbeitslosigkeit

Prinzipiell, und wir haben dies oben bereits angesprochen, könnte angenommen werden, dass auch die zunehmende Automatisierung und die voranschreitende Rationalisierung des Problemlösungs-, sprich des Arbeitsprozesses für die steigende Arbeitslosigkeit in der Moderne verantwortlich ist. Wir haben ja oben das Schlagwort von der „menschenleeren Fabrik" und die enormen Produktivitätszuwächse bei gleichzeitigem Arbeitskräfteabbau in der Industrieproduktion erwähnt. Wenn etwa im Volkswagen-Konzern im Jahr 1991 die Herstellung eines Autos noch 167 Arbeitsstunden gedauert hat und im Jahr 2000 dafür nur mehr 83 Stunden nötig waren, so hätte der Konzern in dieser Zeit auch seinen Output an Autos verdoppeln müssen, um weiterhin die selbe Anzahl an Arbeitskräften zu benötigen. Selbst wenn dies in manchen Bereichen der industriellen Produktion, etwa durch forcierte Erschließung neuer Absatzmärkte, lange Zeit gelungen ist, so scheint doch absehbar, dass die Grenzen der Erweiterung von Absatzmärkten einmal erreicht sein werden und damit dann anstatt weiterer Produktivitätssteigerungen Arbeitskräfte abgebaut werden müssten.

Gemäß unseren Annahmen müssen wir allerdings auch in Betracht ziehen, dass die technischen Innovationen, die in den klassischen Produktionsbereichen der Industrie einen nachhaltigen Abbau an Arbeitskräften nach sich ziehen, andernorts auch neue Produktionsmöglichkeiten erschließen. Die so genannte *New Economy*, allen voran etwa die Informationstechnologie, hat ja gerade in den letzten Jahren auch auf dem Arbeitsmarkt für einige Hoffnung gesorgt. Nichtsdestotrotz rationalisieren aber auch diese Industriezweige ihre Produktion fortwährend, so dass im Industriesektor die negativen Beschäftigungseffekte der technikbedingten Produktionszuwächse die positiven langfristig doch überwiegen. So wie schon die Landwirtschaft, die einst 80 Prozent der Bevölkerung beschäftigt hat und heute nur mehr zwei bis vier Prozent der Arbeitskräfte für ihre Produktion benötigt, so scheint auch der Industriesektor durch die voranschreitende Automatisierung und Rationalisierung immer weniger auf menschliche Arbeitskräfte angewiesen zu sein.[47]

Allerdings, und dies ist zu betonen, kann darauf nicht die Arbeitslosigkeit in den hochindustrialisierten Gesellschaften zurückgeführt werden. Denn gleichzeitig mit dem Sinken der Beschäftigung im sekundären Industriesektors dieser Gesellschaften ist die Beschäftigung im tertiären Dienstleistungs- und quartären Wissenssektors enorm ange-wachsen. Was tatsächlich vor sich geht, muss eher als Umlagerung der Beschäftigungsverhältnisse betrachtet werden, denn als Abbau. Gegenüber den klassischen Produktionsfaktoren „natürliche Ressourcen“ und „Arbeit“ sind „Kapital“, „Organisation“ und „Wissen“ im menschlichen Problemlösungsprozess immer wichtiger geworden und damit haben sich die Erwerbsarbeitstätigkeiten immer mehr in den Bereich der Dienstleistungen verlagert[48], deren Anteil an der gesamtgesellschaftlichen Wertschöpfung nach wie vor steigt. In den OECD-Staaten hat dieser Sektor im wesentlichen die Beschäftigungszuwächse der letzten Jahrzehnte getragen.[49]

Freilich muss auch berücksichtigt werden, dass ein Großteil der Dienstleistungen – wie etwa Verkehrs-, Kommunikations-, Bildungs-, Sozial- und Gesundheitswesen, die Rechtsprechung und die Grundlagenforschung, die Polizei und das Militär etc. – eigentlich nur *Vorleistungen* für die Produktion darstellen und damit als nicht wirklich produktiver Teil der Wirtschaft betrachtet werden kann. Weil der Dienstleistungssektor, wie manche Theoretiker betonen, nur „tote Kosten des Systemerhalts" verursacht, deren sich die produktiven Teile der Wirtschaft etwa durch Lohnkosten- und Steuerflucht zunehmend zu entledigen suchen[50], trägt er selbst nicht wirklich zur Entlohnung der Arbeit bei. Und dass könnte auch für seinen gegenwärtig wohl dynamischsten Teil, den Finanzsektor, gelten. Denn auch ihm gegenüber wird zunehmend die Frage diskutiert, ob er tatsächlich einen wirtschaftlich produktiven Bereich darstellt, der in der Lage ist, Arbeitsplätze auf Dauer zu finanzieren, oder nur eine hochspekulative, *fiktive Aufblähung*, die sich einzig der fortgesetzten Wiederbeleihung von Aktienpaketen verdankt, an der mittlerweile ein großer Teil der Bevölkerung der Industriegesellschaften teilnimmt.

---

[47] Vgl. dazu etwa: Willke 1999: 48; Hengsbach 1999: 50.

[48] Klassisch dazu etwa die Studie *The Coming of Post-Industrial Society* von Daniel Bell (1973).

[49] Vgl. u.a. dazu: Heinze / Streeck 2000.

[50] Vgl. dazu: Trenkle 1999: 126.

Wie dem auch sei, die fortschreitende Rationalisierung und Automatisierung der Arbeit scheint jedenfalls keinen Grund für den nachhaltigen Abbau der menschlichen Arbeitsnotwendigkeit und damit für das Ansteigen der Arbeitslosigkeit abzugeben. Die Folgen dieser Entwicklung scheinen eher dem zu entsprechen, was unsere hier zugrunde liegenden Annahmen nahe legen, nämlich dass jede neue Problemlösung – und selbstverständlich ist jede Rationalisierung, jede Einführung einer arbeitssparenden Maschine auch als solche zu sehen – weitere Horizonte eröffnet und damit neue Problemlagen sichtbar werden lässt. Dadurch werden nicht nur Arbeitsplätze vernichtet, sondern beständig neue Betätigungsfelder geschaffen, die die menschliche Problemlösungstätigkeit nicht zur Ruhe kommen lassen.

Freilich ist der Bereich der menschlichen Problemlösungstätigkeiten, wie wir schon angedeutet haben, weitaus umfassender als derjenige Bereich von Problemlösungen, der gegenwärtig von der Gesellschaft entlohnt wird. Und es kann durchaus der Fall sein, dass sich in ihm jenseits der gesellschaftlichen Lohnarbeit Problemlagen eröffnen, die zunächst nicht unmittelbar mit Lohnarbeit zu tun haben, in weiterer Folge aber enormen Einfluss auf sie gewinnen. Ein solcher Umstand ist zum Beispiel das Phänomen der traditionellen Vorherrschaft des Mannes in der Gesellschaft, das mindestens seit dem Beginn der industriellen Produktion zunehmend als problematisch empfunden wird. Im Versuch, eine Lösung für dieses Problem zu finden, trägt die Diskussion um die Emanzipation der Frauen seit dieser Zeit dazu bei, dass Frauen zunehmend an der gesellschaftlichen Lohnarbeit teilnehmen. Die Emanzipation im Berufsleben, die Selbstverwirklichung in der Karriere, die Unabhängigkeit von einem männlichen Versorger sind nach und nach zu festen Bestandteilen des Selbstbildes moderner Frauen geworden. Und dieser Umstand wird nun von vielen Arbeitsmarkttheoretikern, neben der Arbeitsmigration aus Drittländern, als einer der Hauptgründe für die aktuelle Arbeitslosigkeit in der modernen Gesellschaft gesehen. Ein großer Teil der europäischen Arbeitslosigkeit der letzten Jahrzehnte verdanke sich dem nach wie vor ungebrochenen Zustrom von Frauen auf den Arbeitsmarkt, wo sie, trotzdem sie in der Regel schlechter entlohnt werden und schlechtere Karrierechancen haben, den traditionellen Anbietern von menschlicher Arbeitskraft, den Männern, immer mehr Konkurrenz machen.[51]

Nun stellt allerdings die Arbeitslosigkeit, wie wir schon angedeutet haben, nur eines der Probleme der modernen Erwerbsarbeit dar. Die Arbeitslosigkeit für sich genommen scheint in Zeiten belebter wirtschaftlicher

---

[51] Vgl. dazu u.a.: Walwei 1999: 177; Heinze / Streeck 2000.

Konjunktur sogar auch immer wieder zu sinken.[52] Das größere Problem, dass sich für die Problemlösungstätigkeit der modernen Gesellschaft ergibt, ist, wie wir schon erwähnt haben, der Umstand, dass zum einen die Arbeit sehr unterschiedlich entlohnt und sozial bewertet wird, *dass sie also aufgrund historischer Dynamiken, die nichts mit der aktuellen Situation und der persönlichen Leistung der Betroffenen zu tun haben, einmal unverhältnismäßig hoch und das andere Mal gar nicht entlohnt wird*; und zum anderen, dass Arbeit aufgrund dieser historischen Dynamiken auch *in sehr unterschiedliche Rahmenbedingungen eingebunden ist, die manchen Erwerbstätigen geradezu paradiesische Arbeitsbedingungen, wie etwa Unkündbarkeit, regelmäßig steigende Löhne, selbstverständlichen Pensionsanspruch und vieles mehr bieten, während sie andere völlig ungeschützt den freien Marktkräften als Spielball überlassen.*

Wir wollen im Folgenden noch einen kurzen Blick auf die Geschichte der Lohnarbeit werfen, um zu sehen, dass auch an diesem Umstand grundlegende *Verwerfungen* schuld sind, die sich im Zuge des menschlichen Problemlösungsprozesses *per se* ergeben.

11.3. Die Prekarisierung der Erwerbstätigkeit

Wir haben oben im Zusammenhang der Folgen der industriellen Revolution von den spezifischen Produktionsweisen „Fordismus" und „Taylorismus" gesprochen, die darauf angelegt sind, die einzelnen Arbeitsschritte der Industrieproduktion nach wissenschaftlichen Kriterien effektiv und rational zu organisieren. Die Fließbandproduktion etwa ist eine der dabei angewandten Methoden, um die Zeit zwischen den einzelnen Produktionsschritten möglichst gering zu halten.

Diese „wissenschaftliche Organisation der Arbeit", als welche sie vor allem in der Sowjetunion, wo sie im Zuge der Industrialisierung großgeschrieben wurde, stolz propagiert wurde, hat freilich zur Disziplin und Moral der Arbeitskräfte, die ohnehin den Wünschen der Fabrikdirektoren nie vollständig entsprochen haben, wenig beigetragen. Die Verwerfungen zwischen Arbeit und Arbeitswillen, zwischen trostlosen repetitiven Tätig-

[52] Einer Daumenregel gemäß, die sich aus den Erfahrungen der letzten Jahrzehnte ergibt, sollen sich Produktionszuwächse bei Gütern und Dienstleistungen um mehr als 1,9 Prozent pro Jahr beschäftigungssteigernd und Zuwächse um mehr als 2,5 Prozent sogar *arbeitslosigkeitssenkend* auswirken.

keiten am Fließband und persönlicher Kreativität und Berufung, und auch zwischen Massenbelegschaften und militärisch organisiertem Management haben die Effizienz dieser Produktionsweise untergraben. Ein nicht geringer Teil der Kräfte und Fähigkeiten der Arbeiter ist in ihr immer wieder dazu verwendet worden, Produktivitätsreserven der Aufmerksamkeit der Führungsebene zu entziehen. Wie sich dann besonders an den Misserfolgen der sowjetischen Administrationswirtschaft gezeigt hat, haben die Arbeiter vielfach ihre gesamte Kreativität dazu verwendet, in Verfolgung selbst gestellter Aufgaben geheime Zeitreserven zu schaffen, die der eigentlichen Produktion entzogen wurden. Es wäre eine nicht uninteressante historische Studie, zu untersuchen, inwiefern die sowjetischen Arbeiter in den damit geschaffenen inoffiziellen Nischen der Sowjetwirtschaft bereits *gelebt haben ohne zu arbeiten.*

Noch während Fordismus und Taylorismus ihre Extremformen ausgebildet haben – etwa mit der nahezu vollständigen Automatisierung des Fiatkonzerns in Cassino zu Beginn der achtziger Jahre – sind mit den offensichtlichen Produktionseinbußen durch die mangelnde Motivation der Fließbandarbeiter bereits neue Produktionsformen nahegelegt worden. Von Japan ausgehend ist nun in der so genannten *Lean production* versucht worden, das bessere Wissen der Arbeitskräfte um die jeweiligen Mängel und Defizite der einzelnen Produktionsabläufe nutzbar zu machen. Die Arbeiter wurden zu Teams gruppiert, in denen sie ihre Kompetenzen frei, spontan und unabhängig von minuziös geplanten Arbeitsabläufen einsetzen konnten. Innerhalb bestimmter Rahmen wurde ihnen dabei die Möglichkeit gegeben, zwischen unterschiedlichen Tätigkeiten zu wechseln, um einen Gesamtüberblick über die Produktionsabläufe zu gewinnen. Die scharfe Trennung zwischen Führungsebenen und Arbeitern wurde damit aufgegeben und direkten Informationswegen von unten, von der Basis der Betriebe, nach oben in die Managementebenen der Weg geöffnet.

Zwar ist dieses „Toyota-System", wie es auch genannt wird, mit der Selbstorganisation der Arbeitskräfte, die es befürwortet und gefördert hat, in krassem Gegensatz zum Taylorismus gestanden, der jegliche Selbstorganisation der Arbeiter im Gegenteil gefürchtet und darum bekämpft hatte. Die Produktivität des *Kaizen*, des beständigen Optimierens der Arbeitsabläufe durch die Arbeiter selbst, hat aber doch Produktivitätssteigerung in einem Ausmaß möglich gemacht, das dafür gesorgt hat, dass sich die *Lean production* gegen die Fordistische Produktionsweise durchzusetzen begann.

Infolge der besseren Motivation der Arbeitskräfte und der fortschreitenden Automatisierung hat dadurch nun allerdings die Produktion vielerorts wesentlich stärker zu wachsen begonnen als der Absatz der erzeugten Produkte. Die Betriebe konnten, mit anderen Worten, nun mehr und schneller produzieren als verkaufen.[53] Durch die Produktionsrationalisierungen wurde nun ein Teil jener Arbeitskräfte überflüssig, die zuvor im Fordismus nicht hinreichend motiviert waren, für ihre Unternehmen effektiv zu arbeiten. Gerade die „partnerschaftliche" Einbeziehung ins Unternehmenskonzept, die versuchte Intensivierung der Beziehungen zwischen Arbeitern und Management, die als *Corporate identity* propagierte Bindung der Arbeiter an ihren Mutterbetrieb, hat also einen Arbeitskräfteabbau notwendig gemacht, der genau diese Bindung wieder in Frage gestellt hat. Um den dadurch anstehenden Bruch mit der Belegschaft zu vermeiden, haben die Konzerne – abermals von Japan ausgehend – begonnen, jene Teile der Produktionen und Leistungen, an denen die Stammfirmen kein lebenswichtiges Interesse hatten, auf ein Netzwerk von peripheren Unternehmen auszulagern. Sie haben, anders gesagt, nur mehr einen Teil ihrer Arbeitskräfte als Stammpersonal beschäftigt und einen immer größer werdenden Teil der Leistungen und Produkte, die zur eigenen Produktion notwendig waren, von Subkontraktfirmen bezogen, die ihrerseits diesem Modell gefolgt sind und ebenfalls einen großen Teil ihrer Produktion ausgelagert haben.

Dieses *Outsourcing* trägt nun – und damit sind wir bei der aktuellen Situation angelangt – gleich in mehrfacher Weise zu den Verwerfungen der bestehenden Beschäftigungsverhältnisse und Daseinsweisen bei. Die von der zunehmend international werdenden Konkurrenz diktierte Notwendigkeit, die Produktionsabläufe von Tayloristischer Arbeitsorganisation zur *Lean production* und von da zum *Outsourcing* weiter zu rationalisieren, hat nämlich mittlerweile zu einer nachhaltigen Segmentierung und Zersetzung der Beschäftigungsverhältnisse geführt. Einer kleiner werdenden Gruppe von fest angestellten Stammarbeitnehmern treten immer größer werdende Gruppen von Randarbeitnehmern und externen Arbeitskräften gegenüber, die nur mehr befristet und für einzelne Leistungen und Tätigkeiten von den Konzernen über Werkverträge und Subkontrakte beschäftigt werden und damit natürlich auch von den verschiedenen Sozialleistungen, die gegenwärtig noch an Fixanstellungen und durchgehende Normalarbeitsverhältnisse gebunden sind, ausgeschlossen bleiben.

Diese Deregulierung und *Prekarisierung* der Beschäftigungsverhältnisse drängt die neuen „Selbständigen" der Subunternehmer und Werkverträgler, auf die die Konzerne ihre Zuliefer- und Dienstleistungen abwälzen, ohne freilich die Preise dafür noch kollektivvertraglich zu regeln, aus jedem gesetzlichen Arbeitnehmerschutzrahmen hinaus. In teils vehemente Konkurrenzkämpfe untereinander verstrickt müssen sie, meist ohne auf

[53] Vgl.: Whyte 1970: 166.

Wochenstunden oder Urlaubszeiten achten zu können, jeden Auftrag, der noch irgendwo zu haben ist, annehmen, um ihre Lebensgrundlage zu sichern. Die Notwendigkeit, so viele Aufträge wie möglich zu Löhnen und zu Bedingungen anzunehmen, über die Fixbeschäftigte nur den Kopf schütteln würden, hat den paradoxen Effekt, dass die individuelle Arbeitszeit zu allem Überdruss auch noch dazu tendiert, länger zu werden, je weniger bezahlte Arbeit es für alle noch gibt. Gerade die eigentlich nach allen Regeln der Logik anstehende Arbeitszeitverkürzung, die als eine der Möglichkeiten, die vorhandene Lohnarbeit gerechter umzuverteilen, diskutiert wird, scheint damit von der Dynamik, die die Arbeit gegenwärtig prägt, grundlegend verhindert zu werden.

Die Prekarisierten sind auch diesbezüglich auf sich selbst angewiesen. Die Gewerkschaften kümmern sich, wie wir gesehen haben, in der Regel primär um ihre angestammte Klientel, die zwar beständig kleiner wird, ihre eigene Situation selbst aber nur äußerst verzerrt wahrnehmen kann. Die Entscheidung, die ohnehin schon wenigen Arbeitskräfte, die in der industriellen Produktion noch gebraucht werden, in der *Lean production* entscheidungsführend in den Produktionsablauf einzubinden, hat nämlich den Zusatzeffekt gezeitigt, dass sich diese Wenigen nun als privilegierte Elite fühlen können, die ihre Privilegien einem Eifer verdankt, der sie von den „Verlierern" dieser Entwicklung unterscheidet.[54] Die Fixbeschäftigten und mit ihnen ihre Vertretungsstrukturen neigen dazu, den größer werdenden Rest der *Prekarisierten* und *Scheinselbständigen*, der nicht mehr in festangestellten Beschäftigungsverhältnissen unterkommt, für seine Lage selbst verantwortlich zu halten. Die Gewerkschaften zeigen auch deswegen wenig Interesse, sich um diese Außenseiter am Arbeitsmarkt zu bemühen.

Die Verwerfungen, die die Situation der noch Fixbeschäftigten und die der Prekarisierten so unvermittelbar machen, neigen überdies dazu, sich beständig selbst zu verstärken, oder anders gesagt, sie neigen dazu, die Dynamik der sozialen Entwicklung zu dynamisieren.[55] Das heißt, sie sorgen durch einen so genannten „Matthäus-Effekt"[56] dafür, dass die Geschwindigkeit der Entwicklung sozialer Unterschiede größer wird, je größer die sozialen Unterschiede werden. Solche Beschleunigungseffekte scheinen in sozialen Entwicklungsprozessen keine Seltenheit zu sein. Schon Marx hat bekanntlich angenommen, dass sich die Entwicklung der

---

[54] Vgl.: Gorz 2000: 66.

[55] Vgl. dazu auch: Füllsack 2000b.

[56] Ein Effekt, der von Robert K. MERTON nach einem Spruch des Evangelisten Matthäus benannt wurde, wonach „denen, die haben, gegeben wird, während denen, die nichts haben, noch zusätzlich genommen wird".

Produktivkräfte in der kapitalistischen Produktion gerade aufgrund ihrer Kluft zu den Produktionsverhältnissen beständig beschleunigt. Die Produktionsverhältnisse bleiben demgegenüber immer weiter zurück, bis schließlich das Band, das beide ursprünglich aneinander bindet, nicht anders kann, als in einer Revolution zu zerreißen. Weniger drastisch, aber nicht weniger eindrucksvoll hat etwa der *Human Development Report* von 1997 festgestellt, dass sich das Verhältnis der Einkommensverteilung zwischen den reichsten und den ärmsten 20 Prozent in der Welt in den fünf Jahren von Anfang bis Mitte der neunziger Jahre beinahe ebenso stark auseinander entwickelt hat, wie in den dreißig Jahren davor.[57] Und ähnliche Entwicklungsbeschleunigungen lassen sich heute auch in den Beschäftigungsverhältnissen auf allen Ebenen finden.

So ist es zum Beispiel kein Geheimnis, dass Fixbeschäftigte, die ohnehin fest im Berufsleben stehen, die also auf eine *klassische*, und das heißt, eine *ununterbrochene* Beschäftigungsbiografie zurückblicken können, weitaus bessere Chancen haben, ihre Arbeitskraft auch weiterhin am Markt abzusetzen, als jene, deren Karriere zahlreiche Lücken etwa infolge wiederholter Arbeitslosigkeit oder Prekarisierung aufweist. Weil das so genannte *Normal*arbeitsverhältnis nach wie vor von Arbeitgebern als Rahmenkriterium für die Qualität von Arbeitskräften angesehen wird, obwohl es in der Realität für immer weniger Arbeitskräfte *normal* ist, klaffen nachgefragte und anbietbare Anstellungsvoraussetzungen oftmals weit auseinander. So mancher fertig ausgebildete Akademiker etwa kann heute ein Lied von der Notwendigkeit singen, zunächst *unentgeltlich* Berufserfahrung zu sammeln, um überhaupt im Roulett um die wenigen Jobs in seiner Branche mitspielen zu können. Wer bereits in einem „normalen" Beschäftigungsverhältnis untergekommen ist, akkumuliert dagegen neben dem Einkommen in der Regel auch eine Vielzahl von weiteren Kapitalien - etwa die Chance auf regelmäßige Fortbildungsseminare, auf Berufserfahrung, Kontakte und Beziehungen, auf eine gewerkschaftliche Vertretung, oder auch nur auf die Nutzung der Infrastruktur des Arbeitsplatzes, etwa eines kostenlosen Telefon- oder Internetanschlusses, der entscheidend dabei helfen kann, auch weiterhin „drinnen" zu bleiben. Wer „draußen" ist, dessen Chancen sinken demgegenüber rapide gegen null.

Ähnliche selbstverstärkende Wirkung zeigen, wie wir gleich noch sehen werden, auch andere soziale Verwerfungen, die sich freilich immer, wie wir das unseren Ausführungen grundlegend vorausgeschickt haben, selbst auf nichts anderes, denn auf Problemlösungen zurückführen. Und diesen Umstand wollen wir uns im Folgenden noch einmal anhand jener Problem-

[57] Nämlich von 30 zu 1 im Jahr 1960 über 61 zu 1 im Jahr 1991 auf bereits 78 zu 1 im Jahr 1994. Vgl.: UNDP 1997: 9.

lösung vor Augen führen, die moderne Gesellschaften schon relativ früh für das in ihnen prekär werdende Problem der Arbeitslosigkeit ausgebildet haben, nämlich ihr soziales Sicherheitssystem.

12. Das soziale Netz

Blicken wir noch einmal zurück: Wir haben nun neben dem Arbeitgeber und dem Arbeitnehmer also noch ein drittes Mitglied unserer idealtypischen Minigesellschaft kennen gelernt, ein Mitglied nämlich, das aufgrund verschiedener Umstände von der regelmäßigen existenzsichernden Entlohnung seiner Problemlösungstätigkeit ausgeschlossen bleibt, diesen Ausschluss dabei allerdings nicht unmittelbar als *Freiheit* oder *Freizeit*, sondern nur als *Arbeitslosigkeit,* beziehungsweise als *Prekarisierung seiner Erwerbstätigkeit* erleben kann.

Die Umstände, die diesen Ausschluss bewirken, sind, wie wir gesagt haben, primär von den ersten beiden Gesellschaftern geschaffen worden, die im Laufe der Geschichte immer wieder auf die von ihnen selbst, das heißt, von ihrer Arbeit geschaffenen Bedingungen, zum Beispiel, auf die vielfältigen Konsequenzen ihrer spezifischen Arbeits- und Gewinnteilung reagiert haben. Weil diese spezifische Aufteilung mitunter gravierende Probleme verursacht hat, mussten zur Lösung dieser Probleme unter anderem Regeln ausgehandelt werden, die dafür sorgten, dass der in der Arbeit erzeugte Mehrwert nicht allzu einseitig nur einem Gesellschaftsteil zufließt. Es wurde also, anders gesagt, eine *Transferordnung* festgelegt, nach der die Früchte der Arbeit in bestimmten Ausmaß umverteilt wurden, und nach der gewisse Sicherheitsgarantien für den Fall des Totalausfalls der Produktion des einen oder des anderen Gesellschafters bereit gestellt wurden. Eine zeitgenössische Manifestationsform solcher Regeln ist etwa das soziale Netz, wie es heute im europäischen Wohlfahrtsstaat und in mehr oder weniger elaborierten Varianten auch in den meisten anderen Staaten der Welt zur Anwendung kommt.

Eine solche Transferordnung ermöglicht es nun zunächst einmal den Arbeitslosen oder Prekarisierten überhaupt als solche zu existieren. Sie gewährt ihnen, anders gesagt, bis zu einem bestimmten Grad ein *Leben ohne zu arbeiten.* Freilich sind, wie wir oben gesagt haben, die Möglichkeiten, die die von der normalen Lohnarbeit Ausgeschlossenen haben, diesen Umstand in dieser Form wahrzunehmen, äußerst beschränkt. Denn erstens sind sie in der Regel, so wie die anderen Gesellschafter auch, in sozialen Ordnungen sozialisiert und enkulturiert worden, in der Arbeitslosigkeit und prekarisierte Beschäftigungsformen die Ausnahme dargestellt haben und Normalarbeitsverhältnisse und Vollbeschäftigung die Regel. Es fällt ihnen daher nicht leicht, sich selbst und ihre Arbeitskraft einfach als für die Lohnarbeit „überflüssig" oder als „nicht mehr gebraucht" zu akzeptieren. Und zweitens ist die bestehende Transferordnung noch größtenteils ohne ihre Beteiligung, ihre Mitsprache entstanden und berücksichtigt deshalb hauptsächlich die spezifischen Probleme und Bedürfnisse der Arbeitgeber und Arbeitnehmer.

Im wesentlichen ist diese Transferordnung damit darauf angelegt, *kleinere* Unwägbarkeiten und Unvorhersagbarkeiten im gesellschaftlichen Produktionsprozess vorzubeugen, die etwa infolge eines *außergewöhnlichen* Unglücksfalls und höchstens *für kurze Zeit* auftreten. Die Sicherheit, die sie bietet, reicht nicht aus, um tatsächlich ein *Leben ohne Arbeit* zu führen.

Die Vorstellung eines solchen Lebens ist also nur ein *unbeabsichtigtes Nebenprodukt* dieser Transferordnung, das aber, und dies sei nicht unterschätzt, immer stärker werdende normative Wirkung auf das Bild der Arbeit in der Moderne ausübt.

Nun drängt sich an dieser Stelle natürlich unmittelbar die schwierige Frage auf, inwiefern denn eine Transferordnung, die ein tatsächliches *Leben ohne Arbeit* ermöglichen würde, überhaupt Sinn macht, inwiefern sie verwirklichbar ist und ob sie als Rahmenbedingung des gesellschaftlichen Daseins anzustreben ist. Um die Komplexität dieser Problematik im weiteren besser zu verstehen, sollten wir vorerst noch andere Fragen, die sich aus unseren bisherigen Überlegungen ergeben, näher ins Auge fassen. Allem voran etwa die Frage, aus welchen konkreten Gründen Transferordnungen entstehen. Es liegt ja nicht ohne weiteres auf der Hand, warum sich die jeweils Mächtigen einer Gesellschaft die Produktionsgewinne nicht einfach vollständig aneignen und ihre weniger mächtigen Mitgesellschafter dabei durch die Finger schauen lassen.

12.1. Wie entstehen Transferordnungen?

Auf den ersten Blick würde es vielleicht nahe liegen, den Grund für das Entstehen von sozialen Transferordnungen – etwa im Hinblick auf die auf Umverteilung abzielenden Gebote der großen Weltreligionen oder auf die humanistischen Ziele der Aufklärung oder auch auf die Normen und Werte des Sozialismus – darin zu sehen, dass dem Gesellschaftswesen Mensch ein grundlegender *sozialer* Zug eignet, der jenseits des eher instinktorientierten Strebens nach Profit- und Vorteilsmaximierung dafür sorgt, dass stets auch den weniger begüterten oder weniger arbeitsfähigen Mitmenschen ein Teil der Früchte der gesellschaftlichen Arbeit zugeteilt wird. Menschen wären nach dieser Vorstellung sozusagen von Natur aus nicht nur am eigenen Vorteil interessiert, sondern würden in ihren Handlungen grundsätzlich immer schon auch von *altruistischen*, also etwa von „Mitleids-", „Barmherzigkeits-", „Nächstenliebe-" oder auch „Freundschaftsimpulsen" gelenkt, die damit immer schon Anlass für eine Mindestumverteilung der Früchte der Arbeit gegeben haben.

Nun soll hier nicht bestritten werden, dass solche Impuls, wie immer sie genannt werden wollen, auch für das Funktionieren der Gesellschaft ihre Bedeutung haben mögen. Problematisch an ihnen scheint in unserem Zusammenhang allerdings der Umstand, dass sich solche *soziale* Impulse empirisch und damit dann in weiterer Folge argumentativ nur äußerst schwer festmachen lassen. Im Normalfall kann an sie höchstens mit dem berühmten erhobenen Zeigefinger appelliert werden. Als handfestes Argument für die Schaffung einer Umverteilungsordnung hingegen lassen sie sich schwer fassen. Unter anderem dürfte dies auch damit verbunden sein, dass Begriffe wie „Gerechtigkeit", „Moral", „Solidarität" etc. unter den komplexen Bedingungen der Moderne soviel an Schärfe und Prägnanz eingebüßt haben, dass sie sich nicht mehr ohne weiteres zur Begründung sozialer Verhaltensweisen heranziehen lassen. Da hier nicht der Ort ist, um die Chancen *rein* moralischer Forderungen und Appelle in der Moderne zu erörtern, wollen wir zwar annehmen, dass auch sie ihre Rolle in den Diskussionen um Verteilungsordnungen spielen, fassen aber empirisch leichter belegbare Gründe als wesentlichere Impulse für die Entstehung von Transferordnungen ins Auge.

Rein moralischen Argumenten noch in gewisser Hinsicht verwandt, zählen dazu zunächst solche Argumente, die auf die eine oder andere Weise den gesellschaftlichen *Gesamtnutzen* von Transferordnungen betonen und damit die Chance haben, auf beiden Seiten unseres idealtypischen Minigesellschaftsspektrums Beachtung zu finden.

Sozialphilosophen wie Thomas Hobbes oder John Locke zum Beispiel hatten einen solchen gesellschaftlichen Gesamtnutzen vor Augen, als sie in der zweiten Hälfte des 17. Jahrhunderts die Notwendigkeit eines „Gesellschaftsvertrages" aus der Unmöglichkeit herzuleiten versuchten, dem „Naturzustand" des unveräußerlichen Rechts eines Jeden auf die Früchte seiner Anstrengungen unter realen gesellschaftlichen Bedingungen gerecht zu werden. Nachdem insbesondere in arbeitsteiligen und Handel treibenden Gesellschaften die Früchte individueller Anstrengungen prinzipiell nicht eindeutig zugeordnet werden können, weil etwa Monopol- oder Kapitalgewinne auch die Folgen von unterschiedlichen Erstausstattungen oder einfach von Glücksfällen sein können, sei, so Hobbes, eine wie immer geartete, aber wohl staatlich geregelte Umverteilungsordnung, die die einseitige Aneignung von Gewinnen ausgleicht, eine friedensichernde *Notwendigkeit* jeder Gesellschaft.

Ein wenig später haben dies auch die Utilitaristen, allen voran etwa Jeremy Bentham, betont und „das größte Glück der größten Anzahl von Gesellschaftern" als soziales Ziel definiert, im Hinblick auf welches die Folgen einer Umverteilung in eine Gesamtnutzenrechnung der Gesellschaft einbezogen werden sollten. Bentham hat vorgerechnet, dass, solange die Menge der für die Umverteilung in Betracht kommenden Ressourcen von den durch die Verteilungsregel geschaffenen Anreizwirkungen abhängig bleibt, solange also Arbeitgeber durch die Aneignung größerer Teile des Mehrwerts mehr Nutzen aus der Arbeitskraft ziehen könnten als Arbeitnehmer, solange bleibt der Nutzen für die Gesamtgesellschaft suboptimal. Erst wenn durch die Einführung einer Transferordnung die Ressourcen der Ärmeren zu Lasten der übrigen Gesellschaftsmitglieder vermehrt würden, würde die Wohlfahrt im Sinne der Utilitaristen und das heißt der Gesamtnutzen für die Gesellschaft anwachsen.

An diese Überlegungen schließt in neuerer Zeit ein Gesamtnutzenkonzept für eine Umverteilungsordnung an, das seine grundsätzlichen Annahmen von einem Gerechtigkeitstheorem bezieht, das John Rawls in den siebziger Jahren formuliert hat. Weil unter den komplexen Bedingungen des Sozialen und des Marktes in der Moderne, so die entsprechende Argumentation, für keinen der teilnehmenden Akteure mit hinreichender Sicherheit vorherzusagen ist, in welcher Position er sich nach der jeweils nächsten Transaktion befinden wird, weil es also, anders gesagt, auch für die gegenwärtigen Gewinner am Markt nicht auszuschließen ist, dass sie bereits im nächsten Augenblick zu den Verlierern des Marktes zählen, ist es *für die Gesamtgesellschaft* sinnvoll, die schlechteste Position, die jeweils in ihr eingenommen werden kann, immer noch so komfortabel auszustatten, dass sie für den, der auf ihr landet, erträglich ist. Eine solche Absicherung sollte demnach also auch für diejenigen, die sich gegenwärtig noch den größten Teil der Produktionsgewinne aneignen, von Interesse sein. Auch sie sollten damit einer Umverteilungsordnung prinzipiell zustimmen können.

Nun gibt diese Theorie, ebenso wie die beiden zuvor genannten, zwar mehr oder weniger gute Gründe an, warum Transferordnungen eingeführt werden *sollten*. Diese Gründe müssen aber nicht unbedingt mit denjenigen übereinstimmen, aufgrund derer Transferordnungen in der Geschichte *tatsächlich* eingeführt worden sind. So man die historischen Umstände, in denen gesellschaftliche Umverteilungsordnungen entstanden oder verändert worden sind, aus der Nähe betrachtet, zeigt sich vielmehr, dass solche Ordnungen selten unmittelbar auf normative oder moralische Argumentationen zurückgehen. Öfter scheint ihnen ganz profanes ökonomisches Profitdenken zugrunde zu liegen, dessen Resultat freilich dann in der

Geschichtsschreibung nicht selten als „Sieg der Vernunft" oder der „Moral" gefeiert worden ist.

Teile der sogenannten britischen „Poor Laws" zum Beispiel, in denen für gewöhnlich die Ursprünge unserer heutigen Sozialgesetzgebung gesehen werden, scheinen sich, obwohl sie, wie ihr Name sagt, geschaffen worden sind, um den Armen im Großbritannien des 18. Jahrhunderts das Los ihres Schicksals zu erleichtern, nicht so sehr der Macht der Moral oder der Theorie zu verdanken, als vielmehr den profanen wirtschaftlichen Interessen desjenigen Gesellschaftsteils, der im Besitz der damals entscheidenden Produktionsmittel, nämlich des Grund und Bodens war. Altruismus, Nächstenliebe oder Barmherzigkeit dürften jedenfalls nur eine untergeordnete Rolle gespielt haben, als 1795 im britischen *Speenhamland* erstmals Gesetze erlassen wurden, die den bedürftigen Landarbeitern der Gegend eine nach dem Brotpreis berechnete, arbeitsunabhängige Unterstützung zukommen ließen.[58] So human und, vom Standpunkt der „produktiven" Gesellschaftsmitglieder, *uneigennützig* diese Regelungen auf den ersten Blick scheinen mögen – die Speenhamland-Gesetze wurden vielfach für „sozialer" angesehen als das ihnen voraus gehende Elisabethanische und das ihnen nachfolgende Viktorianische „Poor Law"[59] – so waren sie doch primär deswegen notwendig geworden, weil unmittelbar zuvor in dieser Gegend das Gemeindeland abgeschafft worden war und die Großgrundbesitzer begonnen hatten, ihren Besitz einzuzäunen. Bis dahin konnte sowohl Gemeindeland, wie auch ungenutztes Herrenland laut ungeschriebenem Gesetz von landlosen Arbeitern genutzt werden, um Vieh zu weiden oder Gemüse und Getreide anzubauen.

Mit der Abschaffung des Gemeindelandes und der Einzäunung ihres Besitzes verfolgten die Großgrundbesitzer einen doppelten Zweck: zum einen sollte so die *kommerzielle* Landwirtschaft gegenüber der nur auf Selbstversorgung und Eigenkonsum ausgelegten Bodennutzung der Kleinbauern forciert werden; und zum anderen sollten die landlosen Bauern gezwungen werden, sich bei den Grundbesitzern als Lohnarbeiter zu verdingen. Weil aber für eine *permanente* Beschäftigung der Lohnarbeiter kein Bedarf bestand, zusätzliche Arbeitskräfte nur zu Erntezeiten benötigt wurden, sind die „Poor Laws" erlassen worden, um mit den in ihnen festgesetzten Transferleistungen die Grundbesitzer von der Notwendigkeit zu befreien, die Arbeiter auch in Nicht-Erntezeiten zu versorgen. Aus Landarbeitern, die sich mithilfe des ungenutzten Landes der Gemeinde und der Grundbesitzer noch immerhin selbst versorgen hatten können, sind also aufgrund der „Poor Laws" abhängige und nicht einmal mehr vollbeschäf-

[58] Vgl.: Polanyi 1995: 77-85.
[59] Vgl. dazu auch Fitzpatrick 1999: 41.

tigte Taglöhner geworden. Die neuen Gesetze haben weniger humanitären Zwecken gedient, als vielmehr dazu „den Besitzlosen alle existenziellen Auswege zu verstellen – außer den in Richtung auf Lohnarbeit."[60]

Erinnern wir uns diesbezüglich auch noch einmal der Erfindung der Arbeitsämter, deren Gründe William Beveridge in seinen Memoiren beschrieben hat. Und auch bezüglich des von Otto von Bismarck dann in den 1880er Jahren eingeführten Sozialversicherungssystems ist verschiedentlich darauf hingewiesen worden, dass es neben der offiziellen Intention, das arbeitende Individuum – und das hieß im Deutschland des 19. Jahrhunderts bekanntlich vor allem: den männlichen Arbeiter – gegen die schlimmsten Exzesse des kapitalistischen Marktes zu schützen, vor allem auch die Aufgabe gehabt hatte, die Anziehungskraft zu dämpfen, die der aufkommende Sozialismus zu jener Zeit mehr und mehr auf die deutsche Arbeiterschaft auszuüben begann.[61] Sozusagen als „geringeres Übel" haben die gesellschaftlich Mächtigen diese Transferordnung akzeptiert, weil sie, indem sie Klassenunterschiede nivelliert und den Klassenkampf besänftigt hat, zur Stabilität der bestehenden Produktionsverhältnisse beigetragen hat. Erst mit ihr dürfte jenes Maß an Massenloyalität geschaffen worden sein, das nötig war, um den Kapitalismus auch noch gegen die Konkurrenz der wesentlich radikaleren staatssozialistischen Transferordnungen prosperieren zu lassen.

Ganz allgemein lässt sich vor dem Hintergrund dieser Darstellungen feststellen, dass extreme Ungleichverteilungen in der Gesellschaft nur suboptimale Bedingungen für unternehmerische Gewinnmaximierung darzustellen scheinen. Der Profit von Unternehmen sinkt zum Beispiel dann, wenn zu viele Arme die Waren am Markt nicht mehr kaufen können, weil sie kaum etwas von den Produktionsgewinnen abbekommen; oder wenn das Ausbildungsniveau der Produktivkräfte mit dem technischen Fortschritt nicht mithalten kann, weil den Schulen und Ausbildungsstätten das Geld fehlt; oder wenn infolge von Armut die Kriminalitätsrate einer Region so hoch steigt, dass potentielle Kunden oder Investoren in Scharen wegziehen; oder wenn die Infrastruktur der Region verfällt und sich damit die Transportkosten für die Unternehmer dramatisch erhöhen. Solche und ähnliche Gründe sind auch für die Entstehung des modernen Wohlfahrtsstaates angeführt worden.

Und auch aus klassisch eher „linker" Position heraus ist verschiedentlich darauf hingewiesen worden, dass sich der moderne Wohlfahrtsstaat mit seinem relativ üppigen Sicherheitsnetz nicht so sehr humanitären Über-

[60] Vobruba 1985: 45f.
[61] Vgl.: Rimlinger 1971: 112-121. Fraser 1984: 150.

legungen, als vielmehr den handfesten Defiziten verdankt, die sich aus einer unrestringierten kapitalistischen Wirtschafts- und Produktionsweise ergeben.[62] Die sogenannte freie Marktwirtschaft, in der die Gesellschafter nur ihren je eigenen Nutzen zur Grundlage ihrer ökonomischen Entscheidungen machen, sei nämlich, so wird betont, auf sich selbst gestellt nicht in der Lage, sich auch die Voraussetzungen für ihr reibungsloses Funktionieren zu schaffen. Die zum freien Waren-, Güter- und Personenverkehr notwendige Infrastruktur, der Rechtsapparat, der diesen Verkehr überhaupt erst sinnvoll ermöglicht, die Exekutive und die Armee, die ihn schützen, und vieles mehr, können sich unter ungeregelten marktwirtschaftlichen Bedingungen nicht selbständig bilden. Sie benötigen dazu die regulierende Intervention eines *umverteilenden* Staates, dessen Existenz sich damit nicht so sehr auf humanitäre Erwägungen, als vielmehr auf pragmatische Notwendigkeiten des Produktionsprozesses selbst zurückführt.[63]

Insgesamt scheinen also die Mächtigen und Reichen der Gesellschaft nicht so sehr von moralischen Argumenten oder auch aus Erwägungen des Gesamtnutzens der Gesellschaft davon überzeugt worden zu sein, etwas von ihrem Reichtum in Form von Transfers an die Ärmeren abzugeben. Reiche scheinen Transferordnungen vielmehr stets in genau jenem Ausmaß in Kauf zu nehmen, in dem sie damit *wirtschaftliche* Nachteile vermeiden können, die sich aus einer zu einseitigen Aufteilung von Produktionsgewinnen *für sie* ergeben.

Natürlich sei angesichts dessen nicht vergessen, dass zu einer solchen Arbeitgeberstrategie der Vermeidung wirtschaftlicher Nachteile auch die Vermeidung von Produktionsausfällen etwa infolge von Arbeitskämpfen, Streiks, Boykotts oder Enteignungen gezählt werden muss. Die Macht und der Einfluss der Arbeitnehmer und ihrer Vertretungsinstanzen auf den Prozess der Herausbildung von Transferordnungen soll also hier keineswegs unterschätzt werden. Wenn die Geschichte des Arbeitskampfes und ihre Bedeutung für die Bildung des modernen Sozialsystems hier ein wenig

---

[62] Vgl.: Altvater 1973:172; Hirsch 1974: 27; Vobruba 1983: 22; Gorz 1994: 261f.

[63] Darüber hinaus finden sich noch eine Reihe weiterer Erklärungsansätze für das Entstehen sozialer Transferordnungen. Versicherungstheorien zum Beispiel nehmen an, dass der Sozialstaat aus simplen aber unterschiedlich zu entsprechenden Sicherheitsbedürfnissen der Gesellschafter entstanden sei. Zwar wären immer schon auch privat Versicherungen gegen Einkommenseinbußen, gegen Missernten etwa oder sonstige Produktionsausfälle auf Nachfrage am freien Markt gestoßen. Weil aber die unterschiedlichen Risiken privat, also rein marktwirtschaftlich nicht so zu kalkulieren sind, dass die Versicherungsbeiträge für alle in ökonomisch sinnvoller Korrelation zur Versicherungsleistung stehen, sei eine staatliche Pflichtversicherung als Reaktion auf das Versagen der *privaten* Versicherungsmärkte unverzichtbar geworden. Vgl. dazu: Rodgers 1981.

zu kurz kommt, so deswegen, weil sie in Bezug auf die Frage, aus welchem Grund Transferordnungen entstehen, ein wenig tautologisch erscheint. Dass diejenigen, denen ein Teil des von ihnen produzierten Wertes beständig entzogen wird, mehr Interesse an Umverteilung haben, scheint weniger erklärungsbedürftig, als der Umstand, dass sich diejenigen, die diesen Teil einziehen, zu einer Umverteilung bereit finden.

Wie dem auch sei, grundsätzlich profitieren also offensichtlich sowohl die Arbeitgeber, wie auch die Arbeitnehmer von einer Transferordnung, die den gesellschaftlich erzeugten Wohlstand bis zu einem bestimmten Grad umverteilt. Es lässt sich also, so wie wir das oben bereits getan haben, mit einigem Recht davon sprechen, dass Arbeitgeber und Arbeitnehmer diese Transferordnung untereinander „aushandeln". In Bezug auf diese „Verhandlungen" ist nun unser dritter Gesellschafter, der Arbeitslose oder prekarisiert Beschäftigte, allerdings ein Nachgeborener, dessen Bedürfnisse und Probleme zu den Problemlösungen der ersten beiden Gesellschafter und zu der Situation, die damit geschaffen wird, in erheblichem Maß *querstehen* können. Um die Verwerfungen genauer zu sehen, die sich für ihn in der bestehenden Transferordnung damit ergeben, müssen wir diese ein wenig genauer ins Auge fassen.

12.2. Verwerfungen im bestehenden Sozialnetz

Historisch aus dem britisch liberalen Beverage-System einerseits und aus dem Bismarckschen Sozialversicherungssystem andererseits hervorgegangen, sind die meisten sozialen Sicherheitssysteme, die heute in der Welt Verwendung finden, Kombinationen aus beitragsabhängigen Einkommenserhaltungssystemen (Versicherungssystemen) und beitragunabhängigen Unterstützungssystemen mit Bedürfnisfeststellung (Means test). Das heißt, in ersteren zahlen die Beschäftigten einen Beitrag – eine Versicherungsprämie – in einen Sozialversicherungsfonds ein, und erhalten daraus bei Arbeitslosigkeit oder Krankheit ein Arbeitslosen- oder Krankengeld oder im Alter eine Pension. Bei zweiteren werden dagegen unabhängig von früheren Beiträgen zum Sozialprodukt Unterstützungen je nach Bedürftigkeit aus Steuern oder aus sonstigen Mitteln des Staates bezahlt.

Die europäischen Staaten bauen in unterschiedlichem Ausmaß auf das eine oder das andere System. Während zum Beispiel in Ländern wie Dänemark, Irland oder Großbritannien die beitragunabhängigen, staatsfinanzierten Unterstützungen den größeren Teil des sozialen Sicherheitssystems ausmachen, überwiegt in Staaten wie Deutschland, Frankreich oder auch Österreich das beitragsfinanzierte Versicherungssystem. Das heißt der staatliche Anteil an der Finanzierung des Sicherheitssystems ist in Ländern wie Deutschland geringer als etwa in Dänemark.

Unabhängig von diesen historisch begründeten Verschiedenheiten besteht aber das grundsätzliche Problem aller kombinierten Sicherheitssysteme darin, dass die Systeme umso stärker vom Staat und seinen Mitteln abhängig werden, je schwächer das Versicherungssystem wird. Bei hoher Arbeitslosigkeit zum Beispiel, wenn immer weniger Menschen ihre Beiträge einzahlen können und so das Versicherungssystem als den einen Teil des sozialen Netzes immer leistungsunfähiger machen, muss der andere Teil des Systems, also die aus dem Staatshaushalt finanzierten Unterstützungen, entsprechend mehr leisten. Ein arbeitsloser Jugendlicher zum Beispiel, der zeitlebens noch keine Versicherungsbeiträge einbezahlt hat, weil er noch nie gearbeitet hat, bekommt deshalb eben kein (beitragsfinanziertes) Arbeitslosengeld, sondern (staatlich finanzierte) Sozialhilfe.

Aufgrund der sich rapide verändernden Situation auf den Arbeitsmärkten, aufgrund des Schwindens der Hoffnung auf die lange Zeit für realistisch gehaltene Vollbeschäftigung und aufgrund des Verschwindens des lebenslangen Normalbeschäftigungsverhältnisses, aber auch aufgrund demographischer Veränderungen hat sich nun in der zweiten Hälfte des 20. Jahrhunderts in den Industriestaaten das Verhältnis von beitragsfinanziertem Versicherungssystem zu staatsfinanziertem Unterstützungssystem immer mehr verschoben. Das ursprünglich unter Bedingungen möglicher Vollbeschäftigung geschaffene und diesbezüglich auch kalkulierte soziale Netz gerät damit immer mehr aus dem Lot. In (West-)Deutschland zum Beispiel ist die Zahl der Sozialhilfeempfänger von 1980 bis zum Ende des Jahrtausends von rund 1,5 Prozent auf nahezu vier Prozent angewachsen. Die Ausgaben für die deutsche Sozialhilfe sind in diesem Zeitraum dadurch von fünf Milliarden DM auf über 20 Milliarden DM gestiegen.[64] In allen Industrieländern ist der Anteil der Kosten für Sozialhilfe an den Gesamtkosten des sozialen Netzes deutlich gestiegen.[65] Das verpflichtende Sozialversicherungssystem, geschaffen im Kontext der Vollbeschäftigung und nach John Maynard Keynes auch dazu geeignet, Vollbeschäftigung zu erhalten und herzustellen, scheint seine Leistungsfähigkeit zu verlieren.

Daran ist nicht nur die Situation auf den Arbeitsmärkten schuld. Auch die demographischen Veränderungen hinsichtlich der zunehmenden Überalterung der Industriegesellschaft spielt hier eine wesentliche Rolle. Die

---

[64] Dazu kamen seit 1989 noch 380.000 Ostdeutsche (2,5% der Bevölkerung) In Prozent sind die (Brutto)Ausgaben für Sozialhilfe von 0,31% des Bruttoinlandprodukts auf 0,55% gestiegen. Vgl.: Kaltenborn 1999.

[65] Vgl.: Tabelle 2.2 in Fitzpatrick 1999: 32.

Lebenserwartung in den Industriestaaten ist drastisch gestiegen, während die Geburtenrate fast überall gesunken ist. Damit ist zum Beispiel in den europäischen Wohlfahrtsstaaten die Zahl der Pensionisten gewachsen und das Verhältnis von beitragszahlenden Erwerbstätigen zu Transferempfängern hat sich auch in dieser Hinsicht verschoben. Während 1950 im Schnitt noch vier Erwerbstätige einen Rentner finanziert haben, soll es bei gleichbleibendem Trend im Jahr 2030 bereits nahezu gleich viele Pensionisten wie Erwerbstätige geben.[66] Anders gesagt, müsste in einem reinen Versicherungssystem dann jeder Erwerbstätige einen Rentner erhalten, und das zusätzlich zu den sonstigen Transferempfängern. Dass dies nicht möglich sein wird, liegt auf der Hand. Die Reform der Pensionssysteme ist deswegen zur Zeit eines der aktuellsten Themen der europäischen Sozialpolitik.

Der Staat, der seine Handlungsmöglichkeiten im Zuge der voranschreitenden Globalisierung ohnehin durch die Konkurrenz der Billiglohn- und Billigsteuerländer eingeschränkt sieht, wehrt sich natürlich gegen die ihm zusätzlich damit noch aus dem sozialen Sicherheitssystem erwachsenden Mehrkosten. Als Reaktion auf die teuren Veränderungen am Arbeitsmarkt und in der Bevölkerungsstatistik sucht er daher die Zugänge zu den Pfründen des sozialen Netzes zu erschweren. In den meisten europäischen Staaten wurden in den letzten Jahren Meldepflichten, Warteperioden oder Bedürftigkeitstests für den Erhalt von Arbeitslosengeldern vorgeschrieben. Die Sozialhilfen wurden zunehmend an Gegenleistungen, zumindest an vorgeschriebene Umschulungsmaßnahmen gebunden. Und für die Pensionen wurden die Beitragszeiten verlängert. 1960 lag die durchschnittliche Beitragszeit zum Erhalt einer Pension in Europa noch bei 13 Jahren, 1985 lag sie bei 26 Jahren.[67] Auch die Berechnung der Pensionshöhe wurde immer mehr auf die gesamte Arbeitszeit ausgedehnt. Rekapituliert man die Entwicklung der letzten zwanzig Jahre so sieht es so aus, als ob der europäische Nationalstaat, beginnend mit der Politik der Thatcher-Regierung in Großbritannien und fortgesetzt in den Sparpaketen der europäischen Regierungen der neunziger Jahre, versucht, sich aus der ihm vom bestehenden sozialen Netz aufgebürdeten Verantwortung zu drücken. Die Leidtragenden sind dabei diejenigen, die auf Unterstützungen besonders angewiesen sind, nämlich jene, die nicht mehr in der klassischen Form eines Normalbeschäftigungsverhältnisses arbeiten können, die Prekarisierten und Arbeitslosen.

[66] Vgl.: Willke 1999: 208.

[67] 1998 wurde in Spanien und Griechenland ein Minimum von 35 Jahre und in Irland gar von 48 Jahre vorgeschrieben. Vgl.: Daly 1997.

12.3. Arbeitslosen- und Armutsfalle

Der Umstand, dass das bestehende Sicherheitssystem im Kontext einer für normal gehaltenen Vollbeschäftigung geschaffen worden ist, und als solches heute unter ganz anderen Bedingungen funktionieren muss, mindert seine Leistungsfähigkeit aber auch noch in Hinsichten, die vor dem Hintergrund der bereits besprochenen Probleme vielleicht nicht als sonderlich dramatisch erscheinen, die aber das bestehende Sicherheitssystem selbst mit erheblichen Kosten belasten und seine Effizienz damit nachhaltig in Frage stellen. Wir erwähnen diese Probleme hier deswegen, weil wir im zweiten Teil dieser Schrift eine Alternative diskutieren werden, die einen Teil ihrer Vorteile aus der Vermeidung dieser Probleme bezieht. Solche Probleme betreffen zum Beispiel die so genannten „Fallen" der Stigmatisierung, der Arbeitslosigkeit und der Armut, die alle im Hinblick auf die Situation der Betroffenen durchaus als Selbstverstärkungseffekte im oben beschriebenen Sinn bezeichnet werden können.

Dass Arbeitslosigkeit und die Angewiesenheit auf soziale Transferzahlungen die Betroffenen *stigmatisieren*, sprich als gesellschaftliche *Outsider* brandmarken können und damit deren Chancen, einen Ausweg aus der Situation zu finden, erst recht wieder vermindern, haben wir oben bereits erwähnt. Mindestens ebenso selbstverstärkend auf die Lage der Betroffenen kann aber auch der Umstand wirken, dass sich mit dem Aufkommen der Massenarbeitslosigkeit und dem damit steigenden Angebot an freien Arbeitskräften die Höhe der Löhne nicht mehr im selben Ausmaß wie früher von den traditionellen Institutionen des Arbeitskampfes verteidigen lässt. Die vielbesprochenen *McJobs* zum Beispiel zeigen, dass manche Löhne auch in Staaten mit starker gewerkschaftlicher Präsenz durchaus auf ein Niveau sinken können, wo sie nur mehr unwesentlich über dem der Zahlungen aus dem sozialen Netz liegen. Ein Arbeitsloser aber, der in einem *McJob* kaum mehr verdienen würde, als er ohnehin aus seiner Unterstützung bezieht, wird nicht sonderlich motiviert sein, einen solchen Job anzunehmen. Er bleibt damit gewissermaßen vom sozialen Netz in seiner Arbeitslosigkeit gefangen.

Bereits seit den sechziger Jahren ist verschiedentlich, etwa mit so genannten *Wage stops*, mit Mindestlöhnen also, versucht worden, solche „Arbeitslosenfallen" zu verhindern. Weil aber nach unten unflexible Löhne für eine Wirtschaft, die sich immer größerer Konkurrenz aus Billiglohnländern ausgesetzt sieht, problematisch sind, wurden die Unterstützungen mehr und mehr so angelegt, dass sie auch bei Tätigkeiten im niederen Lohnniveau, bei *geringfügiger Beschäftigung* also, weiterbezogen werden können.

Dadurch entsteht aber nun eine weitere Falle, die so genannte „Armutsfalle". Es lässt sich nämlich nun nicht vermeiden, dass Erwerbstätige, sofern sie bei ihren geringfügigen Beschäftigungen eine bestimmte Lohnhöhe übersteigen, die Unterstützung verlieren und *gleichzeitig* als nunmehr Normalbeschäftigte obendrein noch Steuern und Sozialversicherungsbeiträge bezahlen müssen. Die eigentliche Lohnsteigerung wird somit von dieser doppelten Belastung mehr als zunichte gemacht. Der Betroffene bleibt auch hier vom sozialen Netz in seiner niedrigen Einkommensklasse gefangen. Als Sicherheitsnetz, das vor einem bodenlosen Fall schützen sollte, entworfen, wird das bestehende Sicherheitssystem so zu einem Fangnetz, das die Betroffenen tendenziell nicht mehr freigibt und die Aussichtslosigkeit ihrer Situation beständig verstärkt.

Und zwei weitere grundlegende Probleme des bestehenden sozialen Netzes wollen wir hier ebenfalls im Hinblick auf mögliche Alternativen noch kurz erwähnen. Das soziale Sicherheitssystem ist mit der Zeit reichlich intransparent geworden. Zum einen stellt sein gesamter administrativer Apparat an Arbeitsämtern, Sozialversicherungsfonds, Sozialhilfestellen etc. *per se* ein System dar, das in seiner Komplexität, wie Hayek dies für zentralisierte Bürokratien beschrieben hat, nur mehr äußerst träge auf neue Gegebenheiten und Veränderungen reagieren kann und damit in seiner Unflexibilität gegenüber neuen Beschäftigungsformen, gegenüber atypischer Erwerbstätigkeit und Scheinselbständigkeit selbst immer öfter zum Ursprung neuer und immer tieferer Verwerfungen wird.

Und zum anderen besteht das soziale Netz in seinen realen Ausformungen kaum jemals nur aus jenen beiden Teilen staatlicher Wohlfahrt, die wir oben herausgestellt haben, also aus beitragsfinanzierter Versicherung und staatsfinanzierter Sozialhilfe. Die meisten Transfersysteme kennen darüber hinaus noch eine *fiskale Wohlfahrt*, die zwar nicht direkt Gelder und Mittel verteilt, die aber wohl über Begünstigungen und Befreiungen das Zahlen von Steuern erspart. Dem Staat entstehen dabei zwar keine Kosten, er nimmt aber entsprechend weniger ein.

Im Blickpunkt der Öffentlichkeit steht freilich nur die Verteilung der Mittel, also die Ausschüttung von Unterstützungen und nicht die entgangenen Einnahmen. Die fiskale Wohlfahrt, die gerne auch als verdecktes Transfersystem bezeichnet wird und eher den Arbeitgebern zugute kommt, verzerrt deswegen die eigentlichen Leistungen des Wohlfahrtssystems und setzt es damit den Unwägbarkeiten politischer Diskussionen aus.[68] Auch damit entstehen Probleme, die die Effizienz des Wohlfahrtssystems drastisch reduzieren.

---

[68] Vgl. dazu etwa die berühmte Schrift *Essays on the Welfarestate* von Richard Tittmus (1958).

Zusammenfassung Teil 1

Wir sehen also – und damit wollen wir unsere vorangehenden Überlegungen nun zusammenfassen –, dass selbst noch die Problemlösung, die eigentlich jene Probleme lösen sollte, die sich im Zuge des menschlichen Problemlösungsprozesses ergeben, das soziale Wohlfahrtssystem nämlich, selbst wieder neuerliche Probleme schafft. Wir könnten diesen Umstand gemäß unserer Annahmen auch umformulieren und sagen: die Problemlösung, die eigentlich die *Verwerfungen* glätten sollte, die sich im Zuge des Problemlösungsprozesses *per se* und *notwendig* ergeben, erzeugt selbst wieder neuerliche *Verwerfungen*. Wir können mit dieser Umformulierung sehen, dass die Distanz zwischen Problem und Lösung und dasjenige, was wir hier als *Verwerfung* bezeichnen, eigentlich identisch sind. Der *Komplexitätsunterschied*, der Problem und Lösung voneinander trennt, ist demnach nichts anderes als eine Verwerfung *in nuce*, die als solche unsere Problemlösungstätigkeit, unsere Arbeit auslöst.

Wir sind damit, nach einem recht ausführlichen Rundgang durch den Phänomenbereich der Arbeit, hier wieder bei unserer, all diesen Überlegungen zugrunde liegenden Annahme angekommen, dass das Lösen von Problemen stets weitere Probleme erzeugt, *dass Arbeit Arbeit notwendig macht*. Ein *Leben ohne zu arbeiten* ist aus dieser Perspektive, wie wir bereits eingangs erwähnt haben, nicht vorstellbar. Die Arbeit geht niemals aus. Leben bedeutet Problemlösen und das bedeutet unweigerlich Arbeit.

Wohl aber sollten wir im Zuge unseres Rundgangs – und dazu wurde er unternommen – gesehen haben, *wie relativ der Begriff der Arbeit und ihre Wertschätzung in der modernen Gesellschaft geworden ist*. Nicht nur, dass schon darüber, was wir jeweils als Arbeit, als Problemlösungstätigkeit bezeichnen und als bearbeitenswert oder -notwendig erachten, in einer hochdifferenzierten und äußerst individualistischen Gesellschaft wie der unseren kaum noch zwei Individuen einer Meinung sind, *auch die Entlohnung dieser Tätigkeiten ist* aufgrund der Verwerfungen, die sich im Zuge des Problemlösungsprozesses ergeben haben, *höchst zufällig geworden* und hat sich weitgehend von jeglicher realen gesellschaftlichen Nachfrage abgekoppelt. Dass manche Tätigkeiten sehr hoch entlohnt werden und andere gar nicht, hat viel mit ihrer je eigenen Dynamik, aber kaum noch etwas damit zu tun, wie (überlebens-)notwendig die entsprechenden Tätigkeiten für die Gesellschaft tatsächlich sind. *Die gängige Praxis der Entlohnung von Problemlösungen, von Arbeit stellt sich damit grundlegend in Frage.*

Und vollends legt der Umstand, dass auch die Transferordnung, die genau diejenigen Probleme lösen sollte, die sich aus diesem Umstand ergeben, mittlerweile selbst nur sehr relative und zufällige Ergebnisse zeitigt, die Frage nahe, ob die menschliche Arbeit angesichts ihrer Relativität geeignet ist, weiterhin die grundsätzliche Voraussetzung für die Bereitstellung derjenigen Mittel zu sein, die jeder zum Leben braucht. Oder deutlicher gefragt: *kann Arbeit, die in der Praxis nur mehr aufgrund höchst zufälliger Kriterien entlohnt wird, auch in Zukunft das maßgebliche Kriterium für Einkommen darstellen*?

Diese Frage wird heute von einer immer größer werdenden Schar von Sozialwissenschaftern, Ökonomen und Philosophen gerade heraus verneint, und wir wollen im folgenden zweiten Teil dieses Buchs nun ein sozialpolitisches Konzept, das als Alternative zur gängigen Entlohnungspraxis von Arbeit vorgeschlagen wird, ausgiebig diskutieren. Es handelt sich dabei um das Konzept eines *garantierten Grundeinkommens*, eines Einkommens also, das *unabhängig von jeglicher dafür zu leistenden Arbeit* bezahlt wird, und das dabei im wesentlichen die grundsätzlichen Kosten des Daseins abdecken soll.

Wir müssen unseren folgenden Ausführungen allerdings an dieser Stelle einen wichtigen Punkt vorausschicken: auch die Einführung eines *garantierten Grundeinkommens* ist gemäß unserer Annahmen natürlich eine Problemlösung. Auch sie unterliegt damit den hier besprochenen Bedingungen. Welche weiteren Probleme, welche Verwerfungen sich aus einer durch ein garantiertes Grundeinkommen initiierten Trennung von Arbeit und Einkommen ergeben würden, ist in Anbetracht der Komplexität der dabei ins Spiel kommenden Faktoren nicht einmal annähernd abzuschätzen. Als Mindestforderung an dieses Konzept muss also bereits hier die Berücksichtigung der bisher besprochenen Umstände gestellt werden. Auch ein garantiertes Grundeinkommen kann nur als *interimistische* Problemlösung in Betracht gezogen werden, die gefordert ist, stets in gebotener *Flexibilität* auf die – zum Teil auch von ihr selbst erzeugten – *aktuellen* Problemlagen zu reagieren.

Teil II:

Garantiertes Grundeinkommen

1. Was ist das, ein Garantiertes Grundeinkommen?

Die Alternative zur gängigen Entlohnungspraxis der Arbeit, die wir nun im folgenden zweiten Teil dieser Schrift ins Auge fassen wollen, wird mittlerweile von einer Vielzahl von Theoretikern in den verschiedensten Ländern unter unterschiedlichsten Bezeichnungen diskutiert. Als „Basic Income", „State Bonus", „Demogrant", „Citizen's Wage", „Universal Benefit", „Territorial" oder „National Dividend", „Allocation Universelle", „Garantiertes Grundeinkommen", „Bürgergeld", „Renda Basica", „Reddito di Cittadinanza", „Basisinkomen", „Borgerlon" etc. ist diese Alternative, abhängig von Sprache und gewissen Spezifika bereits bezeichnet worden. Wir werden im weiteren vom *garantierten Grundeinkommen*, oder kurz einfach von *Grundeinkommen* sprechen und darunter, wie gesagt, ein Einkommen verstehen, das *ohne jegliche Verpflichtung dafür zu arbeiten* bezahlt wird, ein Einkommen also, das mit dem eingangs zitierten biblischen Grundsatz, nach dem nur „zu Essen bekommen soll, wer dafür arbeitet", bricht.

Für viele überraschend, jedenfalls nicht immer ganz leicht nachvollziehbar, mag vorweg gleich der Umstand sein, dass ein garantiertes Grundeinkommen damit im Prinzip *jedem* Mitglied der Gesellschaft bezahlt werden soll, und zwar unabhängig davon, ob es arbeitet und reich ist, ob es nur reich ist und nicht (Lohn-)arbeiten braucht, ob es arm ist und (Lohn-)arbeiten muss, oder ob es arm ist, weil es eben keine (Lohn-)Arbeit hat. Ein wesentlicher Zug des Grundeinkommens ist es, dass es eben ein *Grund*einkommen darstellt, eine Einkommensbasis also, die im Idealfall schon ausreichen sollte, um ein menschenwürdiges, und das heißt, ein im jeweiligen kulturellen Kontext als menschenwürdig angesehenes Dasein zu führen.

Was die einzelnen Gesellschaftsmitglieder dann sonst noch unternehmen, um darüber hinaus noch komfortabler zu leben, ob sie etwa weiterhin 40 Stunden in der Woche arbeiten gehen oder Unternehmen gründen und versuchen erfolgreich zu sein oder ob sie sich lieber (erfolgreich oder erfolglos) künstlerischen, sozialen oder auch wissenschaftlichen Tätigkeiten widmen, oder ob sie überhaupt lieber auf der faulen Haut liegen und sich mit dem Grundeinkommen begnügen, ist ganz allein ihre Sache. Die Ermittlung und Berechnung all der unterschiedlichen Tätigkeiten der Menschen und ihres jeweiligen Wertes für die Gesellschaft ist – so die grundsätzliche Idee dahinter, wir kommen darauf gleich ausführlicher zurück – viel zu kompliziert und kostspielig, wenn nicht überhaupt unmöglich. Der Beamtenapparat, der dafür notwendig wäre, würde die Kosten eines Grundeinkommensschemas entscheidend erhöhen. Es wird als schlichtweg billiger und mit weniger Fehlerquellen verbunden betrachtet, ein Grundeinkommen *gleichmäßig* an alle Gesellschafter zu zahlen, völlig unabhängig davon, was sie im Einzelfall besitzen, leisten oder zu arbeiten bereit sind.

Als *arbeitsunabhängiges* Einkommen ist ein Grundeinkommen allerdings auch ein *Arbeitgeber-unabhängiges* Einkommen und damit stellt sich sofort die erste grundsätzliche Frage an diese Idee: *wer*, wenn nicht die Arbeitgeber, soll solch ein Einkommen bezahlen? Die Mehrzahl der bisher vorliegenden Grundeinkommenskonzeptionen beantwortet diese Frage zunächst einmal mit dem Verweis auf den Staat. So wie der Staat im bestehenden Sozialsystem die Sozialversicherungsfonds verwaltet und die sonstigen Beihilfen aus seinem Budget finanziert, soll er in Hinkunft die Finanzierung eines Grundeinkommens gewährleisten. Damit stellt sich natürlich sofort die alles entscheidende Frage nach den Quellen der dafür nötigen Finanzmittel. Wir werden dieser Frage daher in den folgenden Überlegungen große Aufmerksamkeit widmen müssen.

Weil der klassische Nationalstaat europäischer Prägung unter den Bedingungen der Globalisierung und den damit für viele Unternehmen entstehenden Möglichkeiten, sich den Regeln und Ordnungen des Staates zu entziehen, gegenwärtig rapide an Handlungsmöglichkeiten verliert, ziehen manche Grundeinkommensbefürworter auch übergeordnete Staatenbündnisse, wie etwa die Europäische Union als Administratoren von Grundeinkommensschemata in Betracht.[69] Noch etwas spekulativer wurde diesbezüglich auch schon auf die Vereinten Nationen verwiesen.[70]

Da mit der Frage, wer, wenn nicht die Arbeitgeber, das Grundeinkommen bezahlen soll, auch die Frage verbunden ist, wer, wenn nicht die Arbeit*nehmer*, ein solches Grundeinkommen erhalten soll, betrifft die Suche nach entsprechenden Administrationsstrukturen auch die Frage nach den eigentlichen Bezugsberechtigten. Im Prinzip wird mit Begriffen wie „Citizen's wage" oder „Bürgergeld" natürlich auf den Staatsbürger, also den Bewohner eines Staates, der über die entsprechende Staatsbürgerschaft verfügt, verwiesen.[71] In vielen Fällen wird auf dieser Ebene noch einmal zwischen erwachsenen Bürgern, Kindern und eventuell auch Pensionisten unterschieden. Andere Konzeptionen entwerfen aber auch völlig altersunabhängige Grundeinkommensschemata.[72] Der einzige weltweit bisher tatsächlich operierende Grundeinkommensplan zum Beispiel, der *Alaska Permanent Fund*, bezahlt ein altersunabhängiges Grundeinkommen in Form jährlicher Dividenden aus den Gewinnen der Ölvorkommen Alaskas an jeden ständigen Einwohner des Bundesstaates.

---

[69] Vgl. dazu z.B.: Genet/Van Parijs 1992.
[70] Vgl.: Frankman 1998.
[71] Vgl. etwa: Ferry 1995.
[72] Vgl.: Miller 1983.

Gerade aber im Hinblick auf die Absicht, aufbrechende Verwerfungen und Strukturunterschiede zu nivellieren, greifen solche in der einen oder anderen Form regional begrenzte Grundeinkommensschemata wohl auf längere Sicht deutlich zu kurz. Tendenziell müssten in einer sich globalisierenden Weltgesellschaft wohl *alle Weltbürger* in Grundeinkommensüberlegungen einbezogen werden, wenn die Unterschiede zwischen Gesellschaften mit und ohne Verpflichtung zur Arbeit nicht innerhalb kürzester Zeit zu unüberbrückbaren Konflikten eskalieren sollen. Auch diesen Punkt werden wir weiter unten noch ausgiebig diskutieren müssen.

Einen weiteren grundsätzlichen Punkt betrifft die Frage, auf welcher Basis ein Grundeinkommen ausbezahlt werden soll. Traditionelle Erwerbseinkommen werden gewöhnlich an das Individuum bezahlt, das dafür arbeitet. Traditionelle Sozialhilfen sind dagegen oftmals Zahlungen, die von einer Reihe von Bedingungen abhängen, unter anderem etwa von der Zahl der Mitglieder des Haushalts, in dem der Empfänger lebt. Weil die Lebenserhaltungskosten in der Regel geringer sind, wenn mehrere Personen in einem Haushalt zusammenleben, wurde verschiedentlich vorgeschlagen, Paaren ein geringeres Grundeinkommen als Einzelpersonen zu bezahlen. Dies birgt allerdings zum einen die Gefahr so genannter „Isolationsfallen". Anders gesagt, würde dadurch ein Anreiz entstehen, ein Single-Dasein zu führen, weil dafür ein höheres Einkommen bezahlt wird. Zum anderen würde eine solche Differenzierung nach Haushaltsmitgliederzahlen auch einen sehr wesentlichen Vorteil der Grundeinkommensidee beseitigen. Die Haushaltsgrößen müssten dann nämlich von irgendjemandem festgestellt werden und dazu ist *nolens volens* eine administrative Einrichtung, kurz gesagt, ein Amt und mit ihm die dazugehörigen Beamten und die entsprechenden Strukturen notwendig, die selbstverständlich Kosten verursachen. Die Administration der Feststellung, wie viele Mitglieder in einem Haushalt leben und wie hoch damit das Grundeinkommen der einzelnen Mitglieder sein darf, könnte also unter Umständen mehr kosten, als durch die Differenzierung der Grundeinkommenshöhen gewonnen wird.

Das Selbe gilt für den wohl grundlegendsten Unterschied der meisten Grundeinkommensschemata zum bestehenden Sozialhilfesystem: aufgrund der Kosten und der Fehlerquellen, die mit der Feststellung von Bedürftigkeit, von Angewiesenheit auf Sozialhilfe gegenwärtig verbunden sind, wird, wie gesagt, davon ausgegangen, dass es billiger ist, ein Grundeinkommen gleichmäßig an alle Gesellschaftsmitglieder, *unabhängig* von ihren individuellen Bedürftigkeiten auszubezahlen, als in umständlichen und teuren Verfahren für jeden Fall einzeln zu berechnen, wie hoch der

Anspruch des Einzelnen auf eine Unterstützung ist. Die traditionellen und oftmals für die Betroffenen äußerst unangenehmen, weil gesellschaftlich deklassierenden und stigmatisierenden Überprüfungen durch das Sozialamt – die so genannten *Means tests* – sollen damit in Grundeinkommensmodellen ebenso der Vergangenheit angehören, wie die Feststellung jeglicher Bedürftigkeit schlechthin. Ob arm, ob Mittelstand, ob reich, wenn an jeden automatisch in bestimmten Zeiteinheiten ein exakt gleich hohes Einkommen ausbezahlt wird, könnte sich, so die Argumentation, ein Teil der dafür benötigten Finanzmittel gegenüber dem bestehenden System alleine schon dadurch rechnen, dass die hohen Administrationskosten, die zur Zeit anfallen, eingespart werden. Wir werden darauf weiter unten noch ausführlich zurückkommen.

Die gegenwärtig aktivste und mittlerweile wohl auch größte Vereinigung zur Promotion der Grundeinkommensidee, das *Basic Income European Network* (BIEN) definiert in Bezug auf die oben angestellten Überlegungen das Grundeinkommen als ein Einkommen, das eine politische Gemeinschaft auf individueller Basis an alle ihre Mitglieder zahlt, ohne dass dafür gearbeitet oder sonst irgendein Bedürfnis bewiesen werden müsste. Im Idealfall wäre ein solches Grundeinkommen überdies existenzsichernd, also hoch genug, um ein menschenwürdiges Dasein zu ermöglichen.[73]

Bevor wir im weiteren auf einige der gerade angesprochenen Punkte ausführlicher eingehen, wollen wir uns im Folgenden ein wenig der Geschichte der Grundeinkommensidee zuwenden.

[73] Vgl. die Webpage dieser Organisation: www.basicincome.org.

2. Geschichte des garantierten Grundeinkommens

2.1. Thomas More und Juan Luis Vives

Gerne wird in den Diskussionen um die Grundeinkommensidee Thomas More's Entwurf des gerechten Staates *Utopia* aus dem Jahr 1517 als erste Referenz für eine umfassende Armenversorgung angeführt, die von der Regierung und nicht wie bis dahin üblich von privaten Einrichtungen verwaltet wird. Tatsächlich dürfte es allerdings More's Freund Juan Luis Vives (1492-1540) gewesen sein, der als erster ein detailliertes Design für ein staatlicherseits garantiertes Mindesteinkommensschema vorgelegt hat, in dem eine Einkommensgarantie *für alle* und nicht nur für die Armen festgelegt wurde. Auch die, die ihre Armut der Spielleidenschaft oder dem Umgang mit Prostituierten verdanken, sollten nach Vives zumindest mit den nötigen Mitteln für ihre Existenz versorgt werden.[74]

Allerdings setzt Vives noch explizit einen Arbeitswillen bei den Empfängern dieser Mindesteinkommen voraus. Gerade Spieler oder sonstige leichtfertige Gesellen würden für ihn nur, wenn sie arbeiten, zu einer sinnvolleren Lebensgestaltung angeregt werden können. Die Arbeit hätte für sie eine disziplinierende Funktion und diese sollte nicht nur für arme, sondern auch für reiche Müßiggänger zur Geltung gebracht werden. Vor allem dann, wenn ihr Reichtum auf der Aneignung von Naturressourcen beruht, die nach Vives' Vorstellung nicht einigen ausgewählten Individuen gehören dürften, sondern Allgemeingut sein sollten, von dem alle gleichermaßen profitieren.

2.2. Thomas Paine

Letzteres ist ein Gedanke, den mehr als 200 Jahre später der britisch-amerikanische Publizist Thomas Paine (1737-1809) in seiner mittlerweile legendären Schrift *Agrarian Justice*[75] wieder aufgegriffen hat. Bei seinen Beobachtungen der nordamerikanischen Indianerstämme will Paine festgestellt haben, dass nur zivilisierte Gesellschaften in der Lage sind, Not und Armut hervorzubringen. Urtümliche primitive Gesellschaften hingegen würden ihre Mitglieder sehr wohl hinreichend mit dem versorgen können,

[74] Vgl.: Vives 1943.
[75] Paine 1995.

was sie zur Existenz benötigen. Das Leben der Indianer würde im Vergleich mit dem Leben europäischer Armer einem einzigen Festtag gleichen, schrieb Paine diesbezüglich.

Da die Zivilisation mit ihrer kultivierten Natur aber zehnmal mehr Menschen, so Paine, ernähren kann als die unzivilisierte – oder anders gesagt: da der Primitive zehnmal mehr Platz braucht, um sich zu ernähren, als der zivilisierte Mensch, könne aufgrund des fortschreitenden Bevölkerungswachstums die Zivilisation nicht mehr rückgängig gemacht werden. Den Rousseau'schen Aufforderungen nach einem *Zurück zur Natur* erteilt Paine damit eine klare Absage. Die Zivilisation müsse um jeden Preis erhalten bleiben. Wohl aber muss ihr Übel, die Schaffung von Armut, behoben werden.

In primitiven Gesellschaften, so stellt Paine fest, wird Grund und Boden gemeinhin als „common property of the human race" angesehen. Erst in zivilisierten Gesellschaften gibt es so etwas wie Landbesitz, der durch die teils individuellen Bemühungen zustande gekommen ist, die Produktivität, oder anders gesagt, das Versorgungspotential des Bodens zu steigern. Mit steigender Zivilisation richten sich die Bemühungen mehr und mehr darauf aus, immer mehr Menschen mit den Erträgen von Acker- oder Weideböden zu ernähren, ohne allerdings, und dies ist der Punkt für Paine, den Wert der Produktionssteigerung vom Wert des Bodens zu trennen. Legitimerweise könne aber, so Paine, nur der Wert der Produktionssteigerung, also der Wert der individuellen Bemühungen, mehr Ertrag aus dem Boden zu holen, nicht aber der Wert des Bodens selbst als persönliches Eigentum angesehen werden. Der Grund und Boden muss weiterhin als Allgemeingut betrachtet werden. Weil aber im Zuge der Zivilisierung in den europäischen Gesellschaften der Besitz des Verbesserungswertes und der Besitz des Landwertes Illegitimerweise vermischt worden sind, sei, kurz gesagt, jeder Landbesitzer der Gesellschaft eine „Grund- und Bodenrente" schuldig.

Mit dieser Grund- und Bodenrente könnte, so rechnet Paine vor, um das Übel der Zivilisation, nämlich die Erzeugung von Armut, zu bekämpfen, eine Art Pensions- oder Start-off-Fonds eingerichtet werden, aus dem jedem Einundzwanzigjährigen ein Startkapital für die Gründung eines Betriebs oder einer Wirtschaft zugewiesen wird, und jedem der 50 wird, eine jährliche Pension ausbezahlt wird. Und dies ungeachtet dessen, ob die Person reich oder arm ist. Paine betont explizit den Umstand, dass es sich bei diesen Zuwendungen um „ein Recht, und nicht um eine Mitleidsgeste" handelt.

Entgegen versimplifizierender Vorstellungen beharrt Paine auch darauf, dass die Schuld daran, dass Verbesserungswert und Landwert im Landbesitz vermischt worden sind, nicht bei einer bestimmten Klasse, also etwa bei den gegenwärtigen Besitzern des Landes liegt. Diese sollten deswegen nicht bestraft werden, indem ihnen einfach das Land abgenommen wird. Um die Entwicklung der Wirtschaft nicht durch allzu große Erschütterungen zu beeinträchtigen, sei deshalb der beste Zeitpunkt, um vom individuellen Landbesitz und vom daraus resultierenden sonstigen Eigentum jenen Teil abzuziehen, der dem illegitim besessenen Landwert entspricht, derjenige Zeitpunkt, wenn Besitz vererbt wird. „In this case", schreibt er, „the bequeather gives nothing, the receiver pays nothing." Einzig der Landwert, auf den ohnehin nie ein Besitzrecht bestanden hat, wird bei einer Erbschaft eingezogen. Paine setzt ihn mit zehn Prozent des Besitzes fest, was also einer Erbschaftssteuer in dieser Höhe entspricht.

Paine rechnet vor, dass in etwa dreißig Jahren der gesamte Besitz (nicht nur der Landbesitz) einer Nation wie Großbritannien mindestens einmal vererbt wird. Ein dreißigster Teil davon würde also jedes Jahr anfallen und zehn Prozent davon würden in die Fonds wandern. Und dies würde, so Paine, bei weitem reichen, um die oben erwähnten Zahlungen zu ermöglichen. Nach seinen Berechnungen würde dabei sogar noch etwas übrig bleiben für eine zusätzliche Invalidenbeihilfe.

Warum nicht nur Landbesitz, sondern Besitz schlechthin besteuert werden soll, begründet Paine durchaus im Sinn der von uns in Teil 1 angestellten Überlegungen damit – und daran schließen, wie wir sehen werden, heute eine Reihe von Grundeinkommensbefürwortern an –, dass Privatbesitz ein „effect of society" sei. Ein Individuum alleine, etwa auf einer einsamen Insel, würde keinen Besitz anreichern können. Nur die *gesellschaftlichen* Möglichkeiten lassen es zu, Besitz zu akkumulieren, und dafür sei es nur legitim, einen Teil an die Gesellschaft zurückzuzahlen.

Was Paine's Konzeption vor dem Hintergrund unserer Überlegungen bemerkenswert macht, ist der Umstand, dass sich seine Ideen nicht gegen die Reichen, sondern explizit nur gegen die Armut der Armen richtet. „I care not how affluent some may be, provided that none be miserable in consequence of it", schreibt er. Und obwohl das Hauptargument für seine *Agrarian Justice* natürlich Gerechtigkeit heißt, betont er verschiedentlich, dass die Reichen durch diese Konzeption eine Sicherheit gewinnen würden, die ihnen „none of the old governements of Europe, now tottering on their foundations", geben könne. Paine's Überlegungen beziehen also durchaus in unserem Sinne nicht einseitig für einen der im Arbeitsprozess sich gegenüber stehenden Gesellschaftsteile Stellung, sondern behalten das Gesellschaftssystem als Ganzes im Auge. „The fault is in the system", schreibt er an einer Stelle im Hinblick darauf, dass nicht die Reichen für die Entwicklung der Armut verantwortlich gemacht werden können.

2.3. Charles Fourier, John Stuart Mill und Victor Considérant

Ein weiterer Vorläufer der heutigen Grundeinkommensdiskussion ist der französische Sozialphilosoph Charles Fourier (1772-1837), der sich in seinem Werk *La Fausse Industrie* von 1836 mit den Bedingungen und Auflagen auseinandergesetzt hat, von denen die Armutsbeihilfen seiner Zeit abhängig gemacht wurden. Ähnlich wie Thomas Paine hat auch er mit Nachdruck auf den Umstand hingewiesen, dass die Armen für den Verlust des direkten Zugangs zu den natürlichen Ressourcen kompensiert werden sollten. Ihre Unterstützung sei deswegen nichts, was von irgendeiner Gegenleistung abhängig zu machen sei. Um diese Kompensation zu gewährleisten schlägt Fourier ein Art Basislohnsystem vor, bei dem jedem Mitglied einer Gemeinschaft – der so genannten „Phalanstères", Vorläufer der späteren Genossenschaften –, unabhängig davon, ob es arbeitsfähig ist oder nicht, ein bestimmtes Mindesteinkommen für die Existenzsicherung aus dem Sozialprodukt der Gemeinschaft zugewiesen wird und erst danach der Rest des Sozialprodukts entsprechend des Einsatzes von Arbeit, Kapital und Talent der Gemeinschaftsmitglieder aufgeteilt wird.

Im Anschluss an Fourier hat auch John Stuart Mill (1806-1873) in seinen *Principles of Political Economy*[76] ähnlich wie Thomas Paine von der „Common inheritance" der kulturellen und sozialen Voraussetzungen der Wirtschaft und der Möglichkeit, Besitz und Kapital zu akkumulieren, gesprochen. Und der Fourier-Schüler Victor Considérant (1808-1893) hat in seiner Darstellung der Fourierschen *Phalanstèrien* im Hinblick auf diese „Common inheritance" explizit die Hoffnung ausgedrückt, dass man, so die Arbeit einmal dank des Phalanstèrien-Systems attraktiv geworden sei, „in der Lage sein werde, ein Mindesteinkommen an die armen Mitglieder der Gemeinde auszuzahlen, mit der Gewißheit, dass sie dann am Ende des Jahres mehr erarbeitet haben, als sie Kosten hatten".[77]

2.4. Exkurs: Wissen als Produktionsmittel

Zur Zeit von Thomas Paine hat, insbesondere in den amerikanischen Kolonien, noch Grund und Boden das primäre Produktionsmittel dargestellt. Besitz und Reichtum wurden primär aufgrund von ursprünglichem Land-

[76] Mill 1987: I, 278-80.
[77] Considérant 1845.

besitz akkumuliert. Paine's Kritik hat sich dementsprechend, wie wir gesehen haben, an der im Zuge der Zivilisierung zur Gewohnheit gewordenen Ansicht entzündet, die Nutzung von Grund und Boden würde automatisch mit dem Besitz von Grund und Boden einhergehen.

Im Zuge der fortschreitenden Industrialisierung haben sich neben Grund und Boden noch andere Produktionsmittel für die Schaffung von Besitz und Reichtum als wichtig erwiesen. Neben Maschinen und Fertigungsanlagen selbst ist in der Moderne vor allem das in den Maschinen und den Arbeitsvorgängen enthaltene *Know how*, die spezifischen *Skills*, die Ausbildung, oder allgemeiner das *Wissen* der Problemlöser immer wichtiger geworden. Wie wir im ersten Teil dieser Schrift gesehen haben, wären die heute gängigen Produktions- und Kapitalerzeugungsweisen Nichts ohne das in ihnen über Generationen hinweg in vielen kleinen Einzelproblemlösungen angesammelte und kondensierte *Wissen*. Die Möglichkeit, durch den Einsatz von Maschinen und Technologien Kapital zu schlagen, ruht, anders gesagt, auf den Schultern derjenigen, die dieses Wissen geschaffen haben, und das waren – wie sich auch jeder Wissenschafter bewusst sein sollte – niemals einzelne Individuen, sondern im Prinzip immer schon die Mitglieder der Gesellschaft gemeinsam. Sie haben dieses Wissen nicht in Isolation und asketischer Selbstversenkung in einem Elfenbeinturm geschaffen, sondern sich in ihren Problemlösungsversuchen nicht nur über gesellschaftliche und kulturelle Grenzen hinweg, sondern auch über Generationen hinweg auf einander bezogen. Sie haben einander kritisiert, sich miteinander gestritten und natürlich auch immer wieder als Einzelgänger in abstrusen, isolierten Sackgassen verloren, nur um dann doch stets wieder gemeinsam weitere anschlussfähige Auswege für ihre Problemlagen zu finden. So wie auch das Grundeinkommen selbst nicht die Erfindung eines einzelnen utopischen Geistes war – wie dieser historische Überblick ja zeigen soll – sondern sich in seiner gegenwärtigen Form eben in der Diskussion einer Reihe ethischer, sozialpolitischer und ökonomischer Probleme herausgebildet hat, so ist auch das gesellschaftliche Wissen, das *Know how*, mit dessen Hilfe gearbeitet wird, mit dem Reichtum und Besitz akkumuliert werden kann und allgemein die Existenz der Gesellschaft gewährleistet wird, nicht als das Resultat einzelner besonders begnadeter Geister zu sehen, sondern als kollektive Hervorbringung sämtlicher, bisher in den Arbeitsprozess involvierter Gesellschafter.

Dementsprechend verlagert sich nun mit dem Wichtigerwerden des Produktionsmittels *Wissen* auch die Argumentationsrichtung der Sozialphilosophen. Das Argument selbst bleibt freilich das selbe. So wie betont wurde, dass bereits in Bezug auf den Landbesitz individuelle und gesellschaftliche Anteile im Zuge der Zivilisation falsch gewichtet worden sind, so wird dies nun in Bezug auf die Verwertungsrechte des Wissens, ja des gesamten kulturellen Backgrounds der Produktion argumentiert. Bei Fourier und bei Mill klingt dies bereits an. Auch Karl Marx hat diesbezüglich in deutlicher Nähe zu Charles Darwin bereits die fünf Sinne des Menschen als Ergebnis der *Ko*produktion der gesamten bisherigen Menschheit bezeichnet. In Bezug auf die Wirtschaft selbst hat dies spätestens der amerikanische Ökonom Thorstein Veblen unter Berufung auf John Stuart Mill explizit angesprochen. In seiner 1919 erschienen Schrift *The Vested Interests and the Common Man* wird die Grundlage sämtlicher wirtschaftlicher Aktivitäten klar als „joint stock of knowledge", als gemeinsamer Wissensschatz also, als gemeinsames kulturelles Erbe dargestellt.[78]

2.5. Major Clifford H. Douglas

Konsequenzen aus diesem Umstand hat in den zwanziger Jahren des 20. Jahrhunderts der schottische Wirtschaftstheoretiker Major Clifford H. Douglas mit seinen sogenannten „New Economics" zu ziehen versucht.[79] Douglas hat dazu dezidiert zwischen Produktionsvoraussetzungen unterschieden, die etwa in Form von *Financial credits* von Banken zur Verfügung gestellt werden und solchen die als *Real credits* aus der kreativen Energie der Gesellschaft, etwa in Form von Erfindungen und Innovationen stammen. Obwohl erstere diejenigen sind, die gesellschaftlich anerkannt und in einem rechtlichen Rahmen verankert sind, stellen die zweiteren für Douglas die eigentlich wesentlichen Produktionsmittel dar. Die gesamte gesellschaftliche Produktion hat ihren Ursprung seiner Meinung nach in einem gemeinsamen kulturellen Erbe früherer Erfindungen. Aktuelle individuelle Bemühungen spielen dagegen nur eine sekundäre Rolle, auch wenn die Produktion und die Verteilung ihrer Gewinne von den traditionell als wesentlich angenommenen kreditgebenden Instituten bestimmt wird.

Um diese falsche Gewichtung richtig zu stellen, hat auch Douglas vorgeschlagen, eine Sozialdividende, also ein Grundeinkommen auszuzahlen, das für den entgangenen Anteil am gemeinsamen kulturellen Erbe der Gesellschaft kompensieren soll. Um diese Sozialdividende zu rechtfertigen, ist Douglas von folgenden, zum Teil oben von uns bereits angesprochenen Grundannahmen ausgegangen. Erstens würde, so meinte er, der technische Fortschritt die „Zeit/Energie-Einheiten der Arbeit", die nötig sind, um

[78] Vgl.: Veblen 1919: 56-59.

[79] Im Folgenden nach: Burkitt / Hutchinson 1994.

grundlegende Bedürfnisse der Gesellschaft zu befriedigen, immer geringer werden lassen und damit immer mehr Freizeit ermöglichen. Weil aber die Arbeiter nichtsdestotrotz in großem Ausmaß von der Lohnarbeit abhängig bleiben, könnten sie nicht gleichzeitig für gute Versorgung (Konsum) und wachsende Freizeit optieren. Die Früchte des technologischen Fortschritts würden daher in erster Linie den finanziellen Interessen und den Kapitalbesitzern zugute kommen.

Zweitens würden in erster Linie finanzielle Mechanismen die Natur und Quantität der Produktion und die Verteilung der Gewinne determinieren, oder anders gesagt, die Produktion würde in erster Linie von Schulden getrieben. Die beständige Notwendigkeit, Schulden plus Zinsen zurückzuzahlen, macht für die Unternehmer die Aufnahme von immer weiteren Krediten notwendig, was ihre Verschuldung vorantreibt und so ein konstantes Wirtschaftswachstum notwendig macht. Die Produktion bedient nur mehr Schulden und verliert damit ihren ursprünglichen Sinn, nämlich Bedürfnisse zu stillen, aus den Augen.

Drittens betonte Douglas in Bezug auf die für den Erhalt von Sozialbeihilfen notwendige Bedürftigkeitsfeststellung, dass auch Aktien-Besitzer Dividenden aus ihren Aktien erhalten ohne jemals ihre Bedürftigkeit beweisen zu müssen oder jemals zum Arbeiten angehalten zu werden. Auch würden diese Dividenden nicht immer auf Sparen, also auf individuellem Konsumverzicht beruhen, sondern auf einem auf Papiertransaktionen gegründeten Anspruch einzelner auf einen Teil des Reichtums der gesamten Gesellschaft.

Als Konsequenz dieser Überlegungen schlägt Douglas vor, die Zinsen, die ein Staat aus den Anleihen und Krediten erhält, die er Unternehmern gewährt, als regelmäßige Dividende, als eine Art Grundeinkommen also, an seine Bürger zu bezahlen. Die dabei entstehende Inflation sei kein Übel, wenn damit die Kaufkraft der Bürger gestärkt würde.

Während der weltweiten Depression in den dreißiger Jahren hat Douglas einen kanadischen Politiker für seine Ideen gewinnen können und in Folge eine so genannte *Social Credits Party* gegründet, die mit dem Versprechen, jedem Einwohner des Bundesstaates Alberta eine monatliche Sozialdividende von 25 Dollar zu bezahlen, 1935 die lokalen Wahlen gewonnen hat. Obwohl es der Partei damals gelungen ist, die Wirtschaft des Bundesstaates deutlich anzukurbeln, ist der Plan, *Social credits* zu vergeben, 1937 von der Föderationsregierung noch vor seiner Ausführung gestoppt worden. Das Douglas'sche Konzept ist damit nur knapp daran vorbei gegangen, das erste tatsächlich realisierte Grundeinkommenskonzept der Weltgeschichte zu werden.

2.6. Dennis Milner, Juliet Rhys Williams und Brandon Rhys Williams

Noch vor diesem Experiment hat der britische Ökonom Dennis Milner in den Jahren 1918 bis 1920 eine Reihe von Schriften über ein, wie er es nannte *State Bonus System* veröffentlicht, nach dem jedem Bürger eine existenzsichernde Unterstützung aus einem zentralen Fonds zugewiesen werden sollte. In seinem 1920 erschienen Buch *Higher Production by a Bonus on National Output* hat Milner im Prinzip bereits alle auch heute angeführten Argumente – von der Arbeitslosenfalle bis zur Arbeitsmarktflexibilität, von den niederen take-up-Raten bis zur idealen Profitteilungsrate – für oder gegen ein Grundeinkommen vorweggenommen. Obwohl Milner seinen sogenannten *State Bonus*, der vorsieht, 20 Prozent des Britischen Bruttosozialprodukts gleichmäßig unter den Bürgern zu verteilen, zuvor auch im Hinblick auf Gerechtigkeits- und Humanitätsüberlegungen argumentiert hat, versucht er in seinem Buch vor allem die Vorteile für die Volkswirtschaft und die Folgen für die Produktivität herauszustreichen.

Auch sein Plan hat die Gründung einer politischen Bewegung, der so genannten „State Bonus League" inspiriert. 1921 ist Milners Plan auf der Jahreskonferenz der Britischen Labour Party diskutiert worden und hat möglicherweise über George Douglas H. Cole, der in Folge ebenfalls einen Dividenden bringenden Sozialfonds vorgeschlagen hat, auch Einfluss auf den berühmten Beveridge-Plan zur Schaffung des modernen Sozialsystems ausgeübt.[80]

Möglicherweise auch von Milner, stärker vermutlich aber von Major H. Douglas beeinflusst wurde die liberale britische Politikerin Juliet Rhys Williams, die mit ihrem *New Social Contract* 1943 eine Alternative zum Beveridge-Plan vorgeschlagen hat. Abgesehen davon, dass sie so wie auch der Beveridge-Plan eine Bedürftigkeitsfeststellung für die Beihilfenempfänger, einen so genannten *Means test* also, vorgesehen hat, ist sie bereits recht nahe an die Vorstellung eines allgemeinen Grundeinkommens herangekommen. Ihr Sohn Brandon Rhys Williams (1929-1990), Mitglied des Britischen Parlaments und von 1973 bis 1984 Ministerpräsident des Europäischen Parlaments, hat in Fortsetzung der Aktivitäten seiner Mutter einen *European Social Contract* beworben, der als einer seiner Schlüsselkomponenten alle Wohlfahrtssysteme der Europäischen Union in eine Linie bringen wollte, um den freien Fluss der Arbeitskraft und ihrer Familien zu ermöglichen. Ein erster Schritt in dieser Richtung sollte –

---

[80] Vgl. dazu: Van Trier 1995: 141f.

gemäß seiner Forschungsassistentin Hermione Parker[81] – eine gemeinsame EU-weite Kinderbeihilfe sein, die von den einzelnen Staaten dann nach eigenem Wunsch aufgestockt werden könnte, und die die Basis für die Einführung eines Steuer-Kredit-Systems darstellen sollte, das als Grundeinkommen erstens die Kaufkraft von den Zentren in die Regionen verteilen würde und das zweitens die Einkommen der europäischen Landwirte anheben würde, ohne die Preise ihrer Produkte zu verändern. Beides, so betonte Rhys Williams, seien speziell für die Europäische Union sehr wichtige Themen.

2.7. James Meade

Ebenfalls an die Konzeptionen von Juliet Rhys Williams und Major H. Douglas hat der britische Ökonom und Nobelpreisträger James Meade (1907-1995) angeschlossen, der zu einem der wichtigsten zeitgenössischen Advokaten für die Idee des Grundeinkommens geworden ist. Interessanterweise ist Meade dabei zeitlebens auch dem Glauben an die Möglichkeit der Vollbeschäftigung verpflichtet geblieben: Nichtsdestotrotz sind seine Bemühungen von seinem frühen Werk *Outline of an Economic Policy for a Labour Government* (1935) über den berühmten Report des Meade-Komitees zur Struktur und Reform direkter Besteuerung, den er für das *Institute of Fiscal Studies* (1978) geschrieben hat, bis zu seinem letzten Werk *Full Employment Regained?* (1995), mit der Promotion eines auf einer Sozialdividende beruhenden Grundeinkommens verbunden geblieben.

Meade ist davon ausgegangen, dass die volkswirtschaftlich angestrebte Kombination von Vollbeschäftigung und niederer Inflation es nötig macht, die Möglichkeiten abzuschaffen, die Arbeitsmarkt-Insider wie etwa Gewerkschaften haben, ihre Interessen zum Schaden von Outsidern, von Arbeitslosen, durchzukämpfen. Um zum Beispiel in Kollektivverhandlungen, die immer wieder die Löhne in die Knie zwingen, auch die Interessen der Outsider zur Geltung kommen zu lassen, wäre es nötig, das Prinzip „gleicher Lohn für gleiche Arbeit" aufzugeben und so zu erlauben, dass die Löhne auf ein Niveau fallen, auf dem Jobs entstehen. Um aber den damit entstehenden Einkommensunterschieden entgegenzuwirken, müsste gleichzeitig ein Grundeinkommen aus einer Sozialdividende bezahlt werden.

Dafür schlug Meade vor, zirka die Hälfte der Aktien nationaler Firmen vom Staat mit Steuergeldern aufkaufen zu lassen, um so für die Bürger das Recht zu akquirieren, einen Anteil an den Unternehmensgewinnen zu er-

---

[81] Parker 1989.

halten. Das Management der Unternehmen solle dabei aber in privater Hand bleiben. Im Gegensatz zum traditionellen Sozialstaat würde der Staat damit ein Einkommen aus seinem Besitz beziehen, ohne sich für die Leitung der Unternehmen verantwortlich fühlen zu müssen. 1989 hat Meade dann seine These in dem Buch *Agathotopia* mit einer „Partnerschaft von Arbeit und Kapital" noch einmal differenziert. Demnach sollten diejenigen, die Risikokapital zum Ausbau der Firmen bereitstellen, diese als Co-Partner zusammen mit den Arbeitern managen dürfen. Arbeiter würden dafür Dividenden aus *Labour shares*, und Kapitalisten Dividenden aus *Capital shares* beziehen, die, um Konflikte zu vermeiden, gleich hoch sein sollten.

Zwar wären damit nun niedere Inflation und hohe Beschäftigung angepeilt, der Insider/Outsider-Konflikt wäre aber noch nicht gelöst. Meade schlägt deshalb vor, dass die *Labour shares* von neu eingestellten Arbeitern stets weniger wert sein sollten, als die der bereits länger im Betrieb angestellten. Damit wäre die „Partnerschaft" in der Lage, stets neue Arbeiter aufzunehmen, ohne ihre Profitabilität zu riskieren. Die neuen Arbeiter, die nun „ungleichen Lohn für gleiche Arbeit" bekämen, wären damit aber immer noch in einer besseren Lage, als Arbeitslose. Die Schräglage bei den Einkommen würde durch das *Labour share system* wieder ausgeglichen.

Freilich bleibt in dieser Konzeption die Frage offen, mit welchen Mitteln der Staat die benötigten Anteile an den Unternehmen aufkauft, das heißt, wessen Eigentum, und in welchem Ausmaß, nationalisiert werden müsste. Meade scheint sich, etwas wage, einen „magic of compound interest" als möglichen Anfangsschritt vorgestellt zu haben. Er hat aber auch nie Zweifel daran gelassen, dass rigorose steuerliche und wirtschaftliche Opfer über einen längeren Zeitraum erforderlich wären, um die notwendigen Gemeinschaftsgüter zu akkumulieren. Den damit vermutlich eher schmerzlichen Übergang vom bestehenden zum künftigen System wollte er mithilfe einer Kombination von Nationaldividenden und einem sogenannten *Basic Transfer Income* abpolstern.

2.8. Robert Theobald und Erich Fromm

Eine andere Finanzierungsart für ein Grundeinkommen hat schon zuvor 1966 der britische Ökonom Robert Theobald in einer von ihm herausgegebenen Aufsatzsammlung mit dem Titel *The Guaranteed Income* vorgeschlagen. Theobald schlug vor ein Grundeinkommen durch eine Reduktion der Militärausgaben und durch eine umverteilende Körperschaftssteuer zu finanzieren. Er ging dabei davon aus, dass der Wohlstand, den der Kapitalismus hervorgebracht hat, längst ausreichen müsste, um die nötigen Mittel für eine Einkommensgarantie für alle bereitzustellen. In Theobalds Aufsatzsammlung hat sich damals übrigens auch der Psychoanalytiker Erich Fromm positiv zur Idee eines Grundeinkommens geäußert.

> „Guaranteed Income" schreibt er, „would not only establish freedom as a reality rather than a slogan, it would also establish a principle deeply rooted in Western religious and humanist tradition: man has the right to live, regardless! This right to live, to have food, shelter, medical care, education, etc., is an intrinsic human right that cannot be restricted by any condition, not even the one that he must be socially 'useful'."[82]

2.9. Milton Friedman

Auf einer etwas anderen Ebene sind zur selben Zeit die Diskussionen um die soziale Sicherheit in den Vereinigten Staaten verlaufen. Hier hat 1962 Milton Friedman in seinem berühmten Buch *Capitalism and Freedom* eine sogenannte *Negative Einkommenssteuer* (Negative Income Tax – NIT) als Ausweg aus den an Arbeit gebundenen Beihilfensystemen vorgeschlagen. Diese Steuervariante sollte den Vorteil haben, das Funktionieren des Marktes nicht einzuschränken und relativ niedrige Administrationskosten zu verursachen. Friedmans Konzeption sieht vor, dass die Steuerbelastung ab einer bestimmten vereinbarten Einkommenshöhe („Einkommenstiefe" müsste man eigentlich sagen) auch negativ sein kann, das heißt, dass Personen mit niedrigem oder gar keinem Einkommen jene Summe, die sie bei entsprechend höheren Einkommen an Steuern bezahlen müssten, ausbezahlt bekommen. Die fiktiven Linien von Einkommensprogression und Steuerprogression würden sich, anders gesagt, in der Höhe eines bestimmten Einkommens überschneiden. Die, die darüber liegen, müssen, wie sonst auch, „positive" Steuern bezahlen, während die, die darunter liegen, dagegen „negative" Steuern" bezahlen", faktisch also ein Grundeinkommen beziehen.

2.9.1. Negative Einkommenssteuer versus Grundeinkommen

Die negative Einkommenssteuer ist allerdings nicht wirklich ein Grundeinkommen in dem oben von uns definierten Sinn. Erstens sind die

---

[82] Fromm 1966.

Bezugsberechtigten, die „Assessment units", in ihr nicht Individuen, sondern Familien oder Haushalte, und zweitens hängt die Höhe der Zahlungen vom Einkommen der Familienmitglieder ab und ist damit ebenfalls grundlegend an die administrative Feststellung einer Berechtigung, also an einen *Means test* gebunden. Manche Theoretiker sprechen diesbezüglich davon, dass die Zahlungen einer Negativen Einkommenssteuer *ex post* erfolgen, – also *nachdem* eine Berechtigung festgestellt wird –, während die Zahlung eines Grundeinkommens *ex ante* erfolgt, – sprich: *vor* jeglicher Bedürftigkeit. Zwar hätte die Negative Einkommenssteuer damit bei schlecht administrierten Steuereinhebungsverfahren (korrupte Beamte, umständliche Verrechnungs- oder Auszahlungsweisen etc.) administrative Vorteile gegenüber dem Grundeinkommen, bei dem zuerst Geld ausbezahlt wird, das dann im Nachhinein, nämlich wenn der Betroffene zu viel verdienen sollte, über die Einkommenssteuer wieder eingehoben wird. Bei gut funktionierender Administration sollte aber der Vorteil des Grundeinkommens, keine Bedürfnisfeststellung und keine umständlichen Steuerhöhenberechnungen zu benötigen, voll zu tragen kommen.

2.9.2. Das NIT-Experiment

Trotz dieser Detailunterschiede haben aber gerade die Friedman'schen Überlegungen weitreichende Folgen für die Diskussion um die Erneuerung der amerikanischen Sozialpolitik gehabt. Unter anderem wurde von ihnen die grundlegende Idee eines Einkommensniveaus, unter das kein amerikanisches Einkommen mehr fallen sollte, in die Diskussion gebracht. Auf praktischer Ebene wurde dadurch 1968 ein Experiment angeregt, das die Chance gab, erstmals in der Geschichte der Menschheit die Auswirkungen eines arbeitsunabhängigen Einkommens auf das Verhalten der Lohnabhängigen empirisch zu testen.

Die Situation in den USA war in den sechziger Jahren von einer verbreiteten Sorge über Rassenunruhen, *Urban riots* und zivile Unordnung geprägt gewesen. Die öffentliche Zustimmung für ein Mindesteinkommensprogramm, das diese Probleme eindämmen könnte, war daher in dieser Zeit relativ hoch. 1968 haben zum Beispiel über 1000 US-Ökonomen eine Petition an die Regierung gerichtet, die den Kongress dazu bringen sollte, ein Einkommensgarantiesystem zu unterzeichnen. (Milton Friedman selbst verweigerte damals seine Unterschrift, weil er die angepeilten Einkommenshöhen für zu generös hielt.) Zwar zeigten sich weder der Kongress noch die Öffentlichkeit von dieser Petition sonderlich beeindruckt, immerhin wurde aber von einem von Präsident Lyndon B.

Johnson zuvor schon ins Leben gerufenen *Office of Economic Opportunity* ein Experiment gestartet, dass 1300 Familien in vier Städten in New Jersey und Pennsylvania versuchsweise ein Mindesteinkommen zuwies, das über eine Negative Einkommenssteuer finanziert wurde.[83]

Das Ziel dieses Experimentes war es, festzustellen, ob die weitverbreitete Annahme, dass mit dem Erhalt eines garantierten Mindesteinkommens die Arbeitsbereitschaft radikal sinken würde und die Wirtschaft durch einen Mangel an Arbeitskräften Schaden nehmen würde, auf einer realen Grundlage beruhte. Es wurde in der Folge vielfach angezweifelt, ob das Experiment überhaupt in einem hinreichend breiten Rahmen und über einen ausreichend langen Zeitraum durchgeführt wurde, um aussagekräftig zu sein. Als Ergebnis, wie es dann vom *Brookings Institute* präsentiert wurde, konnte jedenfalls in den drei Jahren von 1968 bis 1971, in denen das Experiment durchgeführt wurde, kein massiver Rückzug der Betroffenen vom Arbeitsmarkt festgestellt werden. Im Gegensatz zur Besorgnis der breiten Öffentlichkeit blieb der Prozentsatz, um den die Grundeinkommensempfänger ihre Arbeitszeit reduzierten, gering und für bestimmte Gruppen, für Afroamerikaner zum Beispiel zeigten sich sogar eindeutig positive Effekte des Experimentes.[84]

Nichtsdestotrotz wurde dieses Experiment 1971 beendet. Noch zuvor, nämlich 1969 versuchte auch Richard Nixon eine Negative Einkommenssteuer-Variante, den so genannten *Family-Assistence-Plan* (FAP) einzuführen, der eine Einkommensunterstützung für alle Familien mit Kindern vorsah. Der Plan stieß jedoch beim Kongress auf keine offenen Ohren und wurde deshalb nach drei Jahren wieder auf Eis gelegt – für die Konservativen gefährdete der Plan den Familienzusammenhalt, die Liberalen fanden, der Süden würde dadurch überproportional begünstigt, die Vertretungsinstanzen der Wohlhabenderen hatten unterschiedlichste Vorbehalte, während die Armen einfach zu schlecht organisiert waren.[85] Die Negative Einkommenssteuer wurde infolgedessen vielfach als schlechthin zu teuer, als Arbeitsanreiz zerstörend und als familienfeindlich eingestuft.[86]

Zwar wurden diese Effekte auch im weiteren noch ausgiebig diskutiert. Vor allem der Ökonom und Nobelpreisträger James Tobin hat die Idee mit seiner Forderung nach eine Besteuerung von Kapitalspekulationsgewinnen – der so genannten *Tobin-Tax* – verknüpft und ihre Potentiale zur Bekämpfung der Armut immer wieder herausgestellt. 1972 konnte er George McGovern dazu überreden, seine Präsidentschaftskandidatur mit

---

[83] Vgl. dazu Pechman/Timpane 1975.

[84] Pechman/Timpane 1975: 81, 86f.

[85] Vgl.: Chancer 1998: 87f.

[86] Vgl.: Neuberg 1995.

der Forderung nach einem Grundeinkommen, einem *Demogrant* zu verknüpfen.[87] Auch John Kenneth Galbraith, Harvard-Professor und Wirtschaftswissenschafter, hat Friedmans Idee einer Negativen Einkommenssteuer als eine der wenigen frischen Ideen amerikanischer Ökonomen seit dem New Deal gepriesen. Noch neunzigjährig hat er in einer Dankesrede noch einmal darauf verwiesen,

> „that everybody should be guaranteed a decent basic income. A rich country such as the US can well afford to keep everybody out of poverty. Some, it will be said, will seize upon the income and won't work. So it is now with more limited welfare, as it is called. Let us accept some resort to leisure by the poor as well as by the rich."[88]

In der Öffentlichkeit Amerikas hat die Negative Einkommenssteuer aber im Laufe der weiteren ökonomischen Entwicklungen doch ein eher negatives Image erhalten. Mehr und mehr schien sich die Annahme durchzusetzen, dass sie ein teures Mittel sei, um relativ wenig zu erreichen. 1980 hat auch Milton Friedman selbst noch einmal reichlich skeptisch zu ihr Stellung genommen und die nachfolgenden Regierungen der Vereinigten Staaten, wie auch dann die Großbritanniens sind wieder dazu übergegangen, das bestehende soziale Sicherheitsnetz stückweise zu flicken, anstatt es radikal zu ersetzen.

Erst in den aktuellen Diskussionen um die Idee des Grundeinkommens wird auch die Negative Einkommenssteuer wieder verschiedentlich als eine der möglichen Alternativen zum bestehenden Sozialsystem ins Rennen geführt. Vor allem als Mittel, die nötige politische Zustimmung für ein Grundeinkommensmodell schlechthin zu gewinnen, wird die Negative Einkommenssteuer zur Zeit wieder ausführlich diskutiert.[89]

2.10. The Alaska Permanent Fund

In einem Bundesstaat der Vereinigten Staaten freilich, nämlich in Alaska, hat sich die Grundeinkommensidee aufgrund einer besonderen Konstellation von reichhaltigen Bodenschätzen und einer relativ geringen Gesamtbevölkerung, die zum Teil von indogenen Einwohnern des amerikanischen Kontinents gestellt wird, so weit etablieren können, dass dort 1977 der so genannte *Alaska Permanent Fund* eingeführt worden ist. Ein Fonds, aus dem, erstmals weltweit, seit 1982 allen ständigen Einwohnern Alaskas

---

[87] Vgl. dazu u.a.: Tobin/Pechman/Mieszkowski 1967.
[88] *The Guardian*, 29.06.1999.
[89] Vgl. dazu u.a.: Block 2000, und weiter unten.

jährlich die Dividenden eines Teils der Einnahmen der in Staatsbesitz befindlichen Ölvorkommen in den Gebieten der *Prudhoe Bay* ausbezahlt werden. Während sich die ausbezahlten Summen anfänglich auf 1000 US-Dollar pro Person und Jahr beliefen, ist der Wert zwar zunächst wieder gefallen, stieg dann aber permanent an. 1999 hat die Dividende des Fonds 1800 Dollar pro Jahr und Person betragen.

Die Einführung des Fonds hat damals auf zwei verschiedenen Argumenten beruht. Zum einen wurde auf moralischer Ebene vorgebracht, dass insbesondere die Erdölvorkommen Alaskas als Gemeinschaftseigentum auch zukünftiger Generationen anzusehen seien und dass die Einwohner Alaskas deshalb zu Shareholdern dieses Eigentums gemacht werden sollten. Auf ökonomischer Ebene wurde argumentiert, dass ein Teil der Staatseinnahmen außerhalb der Reichweite der Regierung platziert werden sollte, weil die Gewinne, wenn sie hoch sind, zu schnell ausgegeben würden. Die hohen Öleinnahmen der Jahre zuvor waren stets in wenigen Jahren verbraucht worden und hatten kurze, unkontrollierbare Boom-Zyklen nach sich gezogen, die die Wirtschaft Alaskas immer wieder aus dem Ruder geworfen hat.[90]

Auch die Auswirkungen der Alaskischen Dividendenzahlungen sind mittlerweile mehrfach empirisch untersucht worden.[91] Grundsätzlich wird davon ausgegangen, dass sie die persönlichen Einkommen der Einwohner Alaskas um zwei bis drei Prozent erhöht und damit die Kaufkraft doch um einiges gestärkt haben. Darüber hinaus sollen die Zahlungen einen deutlichen Impakt auf die Beschäftigungslage gehabt haben. Geschätzt wird, dass der Fonds heute für zirka drei Prozent der Arbeitsplätze in Alaska verantwortlich ist. Und nicht zuletzt haben Ökonomen immer wieder die anti-rezessionistische Bedeutung der Dividendenzahlungen herausgestellt. Weil ihre Höhe stets auf den Zinsen des Fonds der letzten fünf Jahre beruht, steigt sie in wirtschaftlich magereren Zeiten an und erhöht damit das Einkommen und die Nachfrage und stabilisiert so die Wirtschaft. Als Einwand gegen diese Art der Grundeinkommensfinanzierung wurde freilich auch eingewandt, dass die Dividendenzahlungen ein reichlich grobes Instrument seien, um wirtschaftliche Fluktuationen zu regulieren.[92] Wir werden weiter unten noch ausführlicher auf die verschiedenen Finanzierungsvorschläge für ein Grundeinkommen eingehen.

---

[90] Vgl.: Brown/Thomas 1994.

[91] Vgl. u.a.: O'Brien/Olson 1990.

[92] Vgl.: Brown/Thomas 1994.

3. Die Diskussionen in verschiedenen Ländern

In neuerer Zeit haben sich im Anschluss an die bisher genannten Vorschläge und Projekte eine Reihe von politischen Parteien und Bewegungen in den verschiedensten Ländern der Diskussion und der Promotion der Grundeinkommensidee angenommen. Einige von ihnen mit durchaus nennenswertem Erfolg, wie wir im Folgenden auszugsweise[93] kurz betrachten wollen.

3.1. Deutschland

In Deutschland wurde die Friedmansche Idee einer Negativsteuer Anfang der siebziger Jahre von den deutschen Ökonomen Wolfram Engels, Joachim Mitschke und Bernd Starkloff aufgegriffen und in einem Buch mit dem Titel *Staatsbürgersteuer* (1974) im Zuge einer geplanten umfassenden Steuerreform auf deutsche Verhältnisse umgerechnet. In dem Buch wird die Bezeichnung *Bürgergeld* für jene Art der Zahlung eingeführt, die Bedürftige, die unter einem bestimmten Einkommensniveau bleiben, als Negativsteuer erhalten sollen. 1985 hat Joachim Mitschke in seinem Buch *Steuer- und Transferordnung aus einem Guß* die in dem früheren Buch angestellten Überlegungen wiederholt und mit zahlreichen Beispielen und ausführlichen Berechnungen untermauert. 1994 hat dann die *Freie Demokratische Partei* Deutschlands (F.D.P.) die Vorschläge von Mitschke als politisches Programm aufgegriffen und sie 1995 in die Koalitionsverhandlungen eingebracht. Infolgedessen ist eine Regierungskommission gebildet worden, die das Bürgergeld-Konzept als politisches Ziel überprüft hat und es in ihrem Abschlußbericht 1996 schließlich als „nicht zu empfehlen" abgelehnt hat.

Ein alternatives Bürgergeld-Modell, das so genannte *Ulmer Modell*, das etwas näher an die Grundeinkommensidee herankommt, hat gleichzeitig Helmut Pelzer an der Universität Ulm ausgearbeitet. Wir werden weiter unten auf seinen Vorschlag zu sprechen kommen.

---

[93] Vgl. ausführlicher dazu u.a. die von BIEN herausgegebenen Newsletter, die in der Sparte „Glimpses of National Debates" regelmäßig über aktuelle Entwicklungen und Diskussionen informieren.

3.2. Niederlande

Auch in den Niederlanden reicht die Debatte bereits bis in die siebziger Jahre zurück, als die Gewerkschaft der Lebensmittelhersteller die Forderung für ein Grundeinkommen auf ihre Fahnen geschrieben hat. Auch der niederländische Ökonomie-Nobel-Preisträger Jan Tinbergen (1903-1994), der vermutlich bereits in den fünfziger Jahren der erste Autor war, der den Begriff *Basic Income* im Sinn der Grundeinkommensidee verwendet hat, ist Mitte der siebziger Jahre mit dem Vorschlag angetreten, die Diskussion um das „gesellschaftliche Erbe", die sich damals nur auf Dinge und Gebiete, die von keinem Staat beansprucht wurden (*res nullius*), bezogen hat, „auf neue Bereiche, wie etwa Rohstoffrechte, Wissenschaft und Technologie, Produktionsmittel und andere Quellen des Reichtums" zu erweitern.[94] Als 1985 der erste ernste Versuch unternommen wurde, die Grundeinkommensidee auf die Agenda der *Dutch Labour Party*, deren Mitglied Tinbergen war, zu setzen, hat er sich engagiert dafür eingesetzt. Er hat damals argumentiert, dass die Einführung eines Grundeinkommens, zusammen mit der Abschaffung einiger bestehender Transfers, niedere Löhne nach sich ziehen würde und so die Beschäftigung ankurbeln würde. Zur gleichen Zeit hat auch der niederländische *Wissenschaftsrat für Regierungspolitik* ein partielles Grundeinkommen, das mit weiteren Unterstützungen gepolstert werden sollte, befürwortet und 1990 hat das niederländische Sozialministerium mögliche positive Effekte eines Grundeinkommens herausgestellt. Nach den Wahlen der sozial-liberalen Koalition 1994 haben dann mehrere Minister ihre Sympathie für ein Grundeinkommen geäußert. Auch Premierminister Wim Kok hat es als eine Möglichkeit erwogen, das Sozialsystem umzubauen. Bei Dordrecht wurde eine Pilotstudie angeregt, die untersuchen sollte, welche Auswirkungen der Bezug eines Grundeinkommens auf die Bevölkerung hätte.[95] Die tatsächliche Sozialpolitik der niederländischen Regierung hat sich aber dann im weiteren doch in eine andere Richtung entwickelt.

3.3. Belgien

In Belgien verdanken sich wichtige Aktivitäten zur Promotion der Grundeinkommensidee der Initiative des New-Economy-Unternehmers Roland Duchâtelet, der einen Großteil seines Vermögens und seiner Energie in die

[94] Vgl.: Tinbergen 1976: 123.
[95] Vgl.: Groot/de Beer 1998.

Gründung der Partei VIVANT gesteckt hat, einer Partei, deren primäres Ziel es war, in Belgien ein Grundeinkommen einzuführen. Mit der Finanzierung von großflächigen Werbeplakaten und der sonstigen Organisationsstrukturen der Partei hat Duchâtelet seit 1997 für eine breite Diskussion der Grundeinkommensidee in der belgischen Öffentlichkeit gesorgt. Im Juni 1999 hat VIVANT bei ihrem ersten Wahlgang auf Anhieb zwei Prozent, in Zahlen 130.000 Stimmen erhalten. Dennoch hat sich Duchâtelet, der bis zu 15 Prozent der Stimmen angestrebt hatte, unzufrieden gezeigt.

Da es sich um das erste derartige Ereignis weltweit gehandelt hat, ist der Wahlgang von VIVANT natürlich von Grundeinkommensbefürwortern ausführlich analysiert worden.[96] Kritisiert wurde dabei zum Beispiel, dass die Partei versucht hat, sofort alle Wähler anzusprechen, anstatt das Thema zunächst den „Innovatoren" in der Gesellschaft, also den Jungen und Intellektuellen nahe zu bringen und erst von da über Opinionleader den breiten Massen zugänglich zu machen. Ein weiterer Fehler schien es gewesen zu sein, die Partei alleine auf die Grundeinkommensidee auszurichten. Damit ist der Anschein entstanden, dass das Grundeinkommen ein Allheilmittel für alle gesellschaftlichen Probleme sein würde. Die Partei wurde als „demagogisch" oder „simplifizierend" kritisiert. Außerdem waren die belgischen Wahlen 1999 von einer grundsätzlichen Diskussion zur Umweltproblematik bestimmt, wozu VIVANT wenig zu sagen hatte. Und schließlich schien die Betonung niedriger Einkommenssteuern für Niedriglöhne im Parteiprogramm von VIVANT eher Anti-Steuer-Stimmen anzusprechen, denn Pro-Grundeinkommen-Stimmen.

Zur Zeit versucht sich VIVANT auf europäischem Niveau zu etablieren. Filialparteien sind in Frankreich, der Schweiz und den Niederlanden im Entstehen.

3.4. Kanada

In Kanada hat 1985 die von der Regierung eingesetzte *MacDonald Commission* ein *Universal Income Security Program* vorgeschlagen, das mit einem niedrigen garantierten Einkommensniveau, einer niedrigen Steuerrückzahlungsrate und speziellen *top-up's* für die Arbeitsunfähigen einer vierköpfigen Familie 13.000 Dollar garantiertes Jahreseinkommen verschafft hätte – ein Drittel des damaligen Durchschnittseinkommens.[97] Die Idee ist allerdings wieder verworfen worden. Heute sind in Kanada so genannte *Demogrants* verbreitet, Unterstützungen also für bestimmte

[96] Vgl.: Vanderborght 2000.
[97] Vgl.: Walter 1989: 27f.

demographische Gruppen, die nach Alter, Geschlecht, Invalidität etc. ausbezahlt werden. Immer wieder findet aber auch die Diskussion um das Grundeinkommen und um großzügigere Transferregelungen ihren Weg auf die Titelseiten der großen Tageszeitungen. Zuletzt etwa der Plan eines „Cradle-to-grave-guaranteed-income-program“ von Premierminister Jean Chretien.

3.5. Irland

In Irland bemüht sich seit 1990 die *Justice Commission of the Conference of Religious Institutions* (CORI) der Grundeinkommensidee eine größere Öffentlichkeit zu verschaffen. Die Ökonomen Charles Clark und John Healy sind von der Kommission beauftragt worden, die wirtschaftlichen Voraussetzungen für einen Grundeinkommensplan für Irland zu untersuchen. In ihren Ergebnissen argumentieren sie, dass ein moderates Grundeinkommen mit einer nicht wesentlich erhöhten Einkommenssteuerrate finanziert werden könnte und dass es dabei kaum Verlierer geben würde. Der Großteil der Steuerzahler würde sogar weniger Steuern bezahlen als bisher.[98] Darüber hinaus hätte ein Grundeinkommen positive Auswirkungen für das Wirtschaftswachstum, für die Arbeitsmarktflexibilität und die soziale Inklusion in Irland. In den Medien erhielt die Idee infolge einige Aufmerksamkeit und das irische Sozialpartnerschaftskomitee beschloss in ihrem letzten *National Agreement* die Grundeinkommensidee weiteren Untersuchungen und Prüfungen zu unterziehen.[99]

3.6. Österreich

In Österreich, wo der Sozialphilosoph Josef Popper-Lynkeus bereits 1912 eine „allgemeine Nährpflicht als Lösung der sozialen Frage” vorgeschlagen hatte, hat sich in den achtziger Jahren des zwanzigsten Jahrhunderts der sozialdemokratische Sozialminister Alfred Dallinger auf Regierungsebene für die Einführung eines Grundeinkommens eingesetzt.[100] Sehr engagiert hat sich in diesem Zusammenhang auch die Katholische Sozialakademie und hier insbesondere die Sozialwissenschafterin Lieselotte Wohlgenannt

[98] Vgl.: Clark/Healy 1997.
[99] Vgl.: Fitzpatrick 1999: 12.
[100] Vgl.: Dallinger et al. 1987

für die Grundeinkommensidee stark gemacht.[101] In jüngerer Zeit haben sich die bis 1999 im Parlament vertretenen Liberaldemokraten des *Liberalen Forums* und die österreichische Grünpartei, sowie der Verband der Öffentlichen Wirtschaft und Gemeinwirtschaft des Themas Grundeinkommen angenommen.[102] Zuletzt hat auch die Sozialdemokratische Partei Österreichs im Zuge ihrer Neuorientierung als Oppositionspartei das Grundeinkommen als Option bezeichnet, deren Diskussion auf längere Sicht nicht tabuisiert werden sollte.[103]

Einen elaborierteren Entwurf für ein Grundeinkommen hat freilich bislang nur das *Liberale Forum* vorgelegt[104], nach dem jedem erwachsenen Österreicher ein Grundeinkommen in der Höhe von zirka 550 Euro, Kindern zirka 400 Euro, als Steuerkredit zugewiesen werden sollte. Alle anderen öffentlichen Sozialtransfers exklusive Invalidenrenten und Pflegegelder wären dabei ersetzt worden, was alleine schon die Administrationskosten um 20 Prozent reduzieren sollte. Ein zusätzlicher Steuerfreibetrag in der Höhe von zirka 200 Euro sollte sicherstellen, dass Arbeiten im niedrigen Lohnsegment nicht unverrichtet bleiben. Denn grundsätzlich stünde dem Modell, so Erwin Jerusalem, die Intention voran, die Arbeitsanreize zu erhalten. Das Grundeinkommen sollte zwar existenzsichernd sein, nicht aber zur Niederlegung der Arbeit verleiten. Zur Finanzierung des Modells wäre, so rechnet Jerusalem vor, nur ein Drittel des Gesamteinkommens der österreichischen Bevölkerung notwendig gewesen, das ohne Erhöhung der Einkommenssteuer über eine Mischung aus Energiesteuern, arbeitslosem Kapitaleinkommen und der Reduktion der Administrationskosten eingebracht werden sollte. Die Höhe des Grundeinkommens wäre dabei als „Dividende des Bruttosozialprodukts" an die Situation der Wirtschaft gebunden geblieben, so dass im Fall einer wirtschaftlichen Rezession durch die Verminderung der Grundeinkommenshöhe entsprechend mehr Menschen zum Arbeiten angehalten wären.

Das Modell geht von österreichischen Bevölkerungszahlen für 1995 aus. Unter den 5 Millionen Österreichern im erwerbsfähigen Alter hätten damals, nach Jerusalem, eine Million Menschen kein Einkommen, 1,3 Millionen ein Einkommen unter dem Subsistenzniveau und weitere 1,3 Millionen ein Einkommen gehabt, das so niedrig war, dass sie nach dem Modell Nettozahlungen bezogen hätten. Für einen großen Teil der restlichen 1,4 Millionen Österreicher würde das Modell die Steuern reduzieren.

---

[101] Vgl.: Büchele/Wohlgenannt 1985, 1990.
[102] Vgl. dazu: Füllsack 2000.
[103] Vgl. das im April 2001 gestartete Diskussionsforum www.netzwerk-innovation.at
[104] Vgl.: Jerusalem 1998.

Konkret wären zur Finanzierung eines solchen Grundeinkommens für die Arbeitsfähigen und die noch nicht Volljährigen 18 Milliarden Euro und zur Finanzierung der Zahlungen für Pensionisten weitere 4,5 Milliarden, insgesamt also 22,5 Milliarden Euro nötig. Die Abschaffung der bestehenden Sozialtransfers, der Familien- und Kinderbeihilfen, der Arbeitslosenunterstützungen, der Sozial- und Notstandshilfen und der Studentenstipendien etc. würde demgegenüber bereits an die 13 Milliarden Euro einbringen. Der Rest sollte sich gemäß dem Modell über Einsparungen bei der Administration der Transfers, über zusätzliche Ökosteuern und eine höhere Kapitalertragssteuer, über eine Reduktion der Agrarsubventionen, über Einnahmen aus verbreiterten Berechnungsgrundlagen der Einkommenssteuer und über Mehreinnahmen aus der Mehrwertsteuer, die sich der durch das Grundeinkommen erhöhten Kaufkraft verdanken, finanzieren.

Zusammengenommen würden diese Quellen zeigen, so betont das *Liberale Forum*, dass die Grundeinkommensidee weit weniger ein Frage der Finanzierung, als vielmehr eine Frage des politischen Willens sei. Um diesen, vor allem angesichts des relativ hohen Niveaus der Pensionen in Österreich zu gewinnen, räumt die Partei für ihr ursprüngliches Modell eine Übergangszeit von 30 Jahren ein.[105]

3.7. Brasilien

In Brasilien ist bereits 1991 ein Plan zur Einführung einer Negativen Einkommenssteuer vom Senat gutgeheißen worden. Der entsprechende Entwurf ist aber dann am Repräsentantenhaus gescheitert. Seit damals sind in Brasilien eine Reihe von lokalen und munizipalen Mindesteinkommensschemata eingeführt worden, die zum Beispiel Schulbeihilfen für Familien vorsehen, die ihre Kinder andernfalls nicht in die Schule schicken würden.[106] Im April 2001 ist von Präsident Fernando Cardoso ein Gesetz zur Einführung einer bedingten Mindesteinkommensgarantie unterzeichnet worden, das Familien, die ihre Kinder zur Schule schicken, ein bescheidenes Einkommen von zirka 8 Euro pro Kind und Monat garantieren.

[105] Vgl. dazu grundsätzlicher auch: Kier 2000.

[106] Vgl.: Suplicy/Buarque 1996.

3.8. Wissenschaftliche Organisationen

Auch auf wissenschaftlicher Ebene haben sich mittlerweile eine Reihe von Organisationen gebildet, die sich der Erforschung der Voraussetzungen und Folgen der Einführung eines Grundeinkommenskonzeptes angenommen haben. 1984 ist zum Beispiel in Großbritannien die *Basic Income Research Group* (BIRG) unter den Auspizien des Nationalrates für Freiwilligenorganisationen gegründet worden. 1992 ist die Einrichtung, die Seminare und Konferenzen veranstaltet, in *Citizen's Income Study Centre* umbenannt worden. Hermione Parker gibt für sie das *Citizen's Income Bulletin* heraus, das halbjährig über neueste Forschungsergebnisse zum Grundeinkommen und verwandte Themen berichtet. Ein Newsletter informiert zusätzlich vierteljährig über Veranstaltungen und relevante Ereignisse.[107]

Noch zuvor, nämlich schon 1983 hat sich an der Katholischen Universität von Louvain in Belgien das *Kollektiv Charles Fourier* zusammengefunden, eine Gruppe von drei Wissenschaftern, die mit einem Essay zum Thema Grundeinkommen einen Preis in einem Wettbewerb für Ideen zur Zukunft der Arbeit gewonnen hatte. Mit diesem Preis hat die Gruppe infolge eine Konferenz organisiert, zu der sie Teilnehmer aus ganz Europa eingeladen haben, die ebenfalls an der Idee eines Grundeinkommens interessiert waren. Im September 1986 ist auf dieser Konferenz das *Basic Income European Network* (BIEN) ins Leben gerufen worden, das seither, wie bereits erwähnt, zur wohl größten und aktivsten Organisation zur Förderung der Grundeinkommensidee herangewachsen ist. Seit 1986 veranstaltet BIEN jedes zweite Jahr einen großen internationalen Kongress, auf dem neueste wissenschaftliche Erkenntnisse, wie auch politische Entwicklungen und zivilgesellschaftliche Initiativen vorgestellt werden. Darüber hinaus gibt BIEN dreimal jährlich einen Newsletter heraus, publiziert die Beiträge der Kongresse und betreibt eine informative Website zum Thema Grundeinkommen.[108]

Einer der Hauptinitiatoren von BIEN ist der belgische Philosoph Philippe Van Parijs, der mit seinem Buch *Real Freedom for All. What, if anything, can justify capitalism?* 1995 eine der bisher meist besprochensten theoretischen Arbeiten zur Grundeinkommensdiskussion vorgelegt hat. Die wichtigsten Züge seiner Argumentation und die wichtigsten bisher dagegen vorgebrachten Einwände wollen wir uns im Folgenden näher ansehen.

---

[107] Website: www.citizensincome.org.uk/.
[108] Website: www.basicincome.org.

4. Philosophische Argumente für ein Garantiertes Grundeinkommen

Obwohl sich, wie wir schon im vorigen Abschnitt gesehen haben, zur Zeit auch immer mehr Ökonomen und Sozialwissenschafter mit der Grundeinkommensidee beschäftigen, ruht die Debatte darum seit jeher auf einer grundlegenden moralisch-philosophischen Argumentationsbasis um eine gerechtere Welt auf, um eine gerechtere Gesellschaftsordnung und eine gerechtere Verteilung der Glücksgüter unter den Menschen. Schon früh haben sich Sozialphilosophen und Ethiker von der Vorstellung einer *gerechteren* Umverteilung der Daseinsressourcen fasziniert gezeigt. „Jedem nach seinen Verdiensten", „Jedem nach seinen Bedürfnissen", „Jedem nach seinen Wünschen" oder überhaupt grundsätzlich „Jedem das gleiche", so lauten verschiedene Grundprinzipien zur Regelung der Verteilung der für das Leben, das Funktionieren und das Fortbestehen der Gesellschaft notwendigen Güter und Leistungen. Um diese Güter und Leistungen umzuverteilen, um die Verwerfungen auszugleichen, die sich im Zuge der gesellschaftlichen Bemühungen zur Sicherung des Daseins immer wieder ergeben, sind eine Vielfalt von Theorien, Konzepten und Programmen entworfen worden, von denen viele im Versuch, sie zu verwirklichen, sehr nachhaltige Spuren im sozialen Gefüge der Menschheit hinterlassen haben.

Die Grundeinkommensidee ist eine in letzter Konsequenz bislang unrealisierte Konzeption. Über sie zu sprechen oder nachzudenken hat daher notwendig stets *normative* Implikationen. Obwohl die Idee selbst, wie wir gesehen haben, keineswegs neu ist und in ihren Ursprüngen vielleicht sogar noch vor die im 18. Jahrhundert einsetzenden Diskussionen um den Sozialismus zurückreicht, wird ihre Realisierbarkeit gegenwärtig vor allem vor dem Hintergrund der Erfahrungen mit dem fehlgeschlagenen Experiment des Realsozialismus diskutiert. Diese und andere Erfahrungen haben bekanntlich dazu geführt, dass die Vorstellung einer durchgehenden Plan- oder Administrierbarkeit wirtschaftlicher und sozialer Zusammenhänge weitgehend fallen gelassen wurde. Gegenwärtig scheint das vorherrschende Paradigma in den Wirtschafts- und Sozialwissenschaften eher von der Überzeugung getragen, wirtschaftlichen und sozialen Dynamiken sei *freier Lauf* zu lassen, als zu versuchen, sie zu steuern. Viele Sozialwissenschafter gehen heute so weit, *normative*, das heißt, auf die Verwirklichung „besserer" Zukünfte gerichtete Entwürfe überhaupt aus ihrem Objektbereich auszuklammern.[109] Im Zusammenhang damit ist der Liberalismus zu einem bestimmenden Paradigma der weltweiten Wirtschafts- und Sozialpolitik geworden.

Auch die Einführung eines Grundeinkommens würde natürlich einen massiven Eingriff, eine Intervention in den *freien* Fluss der ökonomischen und sozialen Dynamiken bedeuten. Sie setzt sich damit *per se* bereits der Kritik seitens jener liberaler Theoretiker und Denker aus, die die *Freiheit* der gesellschaftlichen Handlungsmöglichkeiten als Grundlage für die *bestmöglichste* und damit *gerechteste* soziale Ordnung ansehen. Da die klassisch vom sozialistisch-interventionistischen, oder in ihrer abgeschwächteren Form, vom Keynesianistischen Lager gegen diese Kritik vorgebrachten Argumente vor dem Hintergrund des Bankrotts der sozialistischen Administrationswirtschaften und der aktuellen Schwierigkeiten der europäischen Wohlfahrtsstaaten ihr Pulver verschossen zu haben scheinen, empfiehlt es sich, wie bereits gesagt, die Grundeinkommensfrage jenseits der klassischen Perspektiven „Links" und „Rechts" zu erörtern.

In gewisser Hinsicht damit vereinbar scheinen die Versuche und Überlegungen zu sein, die in den achtziger Jahren verschiedentlich als „kapitalistischer Weg zum Sozialismus"[110] propagiert worden sind. Zentrales Anliegen dieser Versuche war es die vorherrschenden sozialen und wirtschaftlichen Dynamiken nicht frontal mit Gegenentwürfen zu konfrontieren, sondern vielmehr, die *immanente* Tendenz dieser Dynamiken, sich selbst zu unterminieren, aufzuspüren und nutzbar zu machen, ähnlich wie dies im Prinzip auch schon Karl Marx zumindest in seinen ökonomischen Überlegungen zum Fallen der Profitrate angesprochen hatte.

Anders gesagt, sind diese Versuche von dem Vorhaben getragen gewesen, die Grundeinkommensidee nicht einfach dem Strom der liberalisierten Marktkräfte *entgegenzustellen*, sondern deren eigene immanente Dynamiken zu nutzen, um *mit ihnen,* und nicht *gegen sie*, dem Kapitalismus die Idee eines Grundeinkommens plausibel zu machen.

[109] Vgl. programmatisch dazu immer wieder Niklas Luhmann.
[110] Vgl.: Van der Veen/Van Parijs 1986.

4.1. Die Argumentation von Philippe Van Parijs

In dieser Absicht hat zum Beispiel der belgische Philosoph Philippe Van Parijs 1995 seine Überlegungen zur Grundeinkommensidee ins Rennen geführt. In seinem mittlerweile bereits zu einem Klassiker gewordenen Buch *Real Freedom for All*, wörtlich also etwa *Wirkliche Freiheit für alle* geht es ihm gerade nicht darum, in traditioneller Weise von einem diametral entgegengestellten ideologischen Standpunkt aus *gegen* das herrschende Paradigma des Liberalismus Stellung zu beziehen und die Marktwirtschaft durch ein *nicht*-marktwirtschaftliches Gegenkonzept zu überwinden. Es geht ihm vielmehr darum, den Liberalismus in seinen eigenen Grundannahmen zu *überbieten* und ihn dadurch zur Akzeptanz der Grundeinkommensidee fähig zu machen. Van Parijs versucht, wenn man so sagen darf, in gewisser Weise päpstlicher zu sein als der Papst und den, wie er meint, *verengten* Freiheitsbegriff liberaler Theoretiker, wie ihn etwa Friedrich von Hayek, Robert Nozick[111] oder James Buchanan[112] vertreten, durch einen weiten Begriff „wirklicher Freiheit" zu überbieten, der neben den klassischen liberalen Forderungen nach Sicherheit (*security*) und Eigentum an der eigenen Person (*self-ownership*) auch die Forderung nach der Möglichkeit (und damit auch nach den Mitteln) einschließt, zu tun, was man tun wollen könnte[113], wenn man *wirklich* frei wäre. Nicht nur Freiheit schlechthin und ihre staatlich-institutionellen Voraussetzungen – also etwa ihre grundsätzliche formale Garantie (durch Polizei, Gerichte, Militär, politische Institutionen) und die Sicherung ihrer sonstigen Hintergrundbedingungen (etwa Bildung, Infrastruktur, Grundkrankenversicherung, etc.) – , sondern auch jede Einschränkung der Möglichkeiten einer Person, sei es durch den Mangel an externen Ressourcen, wie etwa Geld oder Eigentum, oder auch an internen Ressourcen, wie Gesundheit, Schönheit, Talent etc., entscheidet deshalb für Van Parijs darüber, wie *frei* eine Person tatsächlich ist.[114]

Über die rein formale Freiheit hinaus, wie sie der Liberalismus vorsieht, würde damit erst eine *gerechte* Verteilung der Ressourcen *wirkliche* Freiheit gewährleisten. Diese gerechte Verteilung sollte auch nach Van Parijs

---

[111] Nozick 1974.

[112] Buchanan 1985.

[113] Im Original: „to do, but whatever one *might* want to do." Der Konjunktiv unterscheidet zwischen dem, was jemand *glaubt* tun zu wollen, und dem, was er tun wollte, wenn er ein nicht manipuliertes, autonomes, also ein *tatsächlich* freies Individuum wäre. Van Parijs spricht damit das Problem des „glücklichen Sklaven" an, der das will, was sein Herr will, dass er will. Vgl.: Van Parijs 1995: 19.

[114] Vgl.: Van Parijs 1995: 23.

ein *gerechter* Staat gewährleisten. Allerdings könne kein Staat in der Praxis Ressourcen einfach *gleich* unter seinen Bürgern verteilen. An die Stelle des klassischen Gleichheitsprinzips setzt Van Parijs darum das so genannte „Leximin-Prinzip", eine „lexikographische" Verfeinerung des, von John Rawls[115] in die Debatte gebrachten „Maximin-", oder „Maximum-der-Minima-Prinzips", das besagt, dass unter mehreren Alternativen rational diejenige zu wählen ist, deren *schlecht*möglichste Folgen besser sind als die jeder anderen Alternative. „Leximin-Freiheit", oder anders gesagt, „wirkliche Freiheit" einer Gesellschaft bedeutet demnach, dass ihr schlechtest gestelltes Mitglied in keiner Weise über schlechtere Möglichkeiten verfügen darf, als das schlechtest gestellte Mitglied einer beliebigen anderen gesellschaftlichen Ordnung *und* dass, falls es eine Ordnung gibt, in der das schlechtest gestellte Individuum über die *gleichen* Möglichkeiten verfügt, das *zweit*schlechtest gestellte Individuum der leximin-freien Gesellschaft über keine schlechteren Möglichkeiten verfügen darf als das zweitschlechtest gestellte Mitglied der anderen Gesellschaft, und so weiter.[116]

Van Parijs' Prinzip der „wirklichen Freiheit" ist mit anderen Worten, im Unterschied zu anderen Freiheits- und Gerechtigkeitskonzeptionen, *input*- und nicht *outcome*-orientiert.[117] Es geht in ihr um eine Gerechtigkeit der Ressourcen, eine Gerechtigkeit der Chancen, und nicht um eine Gerechtigkeit oder Gleichheit der tatsächlichen Wohlfahrt (*equality of welfare*). Wie die gerecht verteilten Chancen von den Einzelnen dann realisiert werden, ist dabei nicht Sache dessen, der diese Gerechtigkeit gewährleistet. Das heißt, dies ist nicht Sache des Staates. Auch wenn ein Gesellschafter seine Ausstattung durch harte Arbeit und Sparen zu vermehren sucht, während der andere seine Ausstattung stets sofort konsumiert und lieber in der Sonne liegt als zu arbeiten, und auch wenn der zweite dann den ersten wegen seinem Reichtum beneiden sollte, ist nach dieser Konzeption der Gerechtigkeit genüge getan, wenn der *input*, also die Ausgangslage für alle die gleiche war. Ähnlich den Überlegungen in Thomas Paine's *Agrarian Justice* geht es Van Parijs damit nicht um eine Gleichverteilung *aller* Ressourcen, sondern nur um eine Gleichverteilung aller *unverdienten* Ressourcen, jener Ressourcen also, für die, von dem, der sie nutzt, keine eigenen Leistungen erbracht wurden.

Nun lassen sich allerdings auch nicht alle unverdienten Ressourcen in der Praxis gleich leicht verteilen. Allem voran sperren sich natürlich so genannte *interne* Ressourcen, also etwa Gesundheit, Begabung, Talent oder auch nur besondere Schönheit ihrer Verteilung. Als „second best solution",

---

115 Vgl.: Rawls 1975: 178.
116 Van Parijs 1995: 25.
117 Van Parijs 1995: 28.

so Van Parijs, müsste daher im Sinne einer „wirklichen Freiheit" der Mangel an solchen Ressourcen kompensiert werden, etwa durch finanzielle Transfers. Personen mit Behinderungen zum Beispiel würden dafür also, wie auch im bestehenden Sozialsystem, Gelder erhalten.[118] Freilich wären für eine „wirkliche Freiheit" nicht nur *interne,* sondern auch *externe* Ressourcen in diesem Sinn gleich-, oder genauer, nach dem „Leximin-Prinzip" zu verteilen. Und genau dies ist nun der Punkt, an dem für Van Parijs ein genuines Grundeinkommen ins Spiel kommt.

Weil nämlich auch manche *externen unverdienten Ressourcen* nur bedingt verteilbar sind, müsste, so Van Parijs, auch der Mangel oder die Nichtteilhabe an diesen Ressourcen in einer wirklich freien Gesellschaft kompensiert werden. Unter den gegebenen sozialen und wirtschaftlichen Bedingungen, in denen in immer mehr Gesellschaften *unfreiwillige Arbeitslosigkeit* herrscht, stellen auch Arbeitsplätze solche *externe unverdiente,* nichtsdestotrotz aber unbezweifelbar höchst attraktive Ressourcen dar, die über Einkommen, soziales Ansehen, befriedigende Beschäftigung und vieles mehr bestimmen. Wie Rohstoffe, Umweltbedingungen, Wissen, Technik etc. haben die Menschen auch Arbeitsplätze in der Regel nicht individuell selbst geschaffen, sondern *unverdienter Weise* von der Natur und ihren Vorfahren geerbt. Der Umstand, dass manche Gesellschaftsmitglieder einen Arbeitsplatz haben und andere nicht, oder auch der, dass manche einen sehr guten, sicheren, vielleicht sogar unkündbaren Arbeitsplatz haben und andere nicht, kann daher in keiner Weise der Vorstellung einer *wirklich freien* Gesellschaft entsprechen.

Unfreiwillige Arbeitslosigkeit lässt sich, wie wir im ersten Teil dieses Buches gesehen haben, auch auf gänzlich liberalisierten Märkten, also auf solchen mit perfektem Wettbewerb nicht zuverlässig vermeiden. Darüber hinaus wäre das Problem der unverdienten Arbeitsplatzrenditen auch dann noch nicht gelöst, wenn jeder, der arbeiten will, auch arbeiten könnte. Das Problem würde sich nämlich nur auf den Unterschied zwischen guten und schlechten Arbeitsplätzen verlagern. Auch gute, hochbezahlte, sichere, gesunde oder interessante Arbeitsplätze stellen im Van Parijs'schen Sinn eine nicht wirklich gerecht zu verteilende *externe unverdiente Ressource* dar. Diejenigen, die nicht an ihr teilhaben können, müssten in einer *wirklich freien* Gesellschaft für diese Nichtteilhabe kompensiert werden, und zwar in Form eines von jeglicher Arbeit unabhängigen Grundeinkommens.

Die Höhe dieses Grundeinkommens richtet sich für Van Parijs nun nach dem Wert der Arbeitsplätze, das heißt, nach ihrem „kompetitiven Gleichgewichtspreis". Nach Ronald Dworkin[119] ist das jener Preis, den eine

---

[118] Van Parijs 1995: 74.
[119] Dworkin 1981: 285-290.

Ressource, in unserem Fall der Arbeitsplatz, auf einer Auktion erzielen würde, auf der alle Auktionsteilnehmer mit gleicher Bietkraft ausgestattet sind, auf der alle über die Angebote der anderen Auktionsteilnehmer Bescheid wissen, und die erst endet, wenn keiner das von einem anderen ersteigerte Ressourcenbündel mehr beneidet.[120] Der Wert eines Arbeitsplatzes hängt demnach davon ab, wie wichtig er für andere ist und wie viel es von ihm gibt, und nicht davon, ob sein Vorhandensein das Wohlergehen eines jeden gleichermaßen ermöglicht.

Denn während in letzterem Fall etwa auch Gesellschaftsmitgliedern, die „expensive tastes" pflegen, die also etwa eine teure Vorliebe für Kaviar und Champagner haben und die bei Verzicht in ihrem Wohlergehen gestört wären, Extraressourcen zuerkannt werden müssten, damit die teuren Vorlieben befriedigt werden können, lehnt Van Parijs solche Extras ab. Für ihre Präferenzen und Vorlieben müssten die Gesellschafter selbst einstehen (es sei denn, es handle sich um nicht-genuine Präferenzen oder um Präferenzen, die sie lieber nicht hätten, um als Behinderungen einzustufende Süchte etwa)[121]

Wohl aber müssten nach dieser Konzeption Gesellschafter, die *freiwillig* auf ihr Anrecht auf einen Arbeitsplatz verzichten, die also zum Beispiel lieber Surfen gehen als zu arbeiten, – wie Van Parijs in einem berühmt gewordenen Aufsatz mit dem Titel „Why Surfers Should be Fed" 1991 herausgestellt hat – für diesen Anrechtsverzicht kompensiert werden. Denn sie würden nach dieser Konzeption nicht auf Kosten der arbeitenden Bevölkerung leben, sondern nur auf Kosten dessen, was ihnen in einer „wirklich freien" Gesellschaft *Legitimerweise* zusteht und in Form eines Grundeinkommens, dessen Höhe mit dem Grad an unfreiwilliger Arbeitslosigkeit in der Gesellschaft steigt, ausbezahlt wird.

4.2. Einwände gegen diese Konzeption

Nun hat, wie gesagt, die Van Parijs'sche Konzeption in den wenigen Jahren seit dem Erscheinen von *Real Freedom for All* ein erstaunlich breites Echo hervorgerufen. Alleine die vielen Stellungnahmen zu diesem Buch haben die Grundeinkommensdebatte enorm in Schwung gebracht. Neben zahlreichen Anregungen, Verfeinerungen und weiterführenden Überlegungen wurden von verschiedensten, und nicht nur von liberalen Seiten natürlich auch zahlreiche Einwände vorgebracht. Ohne genau auf alle Details der

[120] Vgl.: Van Parijs 1995: 49f, wir kommen weiter unten noch einmal darauf zurück.
[121] Vgl.: Van Parijs 1995: 49f, 77-82.

Diskussionen eingehen zu können, wollen wir im Folgenden zumindest die wichtigsten Argumente dieser Debatte betrachten.[122]

Auf sehr grundsätzlicher Ebene wurde weniger gegen die Konzeption von Van Parijs selbst, als gegen die von ihm als Grundannahme berufene „egalitaristische Intuition", nach der kein Mensch aufgrund von Dingen, für die er nichts kann, also *unverdientermaßen*, schlechter dastehen sollte als ein anderer, schon früher eingewandt, dass auch andere Umgangsweisen mit der Kontingenz, dem Zufallscharakter des menschlichen Lebens, mit Behinderung oder Begabung etwa, denkbar wären. Die so genannte „humanistische" Konzeption von Gerechtigkeit zum Beispiel geht davon aus, dass Kontingenz nur dann „ausgeglichen" werden braucht, wenn ihre Folgen ein menschenwürdiges Lebensniveau unterschreiten. Wenn also Schicksalsschläge wie etwa eine schwere angeborene Behinderung die Betroffenen daran hindern, ein menschenwürdiges Leben zu führen. Oberhalb dieses Niveaus würde diese Gerechtigkeitskonzeption nur an solchen Diskriminierungen Anstoß nehmen, die von Menschen verursacht sind. Freilich fragt sich angesichts dessen sofort, ob nicht auch der Umstand der ungleichen Ressourcenaufteilung in diesem Sinne als vom Menschen verursacht aufgefasst werden kann.

Nichtsdestotrotz sind speziell gegen Van Parijs' Grundeinkommenskonzeption aus dieser „nicht-egalitaristischen" Sicht eine Reihe von Argumenten vorgebracht worden, die, wenn sie auch nicht immer ins Zentrum der Van Parijs'schen Überlegungen vordringen, doch zumindest die Grundlinien seiner Argumente deutlicher hervorheben.

Ein von Elizabeth Anderson vorgebrachter Einwand macht zum Beispiel geltend, dass die von Van Parijs vorgesehenen Kompensationszahlungen an Behinderte, Unbegabte, Hässliche oder sonstige Ausgeschlossene möglicherweise nicht ausreichen könnten, um den Betroffenen auch tatsächlich die nötige soziale Anerkennung, die Selbstachtung und damit die angepeilte Integration in die Gemeinschaft zu verschaffen. Unter Umständen könnten die Kompensationen die Lage der Betroffenen sogar noch verschlechtern. Anderson hat diese Möglichkeit in bitterböser Weise zugespitzt:[123]

> „Suppose the compensation checks arrived in the mail along with a letter signed by the State Equality Board explaining the reasons for the compensation. Imagine what these letters would say.
>
> 'To the disabled: Your defective native endowments or current disabilities, alas, make your life less worth living than the lives of

[122] Wir folgen dazu im wesentlichen zunächst: Krebs 2000; siehe aber auch etwa: White 1997, Vallentyne 1997, Widerquist 1999.

[123] Anderson 1999: 305.

normal people. To compensate for this misfortune, we, the able ones, will give you extra resources, enough to make the worth of living your life good enough that at least *one* person out there thinks it is comparable to someone else's life.

To the stupid and untalented: Unfortunately, other people don't value what little you have to offer in the system of production. Your talents are too meager to command much market value. Because of the misfortune that you were born so poorly endowed with talents, we productive ones will make it up to you: we'll let you share in the bounty of what we have produced with our vastly superior and highly valued abilities.

To the ugly and socially awkward: How sad that you are so repulsive to people around you that no one wants to be your friend or lifetime companion. We won't make it up to you by being your friend or your marriage partner – we have our freedom of association to exercise – but you can console yourself in your miserable loneliness by consuming these material goods that we, the beautiful and charming ones, will provide. And who knows? Maybe you won't be such a loser in love once potential dates see how rich you are."

So bitter dieser Einwand auch aufstößt, wirklich ins Zentrum der Van Parijs'schen Argumentation scheint er nicht vorzudringen. In seinem Sinn muss diesbezüglich vermutlich noch einmal an das „Maximin-" oder genauer das „Leximin-Prinzip" erinnert werden. Die von Van Parijs vorgesehenen Kompensationszahlungen wollen ja explizit nur eine „second best solution" sein, die damit aber eben eine *immer noch bessere* Lage erzeugt, als die, von der Teilhabe an bestimmten Ressourcen ausgeschlossen zu sein und *nicht* dafür kompensiert zu werden. Auch im Hinblick auf Andersons letzten Satz ließe sich speziell in Bezug auf Arbeitslose, selbst wenn sie hier nicht direkt angesprochen sind, einwerfen, dass in der Realität wohl erst einmal abzuwarten sei, welch sonstiges soziales Kapital die Betroffenen zu erringen im Stande wären, wenn erst einmal die zehrende Bindung von Arbeit und Einkommen und die damit verbundene Stigmatisierung der Arbeitslosen zerschlagen ist.

Angesprochen ist damit nämlich der viel diskutierte Umstand, dass in der Lohnarbeitsgesellschaft der Arbeitsplatz die wesentliche Voraussetzung ist, um soziale Anerkennung zu erringen.[124] Das Menschenrecht auf soziale Anerkennung hat, anders gesagt, in unserer Gesellschaft wesentlich die Form eines Rechtes auf Teilnahme an Arbeit und der (meist monetären) Anerkennung, die diese genießt, angenommen. Wie zahlreiche Untersu-

[124] Vgl. dazu u.a. auch immer wieder André Gorz, u.a.: Gorz 1994: 293f.

chungen – allen voran auch die berühmte, schon erwähnte Studie über die „Arbeitslosen von Marienthal" – gezeigt haben, sind durch das sukzessive Selbstverständlichwerden des *Normal*beschäftigungsverhältnisses und der abhängigen Erwerbsarbeit im zwanzigsten Jahrhundert wichtige Sozialisationsfaktoren aufs Engste mit der Lohnarbeit verwoben worden. Moderne Gesellschafter bestimmen sich und ihren Platz in der Gesellschaft, anders gesagt, heute wesentlich über ihre Arbeit, ihre Profession. Und dieser Umstand weist erneut jene fatale Persistenz auf, die wir schon mehrfach in unseren Überlegungen erwähnt haben. Auch in Zeiten, da das so genannte *Normal*beschäftigungsverhältnis immer weniger das tatsächlich *normale* Beschäftigungsverhältnis des Großteils der Bevölkerung darstellt, gilt, dass wir zu einem großen Teil das sind, als was wir arbeiten. Wenn Beschäftigte ihre Arbeit verlieren, so verliert oft auch ihr Alltag seine Struktur, ihr Selbstwert jeglichen Halt und ihr Dasein seinen grundlegenden Sinn, und dies selbst dann, wenn die Arbeit zuvor eigentlich als nicht sonderlich befriedigend empfunden worden ist. Die soziale Anerkennung bleibt gleichsam am Arbeitsplatz zurück.

Wenn nun Arbeitslose, so die dem Anderson'schen Einwand analoge Argumentation, einfach mit Geld für diese entgangene soziale Anerkennung und den allgemeinen Sinnverlust, der mit dem Verlust der Arbeit einhergeht, entschädigt würden, so würde dies einem *Ausverkauf* des Rechts auf Arbeit gleichkommen. Sozialer Ausschluss könne aber, so der Einwand, durch Geld so wenig wettgemacht werden wie etwa Behinderungen oder eine Krankheit. Ein Grundeinkommen, das für diesen Ausschluss kompensieren soll, würde also, wie auch André Gorz meint, einem „Lohn zur Ausgrenzung aus der Gesellschaft" gleichkommen.[125] Es würde die Ausgrenzung nicht aufheben, sondern sie im Gegenteil unterstützen, indem es dazu beiträgt, dass die Ausgrenzung von der Gesellschaft als solche akzeptiert wird.

4.3. Van Parijs' Antwort

Van Parijs hat gegen diesen Ausverkaufsvorwurf einige Punkte in seiner Konzeption geltend gemacht. Zum einen hat er darauf hingewiesen, dass ein Grundeinkommen keineswegs nur den finanziellen Aspekt der Arbeit herausstellen würde, sondern auch einer Reihe von nicht-finanziellen Vorzügen der Arbeit, wie eben sozialem Ansehen, sozialen Kontakten, sozialer Macht oder befriedigenden Tätigkeiten Rechnung tragen könnte.

---

[125] Gorz 1994: 291.

Gerade weil mit einem Grundeinkommen der Zwang der materiellen Existenzsicherung wegfallen oder zumindest vermindert würde, könnten andere als finanzielle Aspekte der Arbeit damit ins Zentrum der Aufmerksamkeit rücken.

Zwar stellt dies allein, wie Angelika Krebs[126] anmerkt, strenggenommen noch keine überzeugende Antwort auf das Problem dar, dass die Vorenthaltung eines Grundgutes wie soziale Anerkennung durch nichts, auch nicht durch Geld kompensierbar ist. Van Parijs weist aber darauf hin, dass gerade ein Grundeinkommen dazu beitragen könnte, dass Personen mit Schwierigkeiten auf dem Arbeitsmarkt zwar nicht an finanziell attraktive, aber doch an anderwärts attraktive Arbeit herankommen könnten. Sie könnten nämlich zum Beispiel ihr Grundeinkommen nutzen, um sich mit Tätigkeiten, die unter normalen ökonomischen Umständen keine oder zu wenig Lebensgrundlage bieten (Kunst, Forschung, Ausbildung, Erziehung etc.), selbständig zu machen. Sie könnten es sich mit einem Grundeinkommen leisten, eine Teilzeitarbeit oder eine schlechtbezahlte aber vielleicht prestigevolle, befriedigende Arbeit anzunehmen, um daraus dann unter anderem auch soziale Anerkennung zu schöpfen. Ohne Grundeinkommen könnten sie allein von solchen Tätigkeiten nicht überleben, wären auf die üblichen Unterstützungen angewiesen und damit gesellschaftlich stigmatisiert.

Freilich ließe sich diesbezüglich die Frage stellen, ob sich soziale Anerkennung schon automatisch einstellt, sobald nur ein Beschäftigungsverhältnis eingegangen werden kann. Die Motivation eines Arbeitslosen könnte unter dem Umstand, dass seine Fähigkeiten am freien Markt nicht gebraucht werden, maßgeblich leiden und so nur Tätigkeiten hervorbringen, die erneut keine soziale Anerkennung verschaffen. Der soundsovielte Töpferladen, der nichts verkauft, oder der soundsovielte Meditationskurs, der keine Interessenten findet, würden zwar Arbeit und mit einem Grundeinkommen vielleicht auch ein Auskommen erlauben, soziale Anerkennung verschafft dies aber nicht. „Daß man, wenn man keine anständig bezahlte Berufsarbeit findet und partout arbeiten will, sich immer noch gesellschaftlich ausbeuten und trotz Arbeit marginalisieren lassen kann, stellt offensichtlich keine Lösung des Problems unfreiwilliger Arbeitslosigkeit dar" schreibt Angelika Krebs diesbezüglich.[127]

Dass dies aber auch unter den gegebenen ökonomischen Bedingungen schon der Fall ist und die Betroffenen hier zusätzlich noch vor dem Problem der Existenzsicherung stehen, berücksichtigt sie nicht. Erneut muss diesbezüglich an den expliziten Anspruch Van Parijs' erinnert wer-

[126] Krebs 2000.
[127] Krebs 2000.

den, dass sein Vorschlag, die Ungleichverteilung knapper Ressourcen durch ein Grundeinkommen zu kompensieren, nur eine „zweibeste" Lösung darstellt. Natürlich wäre es besser, würden tatsächlich nur mehr Traumjobs angeboten, die alle optimale soziale Anerkennung verschaffen. In einer suboptimalen Welt stellt aber unter Umständen eben das *maximale Minimum* die beste zu erreichende Lösung dar. In ihr könnte ein Grundeinkommen eine immer noch bessere Position bieten als der gegenwärtige Status Quo.

4.4. Die Trennung von Arbeit und Einkommen

Auch Van Parijs gibt zu, dass andere Theorien mehr in Sachen Recht auf Arbeit vorsehen als seine Überlegungen. Dieses Mehr würde aber eben zum Beispiel auf eine Privilegierung des Lebensstils derer, die gerne arbeiten (– er nennt sie „Crazies" –), auf Kosten derer, denen eher an Freizeit liegt („Lazies"), hinauslaufen. Und diese Privilegierung würde dann gegen die moralisch gebotene Neutralität eines gerechten Staates verstoßen. Sie würde das Prinzip der Gerechtigkeit als Garantie „wirklicher Freiheit" verletzen.[128]

Grundsätzlich liegt seinen Überlegungen aber die implizite Annahme zugrunde, dass Einwände wie der gegen die finanzielle Kompensation sozialer Anerkennung, nur deshalb zur Zeit ein Argument darstellen, weil sie im Rahmen einer Gesellschaft erhoben werden, die es gewohnt ist, wesentliche soziale Funktionen und Werte unhinterfragt mit Arbeit zu verknüpfen. Sobald einmal diese kulturell so tief verankerte Bindung von „Arbeit und Essen", also von Arbeit und Ein-, beziehungsweise Auskommen durch ein Grundeinkommen durchtrennt ist, würden sich grundsätzliche Aspekte unseres sozialen Daseins unter ganz anderen Blickwinkeln darstellen. Wenn einmal die grundlegende Existenzsicherung kein Thema mehr darstellt, würde die Idee, soziale und finanzielle Werte überhaupt aufeinander zu beziehen, vermutlich völlig abwegig erscheinen und das gegenwärtige so fest auf Arbeit gegründete Ethos der Lohnarbeitsgesellschaft würde sich als *Ideologie* entpuppen, die nur solange bestehen konnte, als der Wert der Arbeit für selbstverständlich genommen wurde.

Freilich, der Umstand, dass die Arbeitsgesellschaft und das ihr zugrundeliegende Ethos bereits im Verschwinden begriffen sind, kann bei weitem

[128] Vgl.: Van Parijs 1995: 126.

noch nicht so eindeutig festgestellt werden, wie dies andere Propagandisten der Grundeinkommensidee versucht haben. Weder ist es ausgemacht, dass unsere Gesellschaft bereits tatsächlich eine Wohlstandsgesellschaft ist, die nicht mehr die Arbeitskraft all ihre Mitglieder benötigt, um all ihren Mitgliedern ein menschenwürdiges Dasein zu ermöglichen. Überdies ist es, wie wir im ersten Teil dieses Buches gesehen haben, keineswegs leicht zu entscheiden, was eine Mangel- und was eine Wohlstandsgesellschaft überhaupt ist. Und darüber hinaus, ist es auch keineswegs ausgemacht, dass der Arbeitsgesellschaft tatsächlich die Lohnarbeit ausgeht. Immer wieder wurde von Arbeitsmarktforschern darauf hingewiesen, wie viel es im Sozial-, im Bildungs- oder Umweltbereich und etwa auch in der Dritten Welt noch zu tun gibt. Die modischen Slogans vom „Ende der Arbeit"[129] verdanken sich selbst einer Perspektive, die sich eben nur vom Standpunkt der Lohnarbeitsgesellschaft erschließt.

Nichtsdestotrotz schafft die gegenwärtige Situation der Arbeitsgesellschaft mit ihrem auf Lohnarbeit aufruhenden Arbeitsethos, sowie der diesem Ethos nicht mehr entsprechenden Nachfragelage am Arbeitsmarkt und den dieser Nachfragelage ebenfalls nicht mehr entsprechenden sozialen Sicherheitsnetzen, enorme Probleme, sowohl was die faktische, wie auch – was uns in diesem Kapitel besonders beschäftigt – was die ideelle Ordnung der Gesellschaft betrifft. Vor dem Hintergrund eines ausgefeilten Gerechtigkeitsprinzips, wie es Van Parijs entwirft, scheint die „zweitbeste" Lösung, knappe Ressourcen finanziell zu kompensieren, immerhin eine *mögliche Antwort* auf die zahlreichen Folgen der Verwerfungen der Arbeitsgesellschaft zu geben.

[129] U.a. Rifkin 1995.

5. Parasitentum. Die Frage der Gegenleistung – „Meine Steuern zahlen deine Unterstützungen"

5.1. Reziprozität

Van Parijs' Überlegungen wurden freilich noch von anderer Seite her in philosophischer Hinsicht kritisiert. Obwohl die dabei vorgebrachten Argumente im Prinzip bereits mit unseren bisherigen Darstellungen ausgeräumt wurden, wollen wir im Folgenden noch einen kurzen Blick darauf werfen. Leitet uns diese Kritik doch allmählich auch zu pragmatischeren Fragen um das Grundeinkommen über. Van Parijs' egalitaristische Gerechtigkeitskonzeption betrachtet, wie wir gesehen haben, das Grundeinkommen als Kompensation für eine entgangene Teilhabe an knappen Ressourcen. Damit stellt das Grundeinkommen selbst eine *Gegenleistung* für etwas dar und kann nicht seinerseits eine, wie auch immer geartete Gegenleistung für seinen Bezug verlangen. Nach Van Parijs' Konzeption muss ein Grundeinkommen unabhängig von allen sonstigen Bedingungen, sprich also *bedingungslos* ausbezahlt werden, und dies auch an Personen, die es explizit vorziehen, zum Beispiel surfen zu gehen, anstatt zu arbeiten.

Gerade dieser Umstand hat natürlich eine Reihe kritischer Einwände hervorgerufen. Von einer Position aus, deren Vertreter, von einer ebenfalls egalitaristischen Grundhaltung aus eine grundsätzliche *Reziprozität* von Rechten und Pflichten gegenüber der Gesellschaft annehmen, ist er in die Nähe der Akzeptanz von Parasitismus gestellt worden. Van Parijs' Entwurf würde es manchen Gesellschaftern erlauben, auf Kosten der anderen zu leben.

Tatsächlich seien aber die *Rechte* der Gesellschafter stets als *Pflichten* der anderen Gesellschafter gegenüber denjenigen, die das Recht beanspruchen, zu betrachten, *und vice versa.* Das heißt, Rechte und Pflichten stehen zueinander im Verhältnis der Reziprozität. Sie stellen zwei Seiten desselben Anspruchs dar, die ohne einander nicht existieren. Kein Recht kann demnach als *gegenleistungsfrei* aufgefasst werden. Ein Recht auf ein Einkommen impliziert stets die Pflicht desjenigen, der das Recht beansprucht, eine Gegenleistung dafür zu erbringen.

Diesen Umstand hat eine Reihe von Autoren, die mittlerweile in der Diskussion als „Reziprozitisten"[130] zusammengefasst werden, als grundsätzliche *exploitation objection* gegen die Überlegungen von Van Parijs ins Rennen geworfen. Stuart White zum Beispiel hat 1997 eingewandt, dass ein Grundeinkommen, weil dieses niemals nur von Landabgaben und Zinserträgen, sondern immer auch zumindest zum Teil von Steuern auf Arbeitslöhne und -gewinne finanziert werden müsste[131], nicht-arbeitenden Personen erlauben würde, von den Bemühungen und Anstrengungen der Arbeitenden zu leben und diese so auszunutzen.[132] Einen ähnlich argumentierten Parasitismus-Vorwurf hat auch schon Jon Elster in den achtziger Jahren erhoben.[133] Auch John Gray hat 1996 diesbezüglich angemerkt, dass Grundeinkommenskonzepte, indem sie Rechte nicht hinreichend an Pflichten binden, eine verantwortungslose liberale Kultur stärken würden und individuelle Selbstbestimmung ohne korrespondierende Verpflichtungen befürworten würden. Grundeinkommenskonzepte, so meint er, „reinforce the denial of agency and the lack of mutuality."[134] Und auch Amy Gutmann und Dennis Thompson haben 1996 diesbezüglich angemerkt, dass sich Gesellschafter, die sich weigern können zu arbeiten, auch weigern würden, jegliche Ordnung fairer sozialer Kooperation zu akzeptieren. Grundeinkommenskonzepte würden demnach die Reziprozität von Rechten und Pflichten in der Gesellschaft nicht hinreichend berücksichtigen, und darauf gäbe es nur eine mögliche Antwort: „Citizens who are able but refuse to work not only may but *should* be denied welfare."[135] Wie immer die Einkommen verteilt würden, sie müssten an eine Form der *Gegenleistung* gebunden bleiben.

Jurgen de Wispelaere hat demgegenüber 1998 an Van Parijs' ursprüngliches Argument erinnert und eingewandt, dass „radikale" Reziprozitisten ihren Grundsätzen bereits selbst angesichts der Forderung nach „reziprokem" Anrecht auf Arbeit widersprechen würden. Diskutabel sei für ihn höchstens eine Position, die in Anbetracht des Umstandes, dass auf modernen Arbeitsmärkten nicht genug Arbeit für alle zu haben ist, ihre Forderung auf eine „moderate" Reziprozität einschränkt, in der zwischen der prinzipiellen *Bereitschaft* zur Gegenleistung für Einkommen (*willingness-to-contribute*) und der tatsächlichen Chance auf eine

[130] Vgl. dazu: Wispelaere 1998.

[131] Wir kommen, wie gesagt, auf die natürlich äußerst wichtige Finanzierungsfrage weiter unten noch ausgiebig zurück.

[132] Vgl.: White 1997: 312.

[133] Vgl: Elster 1986.

[134] Gray 1996: 51.

[135] Gutmann/Thompson 1996: 279.

Gegenleistung (*opportunity-to-contribute*) unterschieden wird. Philosophisch wohl akzeptabel, kommt nun aber diese Unterscheidung, so wendet Wispelaere selbst ein, auf praktischer Ebene vor einer grundsätzlichen Schwierigkeit zu stehen. Auch die „willingness" zur Gegenleistung muss nämlich, sofern nun an sie, statt an Arbeit, die Einkommen gebunden würden, von jemandem festgestellt werden. Und dies erfordert in der Praxis kostspieligen Verwaltungsaufwand.

5.2. Noch einmal zur Frage der Administrierbarkeit

Einer der wesentlichen Vorteile eines Grundeinkommens ist aber, wie wir schon zu Beginn dieses Teils unseres Buches festgestellt haben, gerade der Umstand, dass es sich bei einem *bedingungslos* ausbezahltem Grundeinkommen um eine Existenzsicherung handelt, die extrem niedrige Ansprüche an ihre Administrierbarkeit stellt, die also wesentlich einfacher und billiger wäre als das bestehende komplizierte Mischsystem des sozialen Netzes aus Sozialversicherung, Sozialhilfe und einer Reihe von speziellen Beihilfen und Steuerbegünstigungen. Ein Teil der Kosten eines Grundeinkommenssystems würde, so rechnen Ökonomen verschiedentlich vor, bereits durch die Einsparungen der Administrationskosten finanziert werden können, die anfallen, weil gegenwärtig festgestellt werden muss, wer welchen Anspruch auf welche Art von Unterstützung hat. Für ein bedingungsloses Grundeinkommen wäre nur mehr eine Minimaladministration – die vielleicht sogar von privaten Geldinstituten und Banken mithilfe einer „Sozialkreditkarte" übernommen werden könnte – notwendig, die dafür sorgt, dass jedem Staatsbürger regelmäßig die ihm zustehende Summe überwiesen wird. Da die meisten Konzepte von einheitlichen Grundeinkommenshöhen ausgehen – manche differenzieren höchstens zwischen Kindern, Erwachsenen und Rentnern –, könnte im Prinzip wohl auch ein Computerprogramm die periodischen Überweisungen vornehmen. Tausende von Beamtenarbeitsstunden und Millionen an Beamtengehälter würden dadurch eingespart werden.

Abgesehen davon, dass damit auch die Eingriffe in die Privatsphäre durch die Bedürftigkeitsfeststellung, das heißt, die teils regelrechte „Beschnüffelung" der Klienten durch die Angestellten der Arbeitsmarktservices (– in Großbritannien wurden zum Beispiel 1996 die Beamten der Arbeitsämter angehalten, auf die Kleidung der Sozialhilfe-Antragsteller zu achten –) unterbunden würde, und dass diejenigen Nebenverdienste, die heute dem Sozialamt verschwiegen werden, weil sonst die Unterstützung gestrichen wird, entkriminalisiert würden, würde das System dabei auch für die Bedürftigen selbst transparenter. Versäumte Ansprüche, die durch die mangelnde Durchschaubarkeit des Sozialsystems, durch seine vielzahligen Sonderregelungen und Ausnahmen verursacht werden, ließen sich dadurch vermeiden. Aus wirtschaftlicher Sicht würde der Sozialstaat genau diejenige Verschlankung erfahren, die viele liberale Ökonomen heute für so wichtig erachten.

Wie sehr die Überprüfung zum Beispiel der von „moderaten Reziprozitisten" geforderten *Bereitschaft* zur Gegenleistung für ein Grundeinkommen jede tatsächliche Administration überfordert, wird schnell deutlich, wenn man die Vorschläge betrachtet, die vorführen, wie diese Überprüfungen in der Praxis aussehen sollten. Unter anderem wurde etwa angeregt, die früheren Arbeitsgewohnheiten der Betroffenen zu überprüfen und die Zahlung von Unterstützungen davon abhängig zu machen, inwiefern die Lebensläufe Arbeitsbereitschaft widerspiegeln. Die Arbeitsbereitschaft von Personen, die zum ersten Mal am Arbeitsmarkt auftreten, ist so allerdings nicht überprüfbar.

Darüber hinaus birgt diese Art des *Means test* die Gefahr, dass unter Bedingungen zunehmender Prekarisierung ohnehin bestehende Benachteiligungen noch zusätzlich verstärkt werden. Ungewollte länger dauernde Phasen von Arbeitslosigkeit in Beschäftigtenkarrieren könnten dabei zum Beispiel, je nach politischer Stimmung oder Notwendigkeit, als Arbeitsunwilligkeit interpretiert werden.

Analoges lässt sich auch gegen den Vorschlag einwenden, die geforderten Gegenleistungen für Einkommen als Schuld in die Zukunft zu verlegen. Die Gefahr ist auch dabei groß, dass diejenigen, die ohnehin schon von Arbeitslosigkeit und Armut betroffen sind, mit einer zusätzlichen zukünftigen Last konfrontiert würden. Grundsätzlicher noch stellt aber auch dieser Vorschlag die Konzeption vor das Problem hoher Administrationskosten und eines unvermeidbaren Informationsdefizits. In realen Gesellschaften, in denen die Arbeitsplätze rar werden, lässt sich, so betonen viele Grundeinkommenstheoretiker, einfach nicht mehr eindeutig genug feststellen, ob jemand arbeiten *will,* aber nicht kann, oder ob er einfach grundsätzlich *nicht will.*

> „We tend", so meint Van Parijs diesbezüglich, „to get stranded in the mud of unavoidably controversial factual claims, typically about how much of a person's poor achievement is due to a lack of capacity she cannot be held responsible for rather than to a lack of will".[136]

---

[136] Van Parijs 1998: 203.

5.3. Workfare und Gemeinnützige Arbeit

Vor der gleichen Problematik kommen jene Konzeptionen zu stehen, die als *Gegenleistung* für ein Grundeinkommen vorschlagen, Arbeitslosen- oder Sozialhilfepläne als Arbeitsverpflichtungs-, als so genannte *Workfare*-Modelle zu konzipieren, als Modelle also, die eine niedrige Grundsicherung (*Welfare*) gewähren, dabei aber als Gegenleistung die Verpflichtung verlangen, anstatt nicht mehr verfügbarer „produktiver" Arbeit *gemeinnützige* Arbeit zu leisten, eine Arbeit also, die auf dem freien Markt keine lohnsichernde Nachfrage finden würde.

Der Sozialwissenschafter Claus Offe etwa spricht bezüglich solcher Kommunalarbeiten von einem „Dritten Sektor" von „pflichtmäßig freiwilligen Arbeiten", die speziell auf gesellschaftliche Bedürfnisse eingehen sollten, die unter den gegebenen ökonomischen Bedingungen nicht hinreichend über Marktmechanismen befriedigt werden können. Die Entlohnung ehrenamtlicher und gemeinnütziger Tätigkeiten im Pflege- und Erziehungsbereich im Rahmen offiziell anerkannter Verbände zum Beispiel könne damit, so Offe, zu so etwas wie einem „postindustriellen Haushaltssektor" werden, in dem die, die in der Produktion nicht mehr gebraucht werden, Unterkunft finden.[137]

Auch der Soziologe Ulrich Beck hat ein ähnlich geartetes Modell zur Entlohnung von „Kommunalarbeiten" vorgeschlagen. Im Hinblick auf Argumente, die Offes „Drittem Sektor" vorwerfen, die ohnehin schon von Arbeitslosigkeit Betroffenen noch zusätzlich zu stigmatisieren, will Beck zwar sein viel besprochenes „Bürgergeld"-Modell mit Nachdruck nicht als einen vom Gemeinwesen abgetrennten Sektor, oder gar als Ghetto oder Armenhaus verstanden wissen, in dem die sozialschwache Stellung der Arbeitslosen zusätzlich zementiert würde. Grundsätzlich, so schreibt er, sei ein „Bürgergeld" nur als „erster Schritt" in Richtung der Auflösung der Lohnarbeitsgesellschaft zu verstehen. Nichtsdestotrotz bleibt aber auch Becks Vorschlag an die Prämisse einer *Gegenleistung* für eine Grundsicherung gebunden, auch wenn sich seine Vorstellung von Gegenleistung bereits weit vom traditionellen Arbeitsbegriff zu distanzieren scheint. Mit seinem Grundsicherungsmodell will Beck nämlich explizit auch soziale Anliegen aufgreifen, die sich nicht mehr nur

---

[137] Vgl.: Offe 1995.

in rein kommunalen Diensten erschöpfen, sondern die den mit „Bürgergeld" bezahlten Sektor überdies auch als „Ort schöpferischen Ungehorsams und Experimentierens", als „organisierte Spontaneität", die eine „Kultur der Kreativität" schaffen könne, konzipieren will.[138]

Ungeachtet dieser bereits sehr weit gefassten Vorstellung des Arbeitsbegriffs weisen die Vertreter unbedingter Grundeinkommenskonzepte darauf hin, dass die Workfare-Modelle doch nach wie vor zur adminstrativen Vereinnahmung, zur „Tough Love" gegenüber den Ausgeschlossenen des Arbeitsmarktes neigen.[139] Obwohl es natürlich nicht abzustreiten ist, dass tatsächlich ein breites Spektrum von gesellschaftlichen Bedürfnissen existiert, die unter den herrschenden ökonomischen Verhältnissen nicht hinreichend befriedigt werden können, würden die *Workfare*-Modelle der Polarisierung der Gesellschaft in eine Elite von festbeschäftigten Lohnarbeitern und einen großen Rest von Prekarisierten und „Sozialhilfe-Arbeitern" gerade nicht Einhalt gebieten.

Darüber hinaus würde die Qualität von ökonomisch nicht rentablen und gegenwärtig von freiwilligen Enthusiasten geleisteten Tätigkeiten wohl empfindlich leiden, wenn sie in Zukunft von „verpflichtet freiwilligen" Arbeitslosen, denen andernfalls die Streichung ihrer Transferzahlung droht, geleistet würden. Einerseits würden die *verpflichteten Freiwilligen* nämlich im Bereich der ehrenamtlichen, gemeinnützigen Tätigkeiten gegenüber den *echten Freiwilligen*, die in diesem Bereich bereits seit längerem tätig sind, wohl sehr schnell zu untergeordneten Mitarbeitern werden und damit wohl die weniger dankbaren Aufgaben zugewiesen bekommen, die sie dann eben nur mehr widerwillig und schlecht erfüllen.

Und zum anderen entsteht mit der Entlohnung und Verwaltung *freiwilliger* Tätigkeiten ein Problem, auf das zum Beispiel André Gorz immer wieder mit Nachdruck aufmerksam gemacht hat. Auch wenn ein Grundeinkommen wie bei Ullrich Beck nur mehr als Übergangslösung an die Gegenleistung einer gemeinnützigen oder auch künstlerischen Tätigkeit geknüpft werden soll, müsste gewährleistet werden, dass diese Tätigkeit nicht ihren Sinn verliert, sobald sie nur ihrer Bezahlung wegen ausgeführt wird. Denn der Sinn von Aktivitäten, „die nur um ihrer selbst willen ausgeführt sinnvoll sind", neigt, so Gorz, grundsätzlich dazu, verloren zu gehen, sobald diese Aktivitäten mit Geld bemessen werden. „Sobald man Tätigkeiten, deren Ziel in der Stiftung oder Übermittlung von Sinn besteht, administrativ reglementiert oder monetarisiert (d.h. in bezahlte Beschäftigungen verwandelt), versetzt man sie unweigerlich in die Krise." schreibt

[138] Vgl.: Beck 1999: 125f.
[139] Vgl. u.a.: Saving: 1997.

er etwa in seiner *Kritik der ökonomischen Vernunft.*[140] Gerade die Attribute „*gemeinnützig*" und „*künstlerisch*", aufgrund derer diese Tätigkeiten für Beck die Chance hätten, den Übergang zur Nacharbeitsgesellschaft zu initiieren, könnten also, anders gesagt, durch ihre Entlohnung zerstört werden.

Aber selbst wenn sich dieses Problem nur abermals der Perspektive einer an Lohnarbeit gewohnten Gesellschaft verdankt, so müssten sich *Workfare*-Konzepte wie das Bürgergeld-Modell von Ulrich Beck trotzdem noch dem oben bereits erwähnten Informationsproblem stellen. Es kann, kurz gesagt, mit hohem Verwaltungsaufwand und erheblichen Kosten verbunden sein, stets feststellen zu müssen, welches Projekt von Arbeitslosen „sozialen und gemeinnützigen Zwecken" und welches „organisierter Spontaneität" dient, und welches es dabei verdient, finanziert zu werden und zu einem Grundeinkommen zu berechtigen, und welches nicht. Auch die Forderung, ein Grundeinkommen von kommunaler, künstlerischer oder wie sonst auch immer gearteter Arbeit abhängig zu machen, könnte damit vor einem überbordenden Administrationsaufwand zu stehen kommen, den zu bezahlen, auf Dauer nicht effektiv ist.

5.4. Arbeitszeitverkürzung

Diese Problematik betrifft auch eine andere, auf den ersten Blick wohl recht naheliegende Überlegung zum Schwinden der Erwerbsarbeit, die ebenfalls im Zusammenhang mit der Forderung nach einer Reziprozität von Rechten und Pflichten gegenüber der Gesellschaft erwogen worden ist. Statt *Workfare*, Kommunalarbeit oder Arbeitsbereitschaftstests wird von dieser Seite eine allgemeine Arbeitszeit*verkürzung* oder auch Arbeitszeit-*flexibilisierung* als Antwort auf die Arbeitsmarktproblematik vorgeschlagen. Dazu sollten die gegenwärtig noch existierenden Arbeitsplätze einfach umverteilt werden. Anders gesagt, sollte gesetzlich geregelt jeder, der über einen Arbeitsplatz verfügt, einen Teil seiner Arbeit unverrichtet lassen, um so denen, die keine Arbeit haben, die Chance zu geben, wieder in den Produktionsprozess aufgenommen zu werden.[141]

Gerechtfertigt sei dies auf philosophischer Ebene dadurch, dass die Zeit, die im Zuge der Produktionsrationalisierung gespart wird, ein Produkt der Gesamtgesellschaft ist und nicht nur einem Teil der Gesellschaft zugute kommen darf. Der bisher weitgehend *unkontrolliert* fortschreitenden Kür-

---

[140] Gorz 1994: 154.

[141] Vgl. dazu grundlegend: Standing 1999; Willke 1999: 92f.

zung der Arbeitszeit, bei der sie sich für einen Teil der Gesellschaft auf Null reduziert, während sie sich für andere kaum ändert, sei damit eine staatliche Regelung entgegenzusetzen, die nicht mehr die Arbeit als solche, sondern nur die *Arbeitsmenge*, und das heißt in der postindustriellen Praxis also eine entsprechend reduzierte Arbeitszeit als *Gegenleistung* für diverse Grundsicherungstransfers festsetzt. Einkommen sollten demnach nicht mehr an Arbeit schlechthin und auch nicht an den Beweis einer prinzipiellen Arbeitsbereitschaft oder eine gemeinnützige Ersatzarbeit, sondern an eine variable und von der jeweiligen Produktivität abhängige Arbeitsmenge gebunden werden.

So naheliegend Forderungen nach einer nachhaltigen Kürzung oder Flexibilisierung der Arbeitszeit auf den ersten Blick auch sein mögen, sehen sie sich gegenwärtig doch auch einer breiten Front von Gegnern gegenüber, einer Front, in der sich, so seltsam es scheinen mag, Arbeitgeber, Gewerkschafter, fixangestellte Arbeiternehmer und Grundeinkommensbefürworter in einiger Allianz zusammengefunden haben. Alle Facetten dieser Front zu diskutieren würde den Rahmen unserer Überlegungen sprengen.[142] Abgesehen von denjenigen Argumenten, die sich einseitig dem jeweiligen Standpunkt der Diskutanten (also etwa dem der Arbeitgeber oder dem der Gewerkschafter) verdanken und somit *a priori* nicht von allen Gegnern der Arbeitszeitverkürzung in Erwägung gezogen werden, wurden aber doch einige allgemeine Einwände gegen die auch in diesem Zusammenhang erhobene Forderung, Einkommen weiterhin *grundsätzlich* an *Gegenleistungen* zu binden, vorgebracht.

So wurde zum Beispiel von jenen, die eine Arbeitszeitverkürzung von der Annahme aus argumentieren, dass die Produktivität der gesellschaftlichen Arbeit stärker steigt als der Bedarf nach menschlicher Arbeitskraft[143], selbst auch darauf hingewiesen, dass die Dynamik der gesellschaftlichen und ökonomischen Entwicklung in der Moderne ein Ausmaß erreicht hat, das die jeweilige politische Durchsetzbarkeit von Arbeitszeitverkürzungen in ein immer größeres Missverhältnis zum Stand der real von der Produktion benötigten Arbeitsmengen bringt. So sei zum Beispiel die Einführung einer 35-Stunden-Woche bereits 1988 von einigen europäischen Gewerkschaften als „Kampfziel" in ihren Programmen festgeschrieben worden. Erstmals realisiert konnte sie aber erst zu Beginn des Jahres 2000 in Frankreich werden. Abgesehen davon, dass auch diese eher bescheiden anmutende Arbeitszeitverkürzung nur mit diversen Ausnahmen

---

[142] Vgl. aber z.B.: Standing 1999.

[143] Vgl. u.a.: Gorz 1994: 269f. Etwa: „Das Recht auf Einkommen muss an eine Pflicht gekoppelt werden, zur Erbringung dieses Einkommens zu arbeiten – und sei es noch so wenig." (294).

für bestimmte Berufsgruppen durchgesetzt werden konnte, wurde die Frage gestellt, ob die Arbeitszeitreduktion im Moment ihrer Realisation den tatsächlich in der französischen Volkswirtschaft benötigten Arbeitskräften noch entsprochen hat. André Gorz hat zum Beispiel bereits Ende der achtziger Jahre für eine 25-Stunden Woche plädiert. Von diesem Standpunkt aus scheint für eine *Umverteilung* der Arbeit, die dem Reziprozitätsprinzip gerecht werden soll, eine Reduktion der Arbeitszeit in einem Ausmaß notwendig zu sein, das politisch noch weit schwieriger durchzusetzen wäre, als eine *bedingungslose* Trennung von Arbeit und Einkommen.[144]

Allerdings ist natürlich, wie wir schon im ersten Teil diese Buches gesehen haben, die These, dass der Bedarf an menschlicher Arbeitskraft in der postindustriellen Gesellschaft wirklich signifikant weniger wird, höchst umstritten. Der Umstand, dass es auf aktuellen Arbeitsmärkten tatsächlich zu einem relativen Mangel an regulär bezahlter Erwerbsarbeit kommt, dürfte sich eher darauf zurückführen, dass die Zahl der arbeitssuchenden Menschen – etwa in folge der Einbindung der Frauen in die Erwerbsarbeit und durch Zuwanderung aus Drittländern – gegenwärtig schneller ansteigt, als die Zahl der Arbeitsplätze. Nichtsdestotrotz ist dieser Mangel an regulär bezahlter Erwerbsarbeit und der Umstand, dass sich in den letzten Jahrzehnten für manche die Arbeitszeit auf Null reduziert, während sie sich für andere nicht verändert, heute nicht mehr zu übersehen. Rein rechnerisch würde sich daher die Umverteilung der vorhandenen Erwerbsarbeit als praktikable Lösung für das Problem der Massenarbeitslosigkeit anbieten.[145]

In der Praxis kommt eine solche Umverteilung allerdings vor einer Reihe von Schwierigkeiten zu stehen. An erster Stelle steht dabei die Problematik, dass das Missverhältnis von Angebot und Nachfrage am Arbeitsmarkt schon heute stark von einer gravierenden Nichtentsprechung der Berufsqualifikationen bestimmt ist. Anders gesagt, werden zur Zeit auf dem Arbeitsmarkt eine Reihe von Jobs angeboten, für die nicht genügend entsprechend qualifizierte Arbeitskräfte zur Verfügung stehen, während auf der anderen Seite viele schlecht oder unpassend qualifizierte Arbeitskräfte keinen geeigneten Arbeitplatz finden. Auch eine Umverteilung der Arbeitsmenge würde deshalb vor dem Problem zu stehen kommen, dass sich die

---

144 Darauf, dass sich aber ein bedingungsloses Grundeinkommen und die notwendige Verkürzung der Arbeitszeit bei ihrer politischen Umsetzung in einiger Hinsicht ergänzen könnten, weist zum Beispiel Lynn Chancer (1998: 107) hin. Die Sicherheit, die im Kampf um eine Reduktion der Arbeitszeit etwa bei der Durchführung von Streiks etc. gefragt wäre, könne, so Chancer, am besten von einem zur selben Zeit bereits eingeführten Grundeinkommen gewährleistet werden.

145 Für ein konkretes Rechenbeispiel siehe: Willke 1999: 95f.

Qualifikationen von Angebot und Nachfrage nicht oder zu wenig entsprechen.[146]

Darüber hinaus wären mit einer Umverteilung der Arbeitsmenge natürlich Einkommenseinbußen für diejenigen verbunden, die gegenwärtig über Arbeit verfügen. Obwohl bei Verschwinden der Arbeitslosigkeit infolge der Umverteilung auch hier die Kosten von Arbeitslosenunterstützungen eingespart würden und damit über Steuer- und Sozialabgabensenkungen ein Teil der Einbußen kompensiert werden könnte, scheint es doch fraglich, ob vor dem Hintergrund dieser Einbußen (die sich ja zum Beispiel auch infolge niedrigerer Rentenansprüche auf die Zukunft der Betroffenen ausdehnen) gesamtgesellschaftlich ein Konsens zur Umverteilung der Arbeitsmenge hergestellt werden kann.

Und ein weiterer Einwand gegen Arbeitszeitverkürzung und -flexibilisierung betrifft erneut den bereits mehrfach angesprochenen Umstand, dass in modernen post-industriellen Gesellschaften die Bindung von Einkommen an eine wie immer auch reduzierte Arbeitsmenge vor einem grundsätzlichen Informationsproblem zu stehen kommt. In solchen Gesellschaften wird das Sozialprodukt nämlich immer weniger von Arbeitern geschaffen, deren Beitrag sich einfach in Form von genau festgesetzten Arbeitsstunden berechnen lässt. Das Sozialprodukt geht vielmehr, wie René Passet 1996 festgestellt hat, zum größten Teil aus integrierten „Mensch-Maschine-Organisations-Systemen" hervor, in denen der besondere Beitrag des Einzelnen grundsätzlich nicht mehr messbar ist. Das über viele Generationen hinweg kollektiv angesammelte wissenschaftliche *Know How*, das über die Maschinen und den rationalisierten Produktionsprozess in das Sozialprodukt einfließt, macht es unmöglich, die Leistung des Einzelnen noch adäquat zu beurteilen und dementsprechend die noch vorhandene Arbeit „gerecht" zu verteilen.

Das Prinzip, nach dem „jeder seiner Arbeit entsprechend" entlohnt wird, hat sich damit auch deshalb unter modernen Arbeitsbedingungen grundlegend überholt. Das Sozialprodukt ist in der Moderne durch den einfließenden Kollektivanteil vieler Generationen längst „zu einem wirklichen Gemeingut" geworden, das sich nicht mehr zu Zwecken der Umverteilung auseinanderdividieren lässt. Jegliche Arbeitszeitverkürzung zum Zweck einer dem Reziprozitätsprinzip entsprechenden Gerechtigkeit würde daher in der Praxis den tatsächlichen Beitrag der Einzelnen zum Sozialprodukt verfehlen und somit dem Gerechtigkeitsprinzip widersprechen.

---

[146] Das betrifft übrigens auch die vielfach erhobenen Forderungen nach Umwandlung der geleisteten Überstunden in Arbeitsplätze. Hier kommt die Nichtentsprechung der Qualifikationen von Angebot und Nachfrage sowie auch der Unwille der Arbeitenden, ihre Privilegien zu teilen, noch deutlicher zum Ausdruck.

5.5. Hamminga's Gedankenexperiment

Ein *unbedingtes* Grundeinkommen hingegen, so würde Van Parijs argumentieren, kann zwar auch keine *tatsächlich* gerechte Verteilung der Glücksgüter unter den Menschen gewährleisten, wohl würde es aber unter dem oben beschriebenen Leximin-Aspekt für eine *gerechte* Kompensation der entgangenen Ressourcen und Chancen sorgen. Und dies auch, oder gerade weil es nicht unterscheidet, ob jemand arbeiten will, und nicht kann, oder ob jemand schlechthin nicht arbeiten will.

Ein interessantes Argument für diesen Umstand hat ein Gedankenexperiment geliefert, das Bert Hamminga 1995 im Hinblick auf die Frage *Could Jobs be like Cars and Concerts?* vorgeführt hat. Hamminga's Überlegungen stellen im Prinzip eine Variation des oben bereits beschriebenen „kompetitiven Gleichgewichts" dar, das Van Parijs von Ronald Dworkin übernommen und für seine Konzeption nutzbar gemacht hat. Sie zeigen zum einen, dass ein *bedingungsloses* Grundeinkommen unter den Gerechtigkeitsgesichtspunkten einer „wirklich freien" Gesellschaft die adäquate Kompensation für den *unfreiwilligen* ebenso wie den *freiwilligen* Verzicht auf Arbeit darstellt, dass also der Vorwurf, mit einem Grundeinkommen würde ein Teil der Gesellschaft auf Kosten des anderen leben, unbegründet ist. Zudem liefern sie auch – worauf wir im folgenden Kapitel zu sprechen kommen wollen – eine Methode, festzustellen, wie hoch die Höhe eines Grundeinkommens sein kann, ohne den allgemeinen Anreiz zu arbeiten unter ein volkswirtschaftlich schädliches Maß fallen zu lassen.

Hamminga stellt sich ein fiktives Land *Eu* vor, das fünf Millionen Einwohner aber nur vier Millionen Arbeitsplätze hat. Die Regierung von *Eu* verteilt diese Arbeitsplätze in Form von Anrechtsscheinen, so genannten *Labour Rights* so unter den Staatsbürgern, dass jeder vier Anrechtsscheine erhält. Um Anspruch auf einen Arbeitsplatz geltend zu machen, sind aber fünf Scheine nötig. Der fehlende Anrechtsschein muss also am freien Markt dazugekauft werden. Der Preis der Anrechtsscheine ist damit mit dem *nicht-monetären* Wert eines Arbeitsplatzes in der Gesellschaft verbunden. Sofern es nämlich viele Gesellschaftsmitglieder vorziehen, lieber surfen zu gehen, anstatt zu arbeiten und infolgedessen ihre Anrechtsscheine auf dem freien Markt anbieten, sinkt der Preis der Anrechtsscheine und damit das Grundeinkommen, das durch den Verkauf der Scheine lukriert wird. Sinkt es unter ein Niveau, das den Gesellschaftern noch ein akzeptables Dasein ermöglicht, so werden sich wieder mehr von ihnen um einen Arbeitsplatz bemühen und damit die Nachfrage nach Anrechtsscheinen steigern. Im Endeffekt sollte sich so ein Gleichgewichtspreis der Anrechtsscheine auspendeln, der genau der Preishöhe entspricht, bei der es in der Gesellschaft keine Arbeitslosen mehr gibt, die lieber arbeiten würden, und keine Arbeitenden, die lieber nicht arbeiten würden. Die Diskussion, um unfaires Parasitentum, um die Ausnutzung der Arbeitenden durch Nicht-Arbeitende wäre damit beendet.

> „In Eu", so schreibt Hamminga diesbezüglich, „there's no discussion of whether people ought to work. It is not a matter of morals or politics or ethics. Jobs are like cars and concerts. Opting for employment is a matter of taste and your own preferred way of enjoying life."[147]

[147] Hamminga 1995: 26.

6. Ökonomische Argumente für ein Garantiertes Grundeinkommen

Obwohl wir im vorhergehenden Kapitel in mancher Hinsicht auch bereits konkrete soziale und ökonomische Konsequenzen eines Grundeinkommens berührt haben, hat sich die Argumentation dort noch auf einer weitgehend philosophischen oder ethischen Ebene bewegt. Gerade das zuletzt erwähnte Gedankenexperiment von Bert Hamminga sollte aber, wie gesagt, nicht nur zeigen, dass die „wirklich freie" Gesellschaft von Philippe Van Parijs nicht unbedingt eine sein muss, in der, wie das die „Reziprozitisten" meinen, arbeitende Gesellschafter durch *Free Rider*, durch „Nichtstuer" ausgenutzt werden können. Es wollte darüber hinaus auch ein Argument gegen die weit verbreitete Ansicht liefern, dass mit der Einführung eines Grundeinkommens die Produktion zum Stillstand käme, weil die Menschen schlichtweg aufhören würden, tätig zu sein, sobald ihr Dasein auch ohne Arbeit gesichert erscheint. Mit dieser Problematik gelangen wir nun auf eine pragmatischere Argumentationsebene, auf der wir im Folgenden soziale und ökonomische Bedenken für und gegen das Grundeinkommen erörtern wollen.

6.1. „Wer würde denn dann noch arbeiten?"

Wir haben den wohl populärsten Vorbehalt gegen die Grundeinkommensidee bereits in unserem historischen Überblick kennen gelernt. In ihm trifft sich ein weit verbreitetes Vorurteil der breiten Bevölkerungsmasse mit den wohl begründeten Sorgen einzelner Ökonomen um das Wohl der volkswirtschaftlichen Produktion. Es liegt auf den ersten Blick wohl tatsächlich nahe, zu befürchten, dass niemand mehr freiwillig arbeiten würde, sobald einmal mit einem *unbedingten* Grundeinkommen für das Auskommen der Menschen gesorgt ist.

Ähnliche Befürchtungen sind sehr alt. Bereits im 18. Jahrhundert hat der britische Ökonom Thomas Malthus gegen die Einführung einer Armenunterstützung argumentiert. Er befürchtete, die Armen würden, sobald sie vom Schmerz und von der Angst befreit wären, dass ihre Kinder verhungern, nicht mehr so hart und eifrig arbeiten.[148] Von staatlich regulierter

[148] Und wenn sie, so Malthus, Sex haben könnten, ohne schwanger zu werden, würden sie wohl, anstatt zu arbeiten und für die Zukunft zu sparen, nichts anderes tun, „than to roll in the hay all day long". Nach: Clark / Kavanagh 1996.

Armenhilfe sei deshalb abzusehen, weil die Wirtschaft damit Schaden nehmen würde.

Aber nicht nur die Armenhilfe, schon derjenige Zuwachs an Sicherheit, den die Lohnarbeit mit sich bringt, wurde, wie wir im ersten Teil dieser Schrift gesehen haben, von manchen Theoretikern dafür verantwortlich gemacht, dass sich Arbeitgeber Disziplinierungsmaßnahmen für ihre Angestellten ausgedacht haben. Auch die Unternehmer befürchteten, dass die Lohnarbeit das Leben so komfortabel werden lasse, dass niemand mehr bereit sei, eifrig und regelmäßig in ihrem Sinne zu arbeiten. Daher musste die Macht über die Arbeitnehmer durch die Errichtung von Arbeitshäusern, die Einführung von Fabriksirenen und festen Arbeitszeiten mit entsprechenden Kontrollen gesichert werden. Und diese Maßnahmen seien es gewesen, die dazu beigetragen haben, dass sich im Laufe der Zeit die Arbeit als etwas zutiefst Unfreiwilliges, Gezwungenes, als etwas, das bezahlt werden muss, weil es so unangenehm ist, in den Gehirnen der Menschen festgesetzt hat. Von dieser zutiefst im Ethos der Arbeitsgesellschaft wurzelnden Perspektive aus, so argumentieren heute eine Reihe von Theoretikern, sei es überhaupt erst möglich geworden, zu fürchten, dass ohne Entlohnung niemand bereit sei, zu arbeiten.

Dabei würde aber übersehen, dass die so gewohnte Verbindung von Arbeit und Lohn nur ein historisch gewachsenes Phänomen ist, das erst in der Industriegesellschaft zu seiner vollen Entfaltung gelangt ist und erst da dafür gesorgt hat, dass kaum noch jemand die unmittelbare Befriedigung und Genugtuung einer *Vita aktiva* mit dem Wort Arbeit verbindet. Die Befürchtung, dass alle Menschen ihre Arbeit sofort liegen lassen würden, sobald ihnen ein Grundeinkommen die Existenzangst nimmt, könne, so schreibt diesbezüglich etwa André Gorz[149],

> „eigentlich nur von denjenigen geäußert werden, für die Arbeit eine widrige Nötigung ist und die deshalb nicht einsehen, warum andere sich ihr entziehen dürfen, wenn sie sich selbst ihr unterwerfen müssen. Diejenigen hingegen, für die eine Arbeit Wert hat, die sie als Selbstverwirklichung und Selbstbehauptung ansehen und nutzen können, müßten die Meinung vertreten, daß Lust und Freude am Arbeiten mit Arbeitszwang unvereinbar sind, und durch dessen Abwesenheit erhöht werden."

Es würde grundlegend die menschliche Kreativität verkennen, so betont auch der polnischstämmige Soziologe Sigmunt Bauman[150] als einer von vielen, wenn man annehmen würde, „dass es nur ein Preisschild ist, das

[149] Gorz 2000: 120f.
[150] Bauman 1998: 97.

Arbeit von Nichtarbeit trennt". Die Menschen sind von Natur aus dazu geschaffen, tätig zu sein, und würden es auch ohne dieses Preisschild nicht vorziehen, „dem Müßiggang zu frönen und Begabungen und Interessen verrotten und verrosten zu lassen." Dem Zwang zur Arbeit dank eines Grundeinkommens entronnen, würden sie zwar vielleicht im ersten Schock tatsächlich die Arbeit Arbeit sein lassen und sich eine Weile dem Müßiggang hingeben. Sobald aber die Chancen erkannt würden, die die Existenzsicherung durch ein Grundeinkommen bietet, würde sich wohl der größte Teil der Menschen sehr schnell einer Tätigkeit widmen, die nun unter diesen Vorzeichen tatsächlich Berufung und nicht nur Beruf wäre.

In wirtschaftlicher Hinsicht gilt es allerdings genau diesen „Schock" zu überwinden. Denn gerade angesichts der Gewöhnung der Arbeitsgesellschaft an die Entlohnung einer größtenteils eigentlich als unangenehm und mühselig empfundenen Arbeit ist es kaum abzustreiten, dass viele Menschen im ersten Moment nur allzu bereit wären, die tägliche Mühe und Plage des Berufslebens hinzuwerfen und die Arbeit Arbeit sein zu lassen. Für diesen „Schock", selbst wenn er tatsächlich nur eine Gewöhnungsphase lang anhalten würde, müsste vorgesorgt werden. Und genau dies tun die meisten der heute diskutierten Grundeinkommenskonzepte auf vielfache Weise.

Grundsätzlich gehen nahezu alle Überlegungen zum Grundeinkommen davon aus, dass eine *bedingungslose* Trennung von Einkommen und Arbeit keineswegs bedeutet, dass nicht mehr gearbeitet werden *darf* oder dass für die Arbeit keine *Anreize* mehr geschaffen werden sollen. Ein Grundeinkommen wäre im Gegenteil gerade so zu konzipieren, dass der *Anreiz* für Arbeit nicht zerstört und die klassische „Arbeitslosenfalle", also der Umstand, dass Arbeitslose der aktiven Arbeitssuche fernbleiben, wenn sie in einem Job nicht oder nur unwesentlich mehr erhalten als ohne Job, vermieden wird. Die meisten Grundeinkommenskonzeptionen setzen die mit ihnen implizierten Transfers im Hinblick auf Arbeitsanreize so an, dass, wo immer trotz des Erhalts eines Grundeinkommens gearbeitet wird und damit ein zusätzliches „privates" Einkommen bezogen wird, insgesamt stets ein *höheres* Einkommen erzielt wird, als wo nicht gearbeitet und nur ein Grundeinkommen bezogen wird. Sofern sich eine Person dazu entschließt, *mehr* zu arbeiten und damit mehr Zusatzeinkommen zu verdienen, würde zwar schließlich entweder ihr Grundeinkommen gegen Null tendieren, oder die Steuern auf ihr Zusatzeinkommen höher als das Grundeinkommen steigen. Die Person würde so zu einem Nettosteuer*zahler*. In jedem Fall würde dabei aber gewährleistet bleiben, dass wer immer von Zweien mehr arbeitet und damit das höhere Zusatzeinkommen verdient, auch immer über das höhere Einkommen nach Steuern und nach

Transfers verfügt. Wer also mehr als nur ein Grundeinkommen beziehen will, – und das wäre bei den zunächst zu erzielenden Grundeinkommenshöhen (siehe dazu weiter unten) sicherlich die große Mehrheit der Bevölkerung –, müsse nach wie vor – wie zur Zeit auch – arbeiten. Und damit wäre sicher noch auf lange Zeit hinaus der volkswirtschaftliche Bedarf an Arbeitskräften zu sichern.

6.2. Sicherheitsmechanismen gegen zu niedrigen Arbeitsanreiz

Über diese grundlegende Konstitution von Grundeinkommenskonzepten hinaus wurden in den Diskussionen der letzten Jahre auch eine Reihe von Sicherheitsmechanismen vorgeschlagen, die die Produktivität gewährleisten sollten, falls ein Grundeinkommen tatsächlich den Arbeitsanreiz auf ein volkswirtschaftlich gefährlich niedriges Niveau senken würde. Der Niederländer De Beer hat zum Beispiel vorgeschlagen, die Höhe des Grundeinkommens an das nationale Nettodurchschnittseinkommen zu binden, um so eine Selbstregulierung der Grundeinkommenshöhe in Bezug auf die Arbeitsmarktlage zu ermöglichen. Sollte sich das Grundeinkommen, wenn es zum Beispiel zunächst mit 25 Prozent des nationalen Nettodurchschnittseinkommen festgelegt wird, als zu hoch, oder anders gesagt, als zu komfortabel erweisen und die Erwerbstätigen dazu bringen, weniger zu arbeiten, so würde infolgedessen auch das nationale Nettodurchschnittseinkommen sinken und mit ihm die Höhe des Grundeinkommens. Ab einem bestimmten Niveau hätte das zur Folge, dass sich die Betroffenen wieder bemüßigt fühlen, mehr zu arbeiten. Irgendwann sollte sich, so die Annahme De Beers, dann ein Gleichgewichtszustand einstellen, der eine volkswirtschaftlich nicht schädliche Grundeinkommenshöhe markiert.[151] Auch wenn gegen dieses Szenario eingewandt werden könnte, dass das nationale Nettodurchschnittseinkommen durchaus auch in Folge des Einsatzes neuer Technologien, Rohstofffunde oder sonstiger Faktoren steigen kann, würde das damit steigende Grundeinkommen stets im Verhältnis zur jeweiligen Arbeitskraftnachfrage bleiben und so die Produktion nicht belasten.

In ähnlicher Hinsicht hat Juliet Schor bereits 1991 vorgeschlagen, eine historisch wachsende *Productivity Dividend*, die allen Staatsbürgern in Form eines Grundeinkommens ausbezahlt wird, an die volkswirtschaftliche Produktivität zu binden und so zu gewährleisten, dass, sobald nach Ein-

[151] Vgl.: Groot 1999: 44.

führung des Grundeinkommens die Produktivität fällt, weil zuviel Arbeit liegen bleibt, auch das Grundeinkommen geringer ausfällt und so die Menschen zurück auf den Arbeitsmarkt strömen.[152] Und auch das Gedankenexperiment von Bert Hamminga ist, wie wir gesehen haben, daraufhin ausgelegt, einen Gleichgewichtspreis der Anrechtsscheine für Arbeit auszudifferenzieren, der die Höhe des Grundeinkommens mit dem Bedarf an Arbeitskraft korreliert.

Andere Grundeinkommenstheoretiker weisen bezüglich des möglichen Verlusts von Arbeitsanreiz durch ein Grundeinkommen gerne darauf hin, dass bereits gegenwärtig Eigentumsformen existieren, mit denen die Trennung von Arbeit und Einkommen längst vollzogen ist, eine diesbezügliche Minderung des Anreizes zu arbeiten aber nicht festgestellt werden kann. Erbschaften etwa oder Kapitalanlagen oder auch sogenannte *External Assets*, Bodenschätze, Ländereien etc., und *Internal Endowments*, Begabung oder Schönheit, würden immer schon ein Einkommen gewähren, das nicht auf Arbeit beruht. Und gerade diese Einkommensformen würden immer auch schon für eine Selbstregulierung des Arbeitsanreizes sorgen. Selbst wenn sich nämlich die Besitzer von *External Assets* dazu entschließen würden, ohne zu arbeiten etwa von den Dividenden ihres Grundbesitzes zu leben, so würden sie doch stets, um ihre Einkünfte zu maximieren, dafür sorgen, dass zumindest die für die Erhaltung des Grundwerts nötigen Arbeiten geleistet werden. Sie würden also, falls die Arbeitnehmer tatsächlich nach Einführung eines *arbeitslosen Grundeinkommens* dazu neigen, dem Arbeitsmarkt in Massen fernzubleiben, die Löhne notgedrungen erhöhen und so erneut *Anreize* für die Arbeit erzeugen.[153]

6.3. Die Kaufkraft

Dagegen wurde eingewandt, dass es keineswegs sicher sei, dass die Löhne in einem solchen Szenario stets so hoch steigen könnten, dass die „Arbeitslosenfalle" mit Sicherheit vermieden würde. Gerade auf flexibilisierten Arbeitsmärkten, wie sie mit der Prekarisierung der Beschäftigungsverhältnisse und dem Aufkommen der Teilzeitarbeit entstehen, sei es überdies kaum zu vermeiden, dass sich stets Lohnbereiche ausbilden, in denen die Arbeitseinkommen nur unwesentlich über der Höhe der Transfers aus dem sozialen Netz liegen und die Arbeitsanreize damit für diese *McJobs* verloren gehen. Ein Grundeinkommen bedingungslos zu gewähren, würde

---

[152] Vgl.: Schor 1991.
[153] Vgl. dazu: Widerquist 1998.

die Arbeitskräftenachfrage in diesem Lohnbereich ungestillt lassen und damit der Produktion schaden.

Dagegen wurde von der anderen Seite vorgebracht, dass die Produktion noch vielmehr Schaden nehmen könnte, wenn die Flexibilisierung und Prekarisierung, wie gegenwärtig schon, auch weiterhin nur einen Teil der Arbeitsgesellschaft betrifft, den sie tendenziell aus der Erwerbsarbeit ausschließt und ohne Einkommen zurücklässt, während der andere Teil der Gesellschaft von Flexibilisierung nichts spürt und oft sogar ohne eigenen Bedarf dazu angehalten wird, in immer mehr Überstunden oder Wochenendarbeit immer mehr zu verdienen. Zum einen wird von dieser einseitigen Flexibilisierung und Polarisierung, wie sie zur Zeit stattfindet, die Solidarität in der Gesellschaft zerstört. Es steigt damit die Gefahr politischer Instabilität.

Zum anderen scheint aber auch absehbar, dass der reiche Teil der Gesellschaft nicht dauerhaft den Teil der Konsumtion gutmachen wird können, der vom armen Teil nicht mehr geleistet werden kann. Sinkt in Folge der schwindenden Kaufkraft des prekarisierten Teils der Erwerbstätigen die gesamtgesellschaftliche Nachfrage, oder wird, anders gesagt, nicht mehr genug dessen gekauft, was in der Wirtschaft produziert wird, so könnte dies in die Depression führen. Die Wirtschaft wird dann nicht durch einen Mangel an Arbeitskräften, sondern durch einen Mangel an Nachfrage nach ihren Produkten geschädigt. Die Kaufkraft muss also, um dies zu vermeiden, auf einen möglichst großen Teil der Gesellschaft verteilt bleiben. Und dies könnte von einem bedingungslosen Grundeinkommen gewährleistet werden.

6.4. Flexibilität

Und zwar, so hat etwa James Meade bereits 1989 argumentiert, indem das Grundeinkommen obendrein zu einer gleichmäßigeren Verteilung der Flexibilisierungstendenz auf die gesamte Gesellschaft beiträgt. Während nämlich unter den gegenwärtigen Bedingungen die Löhne, wie wir im ersten Teil gesehen haben, nach unten unflexibel bleiben, die Arbeitslosen keinen Mechanismus zur Beeinflussung des Arbeitsmarktes zur Verfügung haben, und die, die einen Job haben, ihn stets in jedem Fall behalten, würde mit einem Grundeinkommen der Anreiz der Arbeiter, gegen Lohnkürzungen zu kämpfen, bei weitem geringer ausfallen und sich der Arbeitsmarkt damit insgesamt und gleichmäßiger flexibilisieren.

Ein Grundeinkommen würde nämlich den Druck von den Löhnen nehmen, ein vollständiger Lebensunterhalt zu sein. Die Unternehmer könnten damit bei Löhnen sparen und damit mehr Arbeitskräfte anstellen. Natürlich könnte dies auch die Tendenz zu Niedriglöhnen und *McJobs* verstärken. Die Arbeitnehmer hätten aber nun mit einem Grundeinkommen die Möglichkeit, zu niedrigen Löhnen auch Nein zu sagen. Wo Arbeitskräfte unbedingt benötigt werden, müssten die Löhne also auch wieder steigen, um attraktiv zu sein.

Löhne und Arbeitskosten würden sich also gerade mit einem bedingungslosen Grundeinkommen wesentlich leichter auf veränderte ökonomische Bedingungen einstellen können. Die Löhne könnten nach unten sinken und würden damit die Beschäftigung und die Wirtschaft ankurbeln. Und genau dies würde den aktuellen Flexibilitätsanforderungen an Lohn- und Lohnnebenkosten, an Arbeitsverträge und Arbeitszeitregelungen gerecht werden, wie sie die fortschreitende Globalisierung für die Konkurrenzfähigkeit von Hochlohnländern oder Ländern nahe an Niedriglohnländern verlangt.[154]

In diesem Zusammenhang muss freilich angemerkt werden, dass die Grundeinkommensidee aus dieser Perspektive radikal auf eine Methode verengt wird, den Wirtschaftsstandort einzelner Staaten gegenüber zunehmender internationaler Konkurrenz zu sichern. Obwohl es zugegeben gegenwärtig reichlich utopisch erscheint, dass ein Grundeinkommen in einem anderen Rahmen als dem eines Nationalstaates oder bestenfalls eines übernationalen Gebildes wie der Europäischen Union verwirklicht werden könnte, verfehlt die Einengung auf eine konkrete Lokalität doch die grundlegende Intention der Idee, nämlich eine Existenzsicherung *für alle,* und nicht nur wieder für eine privilegierte Minderheit darzustellen. Und in pragmatischer Hinsicht würden wohl gerade durch die Einführung eines Grundeinkommens in einzelnen Ländern Verwerfungen zu umliegenden Ländern entstehen, die in ihren Folgen noch wesentlich weitreichender sein könnten, als die Probleme, die das Grundeinkommen zu lösen vorhat. Wir werden auf diese Problematik weiter unten noch einmal zu sprechen kommen.

Auch bereits gegen das Flexibilitätsargument selbst sind allerdings Vorbehalte vorgebracht worden. Mario Iacobacci und Marlo Seccareccia[155] haben in ihrer Analyse der Arbeitsmarktsituation in Kanada zum Beispiel eingewandt, dass ein Grundeinkommen, wenn es nur als Ersatz für eine Vollbeschäftigungspolitik im Keynes'schen Sinn verstanden wird, eigentlich ein Rückschritt gegenüber der gegenwärtigen Sozialpolitik sei, der nur die Unternehmer subventioniert und es ihnen erlaubt, die Löhne zu senken. Ein Grundeinkommen sollte deshalb mindestens mit einem gesetzlich fest-

---

[154] Vgl. dazu u.a. auch: Pioch 1996.
[155] Iacobacci/Seccareccia 1989.

geschriebenen Mindestlohn gekoppelt werden, der Lohnkürzungen einschränkt. Dass damit der Flexibilität wieder Grenzen gesetzt werden, könnte, so meint etwa David Purdy[156], damit aufgewogen werden, dass sich mit einem Grundeinkommen die Verhandlungsposition der Arbeitnehmer entscheidend verbessert und die Machtrelationen am Arbeitsmarkt korrigiert würden. Die Ärmeren bekämen damit entschieden bessere Chancen, sich durch Eigeninitiative selbst aus der Misere zu ziehen und blieben nicht mehr in Armuts- und Arbeitslosenfallen gefangen, wo sie weder zur Produktion, noch zum Konsum der Gesellschaft viel beitragen und so zum volkswirtschaftlichen Negativposten degradiert werden.

Dieser Umstand ist auch von anderen hervorgehoben worden.[157] Ein Grundeinkommen wird diesbezüglich als Möglichkeit gepriesen, die amerikanische Flexibilität mit der europäischen sozialen Sicherheit zu vereinen. Denn das Grundeinkommen brächte es zuwege, die Löhne zu flexibilisieren und niedrige Löhne zu ermöglichen, ohne dabei eine Klasse von so genannten *Working Poor* zu erzeugen, also von Menschen, die sich gleichzeitig in drei *McJobs* aufreiben und trotzdem finanziell noch nicht über die Runden kommen, weil sie so wenig verdienen.

6.5. Anreiz für Unternehmertum und Ausbildung

Darüber hinaus hätte ein Grundeinkommen eine weitere gewichtigen ökonomischen Vorteil. Es würde eine solide Einkommensbasis darstellen, auf der Unternehmen gegründet und Aktivitäten gestartet werden könnten, die ohne diese Basis niemals das Licht der Welt erblicken. Jungunternehmer, die weder über Kapital noch übermäßig viel Erfahrung verfügen, würden es sich mit einem Grundeinkommen eher leisten, anfängliche Durststrecken durchzustehen, anstatt bei den ersten Schwierigkeiten das Handtuch zu werfen. Schon die damit ermöglichten Experimente und Ideen würden das gesellschaftliche Dasein ohne Zweifel beleben.

Auch wenn sich der Großteil dieser Unternehmen auf dem freien Markt als nicht überlebensfähig erweisen sollte, ist doch die Chance mit einem Grundeinkommen größer als ohne, dass sich manche der neuen Unternehmen nach einer entsprechenden Anlaufphase konsolidieren und sich dann auch unter nichtsubventionierten Gesichtspunkten als profitabel erweisen. Die belebende Wirkung, die dieses neu geschaffene Unternehmerpotential auf die Wirtschaft ausüben könnte, käme ihr ohne Grundeinkommen nicht zustatten.

---

[156] Purdy 1993.
[157] Vgl. u.a.: Brittan 1995.

Ähnliche Möglichkeiten könnte ein Grundeinkommen im Hinblick auf bessere Ausbildungen und höhere Qualifikationen bieten. Während gegenwärtig die Nachfrage am Arbeitsmarkt gerade nach spezielleren Ausbildungen und Qualifikationen nicht hinreichend befriedigt werden kann, zum Teil auch deswegen, weil sich viele die Zeit dafür einfach nicht leisten können, würde es ein Grundeinkommen doch mehr Menschen ermöglichen, Aus- oder Weiterbildungen zu absolvieren, die ihnen und damit der Wirtschaft im weiteren zugute kommen.

Freilich wurde diesbezüglich auch eingewandt, dass ein bedingungslos für das ganze Leben garantiertes Grundeinkommen gerade jüngere Menschen auch leichtfertig auf Ausbildung verzichten lassen könnte. Wer würde sich noch um Berufsqualifikationen Sorgen machen, wenn seine Existenz ohnehin durch ein Grundeinkommen gesichert erscheint. Diese Befürchtung ist der oben angesprochenen Angst vor der Arbeitsanreizverminderung verwandt. Auch sie kann so zu sagen auf zwei Ebenen ausgeräumt werden. Auf der ersten, pragmatischeren wäre dagegen zu sagen, dass ein Grundeinkommen vorerst wohl ohnehin nur als Einkommens*basis* finanziert werden könnte, die für sich augenscheinlich nicht reicht, um ein Leben lang all jene Konsumgüter erstehen zu lassen, die oft gerade jungen Menschen so wichtig erscheinen. Angesichts dieses Umstandes würden wohl kaum viel mehr Menschen als gegenwärtig überhaupt auf ihre Ausbildung verzichten. Mit einem Grundeinkommen hätten sie aber nichtsdestotrotz mehr Chancen, ihre Qualifikationen zu steigern.

Auf einer zweiten, eher ideellen, utopischen Ebene ließe sich überlegen, ob nicht, wenn Einkommen und Arbeit einmal durch ein Grundeinkommen getrennt wären, Legitimerweise auch die Ausbildung nicht mehr primär als Vorbereitung für ein Berufsleben betrachtet werden muss. Welch vielfältige Konsequenzen ein Grundeinkommen überhaupt auf die so vertraut scheinende Notwendigkeit, zu lernen und Qualifikationen zu erwerben, haben könnte, ist kaum absehbar. Die Qualifikationen, die etwa ein primär auf Sozial- und Kommunalarbeit und auf Freizeit orientiertes Dasein benötigen würde, könnten grundlegend anders aussehen, als die, die zur Zeit für die Lohnarbeit notwendig sind.

Um hier aber einstweilen auf der realistischeren Ebene der Diskussion zu bleiben – wir werden uns später dieser Frage noch einmal zuwenden – und die mögliche ökonomische Bedeutung eines Grundeinkommens auszuloten, wollen wir vorerst nur jene Möglichkeiten festhalten, die die gleichmäßiger verteilte Kaufkraft, die Flexibilisierung der schon bestehenden Beschäftigungsverhältnisse und die Möglichkeit niedrigerer Löhne, sowie die besseren Chancen, sich als Jungunternehmer mit geringerem Risiko selbständig zu machen, und die Möglichkeiten, höhere Qualifikationen zu erwerben, für die Wirtschaft bedeuten. Ein Teil der Kosten eines Grundeinkommenssystems könnte sich bereits durch den wirtschaftlichen Impakt, den diese Möglichkeiten erzeugen, amortisieren.

7. Soziale Aspekte – Inklusion/Exklusion – die Frauenfrage

Über die ökonomischen Aspekte eines Grundeinkommens hinaus sind natürlich in den Diskussionen noch eine Vielzahl von sozialen und auch ökologischen Argumenten ins Rennen geführt worden. Eines der wichtigsten betrifft den Umstand, dass ein Grundeinkommen eine nachhaltig *inkludierende* Wirkung auf jene Teile der Gesellschaft haben würde, die im gegenwärtigen Sozialsystem an den Rand gedrängt, also tendenziell *exkludiert* werden. Ein Grundeinkommen könnte, anders gesagt, diejenigen Menschen, die gegenwärtig vielfach als Transfer- und Unterstützungsempfänger stigmatisiert werden oder die ökonomisch nicht als produktiv anerkannte Arbeit, etwa Hausarbeit, leisten, *entstigmatisieren*. Es könnte, weil es keinen Unterschied macht zwischen denen, die verdienen, und denen, die arbeitslos sind, die Hausarbeit leisten, die gerade eine Ausbildung absolvieren, oder die überhaupt nichts tun, zumindest einen Teil der Ausschlussmöglichkeiten, die die Lohnarbeit nach sich zieht, abbauen.

Dies betrifft vor allem die Stellung der Frauen in der Gesellschaft. Das gegenwärtige Sozialsystem ruht in seinen Ursprüngen nach wie vor, wie wir gesehen haben, auf den mehr als hundert Jahre alten Annahmen auf, dass erstens der primäre Lohnempfänger der Familie der Mann ist, der mit seinem Arbeitslohn die Familie weitgehend versorgt, und dass sich zweitens die anderen sozialen Rollen der Familie um diese Lohnempfängeraktivität des Mannes restfrei herumdefinieren lassen. Sowohl Löhne, wie auch Unterstützungen richten sich in diesem System nach den Höhen der Einkommen der Ehemänner. Frauen werden in ihm im wesentlichen in ihrer Stellung zum Mann, also als Mütter, Ehefrauen, Witwen oder Geschiedene gesehen.

Dementsprechend exkludierend sind auch noch heute manche Lohn- und Unterstützungsbedingungen für Frauen. Obwohl Frauen gerade in den letzten drei Jahrzehnten stark auf den Arbeitsmarkt gedrängt haben – die besorgniserregenden Arbeitslosenzahlen einiger europäischer Staaten verdanken sich ja zum Teil, wie gesagt, der steigenden Frauenerwerbsquote –, liegen ihre Löhne nach wie vor um rund ein Viertel unter denen der Männer. Weil sie darüber hinaus viel öfter in Teilzeitbeschäftigungen arbeiten und auch damit weniger verdienen als Männer, können sie im bestehenden Versicherungs- und Sozialhilfesystem in der Regel auch nur entsprechend geringere Ansprüche auf Unterstützung geltend machen. Und dies, obwohl sie vielfach aufgrund ihrer sozial schwachen Stellung, als alleinstehende Mütter etwa, stärker darauf angewiesen wären. Obwohl das bestehende Sozialsystem mit einer Reihe von Maßnahmen wie Kinderbeihilfen oder Unterstützungen für alleinstehende Mütter in den letzten Jahren in vieler Hinsicht ausgebaut und verfeinert worden ist, wird ihm auch heute noch vielfach die Tendenz attestiert, Frauen zu benachteiligen und ihre Abhängigkeit von den Männern zu verstärken.[158]

Demgegenüber haben Grundeinkommensbefürworter nun eine Reihe von Punkten geltend gemacht, die die Position der Frauen in der Gesellschaft stärken könnten. Zum ersten würde ein Grundeinkommen, weil es Individuen, und nicht wie das gegenwärtige System Haushalte als Berechnungseinheiten für Transfers in Betracht zieht, grundsätzlich die Unabhängigkeit der Frauen von den Männern befördern. Die Höhe von Zuweisungen an Frauen würde in keiner Weise mehr vom Einkommen des Ehemannes und auch nicht von der Art des Zusammenlebens abhängig sein. Im gegenwärtigen System ist es nicht selten der Fall, dass Personen, die alleine leben, mehr Unterstützung erhalten, als Paare, die in einem Haushalt zusammenwohnen. Das individuell ausbezahlte Grundeinkommen wäre diesbezüglich neutral und damit wohl familienfreundlicher. Aus dem Getrennt-Wohnen ergäbe sich kein Vorteil mehr.

Zum zweiten könnte ein Grundeinkommen dazu beitragen, die geschlechtliche Teilung der Arbeit aufzuheben, indem es den Status nicht entlohnter Arbeit hebt. Ein Grundeinkommen würde, anders gesagt, weil seine Rentabilität gesamtwirtschaftlichen Kriterien unterliegt, dazu zwingen auch Hausarbeit, Kindererziehung und sonstige bislang als typische „Frauenarbeiten" betrachtete Tätigkeiten als Teil der Wirtschaft zu betrachten und so diese Arbeiten entsprechend aufwerten. Dadurch könnte die gerechte Aufteilung von Haushaltsarbeiten forciert werden und Familien- und Verwandtschaftsbeziehungen befördert werden.[159]

Im Spezielleren könnte ein Grundeinkommen überdies auch in Bezug auf Partnerschaften dazu beitragen, Fallen zu vermeiden. Im bestehenden System kann es zum Beispiel für eine verheiratete Frau mit arbeitslosem Partner davon abhängen, wie hoch die Unterstützung des Partners ist, ob es sich für sie auszahlt, arbeiten zu gehen oder nicht. Würde ihr Arbeitseinkommen nämlich knapp über dem Niveau liegen, bei dem ihr Partner den Anspruch auf Arbeitslosengeld verliert, so wäre sie kaum motiviert, sich eine Arbeit zu suchen. Ein bedingungsloses Grundeinkommen würde dem vorbeugen und überdies durch diesen Fallenvermeidungseffekt auch Teilzeitarbeit befördern.[160] Darüber hinaus würde es, wie wir schon festgestellt haben, dazu beitragen, den Arbeitsmarkt zu entbürokrati-

[158] Vgl. u.a.: Esam/Berthoud 1991; Sainsbury 1999.
[159] Vgl. dazu: Clark/Kavanagh 1996.
[160] Vgl.: Standing 1992: 59.

sieren, was ebenfalls primär den Frauen zugute käme, weil diese das soziale Netz gegenwärtig (auch wegen ihrer längeren Lebensdauer) mehr in Anspruch nehmen und stärker als Männer von der Bürokratie (etwa bei Interviews zum Privatleben etc.) betroffen sind.

Allerdings wurde auch eingewandt, dass ein Grundeinkommen die geschlechtliche Teilung der Arbeit nicht nur beheben, sondern sie im Gegenteil auch vertiefen könnte. Die Freiheit vom Markt, die es impliziert, muss nämlich per se noch nicht heißen, dass Männer und Frauen sie auch gleichmäßig genießen. Wenn mit einem Grundeinkommen Zeit gewonnen wird, so heißt das nicht schon, dass Männer deswegen automatisch auch mehr Hausarbeit leisten. Außerdem könnte die Gefahr bestehen, dass vor allem Niedriglohnarbeiter – und das sind eben zur Zeit eher die Frauen – aus der Erwerbstätigkeit aussteigen, während die Gutverdiener, also die Männer, erst recht den Arbeitsmarkt für sich requirieren. Die geschlechtliche Teilung der Arbeit würde dadurch verstärkt und nicht aufgehoben. Im schlimmsten Fall, so wurde eingewandt, könnte ein Grundeinkommen zu einem *Mindest*einkommen für Männer – zu einer Basis, auf der sie aufbauen – und zu einem *Maximal*einkommen für Frauen werden – zu einem Plafond, den sie nur schwer übersteigen.[161]

Um diese Gefahr zu vermeiden, wurde auch in diesem Zusammenhang angeregt, die Einführung eines Grundeinkommens stets als Teil eines umfassenderen Maßnahmenpakets zu betrachten, das etwa auch Mindesteinkommen, Kinderbeihilfen (Kinderscheck), die Anerkennung männlicher und weiblicher Arbeitszeit, eventuell auch die Entlohnung von Hausarbeiten etc. vorsehen würde.[162] Wir werden weiter unten noch ausführlicher auf die Frage der politischen Umsetzung der Grundeinkommensidee eingehen.

[161] Vgl.: Carlson 1997: 9.
[162] Vgl. u.a.: Walter 1989: 121f.

8. „Unwirtschaftliche", sprich ökologische Aspekte

Wir haben die Grundeinkommensidee bisher hauptsächlich im Hinblick auf ihre wirtschaftsbelebenden, wachstumsfördernden Aspekte betrachtet. Es gibt allerdings auch Grundeinkommensbefürworter, die das Grundeinkommen nicht als Unterstützungs- oder Belebungsmittel der Wirtschaft propagieren, sondern, im Gegenteil, als *willkommene Bremse* eines außer Kontrolle geratenen wirtschaftlichen Wachstums, das mit dem Übergang vom Industrie- zum Finanzkapitalismus und mit der voranschreitenden Globalisierung des Marktes zum kaum noch hinterfragten Grundwert des weltweiten Wirtschaftsgebaren geworden ist. Im Hinblick auf die Sozialpolitik wird dieses Wachstum von liberalen Wirtschaftstheoretikern gerne als Voraussetzung für eine gesicherte Wohlfahrt und für ein gut gepolstertes soziales Netz dargestellt. Nach dem Prinzip der steigenden Flut, die sowohl die reichen Yachten wie auch die armen Fischerboote gleichermaßen anheben soll, würde gemäß dieser Vorstellung nur konsequent vorangetriebenes Wirtschaftswachstum gesellschaftlichen Wohlstand so weit verbreiten können, dass schließlich alle in seinen Genuss kommen und soziale Probleme wie Armut und Exklusion vermieden werden.

Von Umweltschützern wird diese Vorstellung freilich für die rasant fortschreitende Exploitation der Natur und der Umweltressourcen verantwortlich gemacht. Gerade die Aneinanderkoppelung von Wirtschaftswachstum und Wohlfahrt sei ein fataler Fehlschluss einer durchökonomisierten Arbeits- und Wachstumsethik, der dazu führt, dass zukünftigen Generationen anstelle eines komfortablen sozialen Netzes nur ausgebeutete und beschädigte Umwelt übrig bleiben wird. Da Wohlfahrt notwendig sei, wirtschaftliches Wachstum aber dringend gebremst werden müsse, sei die fatale Aneinanderkoppelung der beiden Größen vielmehr zu durchtrennen. Dazu wurde auch andernorts bereits verschiedentlich gefordert, typisch wachstumsorientierte Indikatoren wie etwa das Bruttosozialprodukt durch ökologisch sensitive Indikatoren, die soziale und ökologische Folgen mitberücksichtigen, zu ersetzen.[163]

Grundeinkommensbefürworter weisen diesbezüglich darauf hin, dass auch ein Grundeinkommen dazu beitragen könnte, die Koppelung von Wirtschaftswachstum und Wohlfahrt zu durchtrennen.[164] Zur Zeit würden die Unterstützungen und Beihilfen aus dem sozialen Sicherheitssystem nämlich weitgehend davon abhängen, wie viel der Betroffene zum Brutto-

[163] Vgl.: Anderson 1991.
[164] Vgl. dazu: Lerner 1994, Offe et al, 1996: 209-210.

sozialprodukt seiner Gesellschaft beigetragen hat oder noch beitragen wird. Ein bedingungsloses Grundeinkommen würde demgegenüber die Unterstützungen von diesem Beitrag unabhängig machen und damit die Produktionsethik des gegenwärtigen Systems unterwandern. Es würde überdies den Gemeinschaftssinn stärken und dazu beitragen, dass die Verantwortung für den gemeinsamen Besitz an Natur und deren Ressourcen wirklich von allen geteilt wird. Aus dieser Sicht wären es demnach nicht die willigen Arbeitssuchenden, sondern gerade die „Surfer", das heißt also die vielfach kritisierten „Müßiggänger", „Nichtstuer" und „Parasiten", die dafür, dass sie sich explizit aus dem Lohnarbeitszusammenhang ausnehmen und damit die Umwelt vermutlich am wenigsten belasten, belohnt werden sollten.[165] Je höher deren Grundeinkommen angesetzt würde, desto nachhaltiger würde überdies das Wirtschaftswachstum gebremst.

Freilich müsste dabei in Betracht gezogen werden, dass die Einführung eines Grundeinkommens, aufgrund dessen weniger produziert würde und damit auch weniger Steuern eingenommen würden, auch direkten Einfluss auf die Finanzierungsmöglichkeiten des Grundeinkommens hätte. Mit einer zu starken Wachstumsminderung würde ein Grundeinkommen für sich selbst kontraproduktiv werden. Eine Reihe von Ökologen betont daher die Wichtigkeit von zusätzlichen Finanzquellen wie etwa einer Land- oder Energiebesteuerung. Wir kommen darauf weiter unten zurück.

Ein anderer Einwand gegen diese Überlegungen betrifft den Umstand, dass ein Grundeinkommen selbst noch keine Garantie dafür bieten kann, dass die Tätigkeiten, die die Gesellschafter im Falle ihres Ausstiegs aus der Produktion anstelle ihrer Arbeit durchführen würden, dann auch wirklich ökologisch korrekt sind. So sie nämlich tatsächlich zu bloßen „Parasiten des Materialismus und Produktivismus" würden und von den Verdiensten des produktiven Gesellschaftsteils lebten, hätte dies kaum Vorteile für die Ökologie. Ein Grundeinkommen allein würde noch kaum jenen Lebensstil befördern, der für ein ökologisch richtiges Leben notwendig wäre.[166] Auch in diesem Zusammenhang kann das Grundeinkommen nur als Teil eines größeren sozialpolitischen Maßnahmenpakets angesehen werden.

Für manche Grundeinkommenstheoretiker stellt also gerade der Umstand ein wesentliches Argument für die Idee dar, der für andere ein gravierender Nachteil ist – nämlich der wirtschaftsbremsende Effekt. Ob dieser tatsächlich die oben genannten wirtschafts*fördernden* Effekte überwiegt, wird nach wie vor diskutiert. Obwohl zum Beispiel, wie gesagt, auch Van Parijs die Möglichkeit einer Wachstumsbremse in Erwägung gezogen hat,

[165] Vgl.: Van Parijs 1995: 99f.
[166] Vgl.: Andersson 1996.

betont er doch immer wieder, dass das Grundeinkommen aufgrund seiner positiven Effekte für die Wirtschaft eigentlich insgesamt wohl eher wachstumsfreundlich sei.[167] Bestenfalls könnte es dabei helfen, das wirtschaftliche Wachstum in Ökologie-freundliche Richtung zu lenken.

Angesichts der Komplexität der dafür in Erwägung zu ziehenden Faktoren dürfte sich die Frage ob ein Grundeinkommen eher wirtschafts*fördernde* oder wie von Ökologen betont, eher wirtschafts*bremsende* Effekte hat, wohl letzten Endes nur empirisch entscheiden lassen. Erst die tatsächliche Einführung eines Grundeinkommens wird auf längere Sicht darüber Auskunft geben können, welche Richtung die begleitenden wirtschaftlichen und sonstigen sozialpolitischen Maßnahmen nehmen müssten.

Im Hinblick auf das gegenwärtige realpolitische Ungleichgewicht zwischen Wachstumsgegnern und Wachstumsbefürwortern scheint sich ein Grundeinkommensplan jedenfalls primär ökonomischen, und das heißt wohl wirtschaftsfördernden Gesichtspunkten stellen zu müssen. Wir werden daher im nächsten Kapitel eingehend auf eine der wohl wichtigsten Fragen im Zusammenhang mit der Grundeinkommensidee eingehen müssen, nämlich auf die Frage „wer soll das alles bezahlen?".

---

[167] Van Parijs 1991b; 1992: 26f.

9. Die Finanzierungsfrage

Einige Aspekte der Finanzierungsfrage eines Grundeinkommens haben wir in unseren vorangehenden Überlegungen bereits diskutiert. Wir haben zum Beispiel davon gesprochen, dass ein Grundeinkommen aufgrund seiner minimalen Administrationskosten zum Teil schon durch den Ersatz des bestehenden sozialen Netzes finanziert werden könnte. Weil ein Grundeinkommen bedingungslos und regelmäßig einfach an alle Mitglieder einer politischen Gemeinschaft gleichermaßen ausbezahlt würde und es damit nicht, so wie gegenwärtig, notwendig wäre, in mühseliger Kleinarbeit mit Interviews oder Kontrollen festzustellen, wer Anrecht auf eine Unterstützung hat und wer nicht, könnten die meisten Kosten, die die Verwaltung des gegenwärtigen Systems verursacht, bereits zur Finanzierung eines Grundeinkommens gutgeschrieben werden.

Tony Fitzpatrick hat die Kosten für das soziale Sicherheitssystem Großbritanniens durchgerechnet.[168] Obwohl sich die unterschiedlichen Sicherheitssysteme der europäischen Staaten teilweise erheblich unterscheiden, können wir seine Berechnungen als Beispiel für die Finanzierung eines Grundeinkommens, das das bestehende System ersetzt, heranziehen. Die grundsätzlichen Möglichkeiten lassen sich daran recht gut erkennen.

Fitzpatrick zufolge haben sich die Aufwendungen für die soziale Sicherheit Großbritanniens im Finanzjahr 1995 auf 49,3 Milliarden Euro belaufen. Dividiert durch die 55 Millionen Einwohner Großbritanniens würde diese Summe eine wöchentliche Auszahlung von 17,2 Euro an jeden britischen Bürger erlauben. Eine zugegeben nicht sonderlich hohe und keinesfalls bereits existenzsichernde Summe.

Allerdings hat allein die Verwaltung des britischen Sozialsystems im Jahr 1995 weitere 2,2 Milliarden Euro verschlungen. An Stipendien für Studenten hat der britische Staat darüber hinaus noch einmal 1,3 Milliarden Euro ausgegeben. Und auch die entgangenen Einnahmen infolge von Steuererleichterungen haben 21,6 Milliarden Euro ausgemacht, die Nichteinnahmen infolge von Beiträgen zu Berufs und Privatpensionen 12,3 Milliarden und die Nichteinnahmen infolge von Wohnbeihilfen 5,9 Milliarden. All diese Kosten könnten mit einem Grundeinkommen im Prinzip entfallen. Rechnet man sie zu den direkten Aufwendungen für die Soziale Sicherheit hinzu, so ergibt sich ein Betrag von 92,3 Milliarden Euro, der umgerechnet ein Grundeinkommen in der Höhe von 32,3 Euro pro Woche für jeden erlauben würde.

---

[168] Fitzpatrick 1999: 38f.

Freilich muss diesbezüglich in Erwägung gezogen werden, dass den meisten europäischen Staaten die Aufwendungen für ihre soziale Sicherheit gegenwärtig zu teuer sind und dass allgemein die Tendenz eher in Richtung Abbau des sozialen Netzes und eines schlanken Staates ohne hohe Verschuldungen läuft. Dazu kommt noch, dass in Fitzpatrick's Berechnungen einige besonders bedürftige Gruppen, zum Beispiel Invalide, denen mit einem Grundeinkommen allein noch nicht adäquat geholfen wäre, nicht in Betracht gezogen werden. Rechnet man diese beiden Umstände ein, so dürfte rein durch den Ersatz des bestehenden Systems höchstens ein Grundeinkommen in der Höhe von 30 Euro pro Woche für jeden zu finanzieren sein. Eine Summe also, die unter den gegebenen Umständen nicht ausreichen würde, um davon zu leben, ohne zu arbeiten. Durch den bloßen Ersatz des bestehenden Systems wäre also ein veritables Grundeinkommen noch nicht zu finanzieren.[169]

9.1. Einkommenssteuer

Die unter den gegebenen Umständen naheliegendste Methode, die fehlenden Mittel für ein Grundeinkommen zu lukrieren, wäre wohl eine Erhöhung der Einkommenssteuer. Auch diesbezüglich zeigen sich aber sehr schnell deutliche Grenzen. Mehrere Grundeinkommenstheoretiker haben die Steuerraten für verschiedene Länder durchgerechnet, die notwendig wären, um ein Grundeinkommen alleine aus Einkommensteuern zu finanzieren. Das Ergebnis ist durchwegs ernüchternd ausgefallen. Ein tatsächlich existenzsicherndes Grundeinkommen würde Steuerraten in der Höhe von 70 bis 80 Prozent erfordern, was politisch zur Zeit wohl nirgends durchzusetzen wäre.[170] Mit der Höhe der gegenwärtig in den OECD-Staaten üblichen durchschnittlichen Steuerraten um die 35 bis 40 Prozent würde sich allenfalls ein Grundeinkommen finanzieren lassen, das in etwa in der Höhe von 30 Prozent der Durchschnittslöhne liegt, das also in keinem Fall ausreichen würde, um die grundsätzlichen Bedürfnisse der Menschen abzudecken.[171]

Schon gegenwärtig wird die enge Anbindung des bestehenden sozialen Sicherheitssystems an die Beschäftigungsverhältnisse, die im Prinzip ein

---

[169] Zu einem anderen Schluss kommen aber zum Beispiel Gilberto Granados und Erik Gurgsdies in ihren Berechnungen für die Möglichkeiten Westdeutschlands im Jahre 1985. Vgl.: Granados/Gurksdies 1990: 417f.

[170] Vgl.: Parker 1989: 127-137; Simon 1998.

[171] Vgl.: Dahrendorf 1995: 86f.

historisches Relikt sind, immer häufiger in Frage gestellt.[172] Hohe Sozialabgaben bedeuten hohe Lohnnebenkosten und führen dazu, dass neue Anstellungen verhindert und weniger produktive Arbeitsplätze wegrationalisiert werden. Um menschliche Arbeitskraft gegenüber anderen Produktionsfaktoren wieder wettbewerbsfähiger zu machen, sollte sie von den Kosten sozialer Sicherheit eher entlastet werden. Jede weitere Erhöhung der Einkommenssteuer zur Finanzierung des Sozialstaats wäre deswegen im Prinzip kontraproduktiv.

Nichtsdestotrotz haben verschiedene alternative, speziell auf ein Grundeinkommen zugeschnittene Einkommenssteuermodelle versucht, reale Finanzierungsmöglichkeiten durchzurechnen. In Deutschland hat zum Beispiel Helmut Pelzer[173] vorgeschlagen, die Einkommenssteuer zu unterteilen und einen bestimmten Teil davon zur Finanzierung eines Grundeinkommens, eines so genannten „Bürgergelds für alle" zu reservieren. Dazu sollte ein bestimmter, politisch festgesetzter Abgabesatz vom durchschnittlichen Bruttoeinkommen einbehalten werden, der zweckgebunden für die Finanzierung des Bürgergelds und nicht abschreibungsfähig ist. Darüber hinaus würde wie bisher der restliche Finanzbedarfs des Staates durch eine „normale" Einkommenssteuer abgedeckt.

Für ein Bürgergeld von monatlich 500 Euro (Kinder die Hälfte), so rechnet Pelzer für Deutschland vor, müsste dabei der Abgabesatz bei zirka 30 Prozent des durchschnittlichen Bruttoeinkommens festgelegt werden. Regionale Unterschiede des persönlichen Bedarfs ließen sich rechnerisch berücksichtigen. Die zusätzliche Steuer für den sonstigen Finanzbedarf des Staates wäre konstant mit etwa 10 Prozent oder progressiv von Null bis 20 Prozent anzusetzen. Der Bedarf würde dabei wesentlich geringer als gegenwärtig ausfallen, weil das Grundeinkommen einen großen Teil des Sozialsystems überflüssig machen würde. Auch Pelzer sieht für seine Grundvariante keine Bedürftigkeitsfeststellung vor. Das Bürgergeld selbst würde ein steuerfreies Existenzminimum darstellen und für jedes zusätzliche Einkommen würde sich eine Gesamtbelastung von proportional 40 Prozent oder progressiv 30 bis 50 Prozent ergeben. Die Gesamtbelastung in Prozent des Bruttoeinkommens wäre somit die Summe aus Einkommenssteuer plus Bürgergeldabgabe minus Bürgergeld. Die verfügbaren Nettoeinkommen würden, so Pelzer, nach diesem als „Ulmer-Modell" bezeichneten Schema im mittleren und oberen Einkommensbereich nur wenig von denen des bestehenden Steuersystems abweichen. Im unteren Einkommensbereich und insbesondere bei Familien mit Kindern würden sie aber infolge des Bürgergeldes deutlich höher liegen.

---

[172] Vgl.: u.a.: Willke 1999: 285.
[173] Pelzer 1994.

Dieses Konzept zieht bereits die Ersparnisse an Administrationskosten für die Finanzierungsmöglichkeiten durch Einkommenssteuererhöhung in Betracht. Damit scheint die Steuerbelastung, die ein Grundeinkommen mit sich bringen würde, schon in die Nähe realisierbarerer Werte zu kommen. Verschiedentlich wurde darauf hingewiesen, dass ein Grundeinkommenssystem überhaupt von einem Gewöhnungseffekt getragen werden könnte, der mit der Zeit und dem Einsetzen positiver Effekte auf Arbeitsmarkt und Wirtschaft immer höhere Einkommenssteuerraten erlauben könnte. Analog zu dem weiter oben beschriebenen Gedankenexperiment von Bert Hamminga gehen manche Theoretiker diesbezüglich von einer sich in Abhängigkeit vom Arbeitsmarkt selbstregulierenden Grundeinkommenshöhe aus, die die Höhe der jeweiligen Einkommenssteuerraten festlegt.

Van Parijs hält in dieser Hinsicht zum Beispiel eine *Employment rent* für legitim, die all jene zu zahlen hätten, die über einen festen Arbeitsplatz verfügen. Zur Rechtfertigung dieser Art von „Einkommenssteuer" sei, so meint er, eine Art *Gestalt switch* angebracht, der deutlich macht, dass in Form von Steuern nicht etwas von den Unternehmern genommen wird, was diese selbst geschaffen haben, sondern dass sie in Form von Steuern nur eine Gebühr für die besonderen Möglichkeiten bezahlen, die die Gesellschaft und die Wirtschaft ihnen bietet.[174] *Theoretisch* – und das heißt, unter dem Aspekt der oben beschriebenen Leximin-Freiheit – sollte diese *Employment rent* so hoch sein wie die Differenz zwischen dem tatsächlichen Einkommen, das ein Job verschafft, und jenem entsprechend niedereren Einkommen, das auf einem *idealen* Arbeitsmarkt erzielt würde, auf dem die Löhne auf ihr Markträumungsniveau fallen können. Grundsätzlich sei diese Differenz durch eine Auktion zu ermitteln, die solange durchgeführt wird, bis „Neidfreiheit" vorliegt, bis also keiner der Beteiligten mehr die Ausstattung irgendeines anderen beneidet.[175]

Praktisch aber ist solch ein Procedere natürlich nicht möglich. Und darüber hinaus würde eine hundertprozentige Einhebung der Differenz zwischen tatsächlichen Löhnen und denen auf einem idealen Arbeitsmarkt die Arbeitswilligkeit in der Gesellschaft wohl zu stark beschneiden. Deswegen schlägt Van Parijs vor, die Löhne genau so stark zu besteuern, dass sich aus dem Feedback dieser Besteuerung am Arbeitsmarkt eine

---

[174] Van Parijs 1992. Vgl. dazu auch etwa: Clark / Kavanagh 1996: 407. „Those who are particularly rich in our society are so because they happen to fill specific positions in the social provisioning process that allows them to take a disproportionate share of social output. A basic income recognizes the social nature of income generation and the large share of output due to 'society and history' and distributes it among all citizens."

[175] Vgl. dazu: Van Parijs 1995: 108.

maximale Steuerhöhe und damit auch eine optimale Grundeinkommenshöhe ergibt.[176] Sollten demnach also in Folge einer anfänglich zu hohen Besteuerung zu viele Gesellschafter die Arbeit niederlegen und sich entschließen, vom Grundeinkommen zu leben, so wäre die Steuerrate entsprechend zu senken, bis es wieder mehr Gesellschafter lohnend finden zu arbeiten und die Steuerrate wieder erhöht werden kann. Auf diese Weise sollte sich schließlich ein Gleichgewicht zwischen Steuerrate und Arbeitswilligkeit einpendeln, das genau der jeweils aktuellen soziokulturellen Einstellung der Gesellschaft zur Arbeit entspricht.

Es ist wohl abzusehen, dass anfänglich mit einer solchen *Employment rent* nur sehr geringe Grundeinkommenshöhen zu finanzieren wären. Jegliche zusätzliche Steuerbelastung dafür, dass manche leben könnten, ohne zu arbeiten, würde auf großen politischen Widerstand derjenigen stoßen, die einen Arbeitsplatz haben. Wenn aber einmal die anfänglichen Berührungsängste mit der Grundeinkommensidee überwunden wären, ließen sich wohl sukzessive die Einkommenssteuerraten hinaufsetzen, womöglich sogar bis zu dem Punkt, an dem ein tatsächlich existenzsicherndes Grundeinkommen finanziert werden könnte.

9.2. Andere Steuern

Freilich unterliegen, wie gesagt, gerade die Einkommenssteuern in Zeiten, in denen die Globalisierung und die Abwanderung transnationaler Konzerne in Billiglohnländer zunehmend auf die Steuerpolitik von Hochlohnländern und Sozialstaaten Einfluss gewinnt, beträchtlichem Druck. Die Befürworter eines ganz oder teilweise aus Einkommenssteuern finanzierten Grundeinkommens müssen ihr Konzept heute in einer Wirtschaftswelt verteidigen, in der der allgemeine Steuerdruck eher eine Tendenz zeigt, abdenn zuzunehmen. Die aus Einkommenssteuern gewonnenen Mittel, die umverteilt werden sollen, erodieren. Aus diesem Grund werden über die Erhöhung der Einkommenssteuer hinaus eine Reihe von weiteren Steuerarten zur Finanzierung des sozialen Netzes diskutiert.

Vor allem Konsum- und Wertschöpfungssteuern sind im Gespräch, um die gegenwärtige Anbindung des Sozialsystems an die Löhne zu lockern. Gerhard Willke[177] rechnet zum Beispiel vor, dass in Deutschland die Anhebung der Mehrwertsteuer um einen Prozentpunkt Mehreinnahmen von rund 1,2 Milliarden Euro bringen würde. Weil demgegenüber aber eine

---

[176] Van Parijs 1995: 116.
[177] Willke 1999: 286.

Senkung der Sozialversicherungsbeiträge um einen Prozentpunkt einen Einnahmenausfall von rund 1,8 Milliarden Euro bedeuten würde, eine beschäftigungsbelebende Absenkung der Sozialabgaben um fünf Prozent also eine Anhebung der Mehrwertsteuer um acht Prozent erfordern würde, ist eine entsprechende Umstellung wohl nur als Langzeitprojekt realisierbar und dies könnte Hand in Hand mit einer grundsätzlichen Entkoppelung der Einkommen von der Arbeit gehen.

In direktem Bezug auf die Finanzierung eines Grundeinkommens schlägt deshalb zum Beispiel Claude Gamel[178] in einer Replik auf Van Parijs vor, anstelle einer Einkommenssteuer eine „soziale Mehrwertsteuer" zur Finanzierung eines Grundeinkommens einzuführen. Gegenwärtig, so Gamel, würde die heimische Produktion vieler Länder gegenüber Importen aus Ländern mit billigeren Sozialnetzen dadurch benachteiligt werden, dass auf den Arbeitsleistungen für die Inlandsprodukte die Kosten der Sozialabgaben lasten. Importierte Waren hätten dadurch vielerorts leichtes Spiel gegen die teureren inländischen Produkte. Würde das Sozialsystem hingegen durch eine „soziale Mehrwertsteuer" finanziert werden, so würden importierte und inländische Produkte gleichmäßig belastet, was dem internationalen Konkurrenzkampf eher entsprechen würde. Darüber hinaus wäre aber auch grundsätzlich der Konsum heute, vielmehr als die Arbeit, als eigentlich adäquate Steuerbasis der modernen Gesellschaft anzusehen. Eine „soziale Mehrwertsteuer" würde deshalb gegenüber der Einkommenssteuer die „fairere Steuer" darstellen.

Die Einkommenssteuer ist, ebenso wie über den Umweg der Produktion auch die Mehrwertsteuer im Prinzip eine Steuer, die auf so genannte *Internal Assets*, nämlich im Speziellen ganz oder zum Teil auf die Arbeitsleistung von Gesellschaftern erhoben wird. Werden die Steuern auf diese Leistungen zur Finanzierung eines unbedingten Grundeinkommens herangezogen, so liegt, wie wir oben schon gesehen haben, der Vorwurf nahe, dass es sich manche Gesellschaftsmitglieder damit unter Umständen auf Kosten der Arbeitsleistung Anderer bequem machen könnten, dass sie also *auf Kosten Anderer* leben könnten, ohne zu arbeiten.

Obwohl diesem Vorwurf, wie wir gesehen haben, theoretisch einiges entgegengehalten werden kann, zielt doch ein Teil der Überlegungen zur Finanzierung eines Grundeinkommens auch auf Möglichkeiten, die Mittel dafür alleine aus so genannten *External Assets* zu lukrieren, aus Ressourcen also, die von *niemandem*, oder zumindest nicht in messbarem Ausmaß von jemandem geschaffen worden sind. Dazu zählen zum Beispiel Landbesitz und Immobilien, natürliche Ressourcen, Rohstoffe und bis zu einem bestimmten Grad auch Kapitalgewinne.

---

[178] Gamel 1998.

9.3. Earth share – Geonomics

Was die Besteuerung von Landbesitz betrifft, so gibt es dafür eine Reihe von teilweise recht idealistischen Konzepten, von denen viele bereits auf eine längere Diskussionsgeschichte zurückblicken. Bereits im 19. Jahrhundert hat zum Beispiel der amerikanische Wirtschaftswissenschafter Henry George (1839 – 1897) ausgehend von der grundsätzlichen Annahme, dass die Erde allen ihren Bewohnern gehört und dass jeder Mensch mit der Geburt einen gleichen Teil der Erde und ihrer Früchte erbt, dafür plädiert, sich die Oberfläche der Erde nur als geborgt vorzustellen und die Einnahmen aus den dafür erhobenen Leihgebühren unter den Bewohnern der Erde zu gleichen Teilen aufzuteilen, und alle anderen Steuern im Gegenzug dazu abzuschaffen. Die alleinige Besteuerung des Bodens sei wesentlich gerechter als individuelle Leistungen, etwa die Arbeit und ihre Produkte, zu besteuern, denn Grund und Boden kann niemand wirklich ursprünglich mit Recht für sich beanspruchen, das Produkt seiner Arbeit aber sehr wohl. Die Schrift, in der George seine Idee einer solchen *Single Tax* auf Bodenbesitz propagiert hat, – das 1879 auch auf Deutsch erschienene Buch *Fortschritt und Armuth* –, zählt zu den meistgelesensten Büchern des neunzehnten Jahrhunderts und wird bis heute von zahlreichen Wirtschaftsexperten und Ökologen zitiert.

Die Besteuerung von Landbesitz und Rohstoffnutzung macht aus ökologischer Sicht zu aller erst deswegen Sinn, weil angenommen werden kann, dass für Grund und Boden und für die Umwelt besser gesorgt würde, wenn ihre Nutzung nicht mehr wie gegenwärtig weitgehend kostenlos erfolgen würde, sondern eben grundsätzlich dafür bezahlt werden müsste. Wenn überdies ein Teil des Einkommens der Gesellschaft in Form eines Grundeinkommens von Grund und Boden abhängig wäre, so würde das Bewusstsein und die Sorge für eine auch in Hinkunft ertragreiche Umwelt und Natur fest an die Daseinsgrundlage der Gesellschaft gebunden. Umweltschutz würde zu einem wirklich gesamtgesellschaftlichen Interesse und damit nachhaltig in die Ökonomie und Wirtschaftspolitik einbezogen.

Darüber hinaus betont eine Reihe von Theoretikern, die sich auf Henry George berufen, die Möglichkeiten, die sich für eine nachhaltige Verschlankung des Staates aus der alleinigen Besteuerung von Boden- und Landbesitz ergeben. In der Annahme, dass die Besteuerung von ursprünglich von niemandem oder allen gleichermaßen besessenen Ländereien und Ressourcen gerechter sei, als die Besteuerung individueller Leistungen, und dass überdies die derzeitigen Bodenbesitzer und Rohstoffnutzer wohl mit einem entsprechend wirksamen Argument für die Zahlung der Boden- und Ressourcensteuern gewonnen werden müssten, schlägt zum Beispiel auch Jeffrey Smith in seinem *Earth-Share-Manifesto*[179] vor, sämtliche herkömmlichen Steuern auf Arbeit und Mehrwert zu streichen und stattdessen bis auf fünf Prozent die gesamten Boden-, Land- und Rohstoffrenditen von den Besitzern einzuziehen. Aus diesen Renditen sollten zum einen so genannte *Earth Shares* an alle Gesellschafter ausbezahlt werden – Smith rechnet mit Jahreszahlungen von 4000 bis 8000 US-Dollar – und zum anderen sollte daraus ein schlanker Minimalstaat finanziert werden, der im Prinzip nur mehr für Aufgaben wie die Verteidigung der Rechte oder die Erhaltung der Infrastruktur zuständig ist. Mit dem, was die Gesellschafter aus ihren *Shares* und den nun um die gestrichenen Steuern erhöhten Einkommen einnehmen – Smith rechnet mit Einkommenssteigerungen von 100 Prozent –, könnten sie sich, so die Überlegung, dann selbst soviel Staat „kaufen", wie sie individuell benötigen. Ausbildung oder auch medizinische Versorgung zum Beispiel wären selbst zu bezahlen und auch die Arbeitslosen etwa würden von Privatunternehmen oder von den gestiegenen Einkommen ihrer Verwandten und Freunde versorgt werden.

Aufgrund einer durch fortgesetzte Automation steigenden Produktivität sollten nach diesem Modell überdies die Lebenserhaltungskosten deutlich sinken, weil die Währungen nicht mehr durch beständige Darlehen aufgeblasen werden könnten. Die Geldinstitute würden sich nämlich hüten, an Staaten, die keine Steuern mehr einnehmen, und an Landbesitzer, die nahezu alle ihre Renditen abliefern müssen, noch Kredite zu vergeben. Die bestehende Zinspolitik würde ausgetrocknet und aufgrund der fallenden Preise würden auch Armenunterstützung und Wohlfahrt zu geringeren Problemen werden als bisher. Die Produktivitätssteigerungen könnten voll umgesetzt werden und damit die Arbeitswoche tatsächlich entscheidend verkürzt werden. Statt dem ökonomischen Eckpfeiler des Bruttosozialprodukts würden, so Smith, Muße und Freizeit zur Orientierungsgröße der Wirtschafts- und Umweltpolitik werden.

Im Anschluss an Henry George hatte noch vor Smith auch schon Herbert Spencer ähnlich idealistische Überlegungen zur Besteuerung von Landbesitz angestellt.[180] Wie George hatte auch er dabei eine Art von Landnutzungsrecht vor Augen, das von Individuen gemietet werden konnte, das aber grundsätzlich keinerlei Privatbesitz an Grund und Boden mehr vorsah. Auch seine Konzeption wollte gewährleisten, dass nur der „Miet-Wert" des Landes besteuert werden könne, nicht aber der durch individuelle Arbeit hinzugefügte Wert. Denn der sei ja Privatbesitz und legitim, der Besitz an Land hingegen, das eigentlich allen gehört, sei illegitim.

---

[179] Vgl.: Smith o.J.

[180] Spencer 1868: 132-150.

Dieses Mietkonzept birgt allerdings den Nachteil, dass mit ihm individuelle Initiativen zur Wertsteigerung des Landes unter Umständen auch bestraft werden könnten. Wenn nämlich zum Beispiel jemand ein Stück unbebautes Land, das er gemietet hat, als Wohnfläche adaptiert und damit den Wert des Landes und die Nachfrage danach steigert, so müsste er selbst in Zukunft höhere Mietgebühren für dieses Land bezahlen, obwohl die Wertsteigerung seine eigene Leistung war und als solche nicht besteuert werden sollte.

Murat Borovali[181] hat deswegen im Anschluss an Spencer und an ähnliche Überlegungen von Hillel Steiner[182] ein *Earth share*-Modell vorgeschlagen, nachdem zwar auch nur natürliche Ressourcen und nicht die Früchte der Arbeitskraft besteuert werden sollen. Wohl kann aber nach Borovalis Modell Land auch käuflich erworben werden. Dazu wird der Kaufpreis des Landes in einen gemeinsamen Topf einbezahlt und nur die Zinsen, die dieser Topf abwirft, gesamtgesellschaftlich verteilt. Dies hat den Vorteil, dass niemand, wenn alles Land bereits verkauft ist, ohne einen Ausgleich für seinen legitimen Anteil übrig bleiben würde. Eine Zahlung aus dem gemeinsamen Topf würde ihn nämlich dafür kompensieren. Darüber hinaus könne nach diesem Modell niemand auf Kosten der Früchte der Arbeit eines anderen leben, weil ja stets nur die Zinsen der Einkünfte des Landverkaufs verteilt würden und nicht die Einkünfte selbst. Zugleich gewährleiste der Land*kauf* aber die Möglichkeit, dass die Gesellschafter kalkuliert und wirtschaftlich mit ihrem Besitz umgehen. Sie wären nicht durch Einziehung oder Besteuerung ihrer Gewinne in ihrem wirtschaftlichen Handeln gebremst. Und überdies wäre mit diesem Konzept, so Borovali, der Wert des Landes auch dann noch gesichert, wenn es ausgeschöpft oder verwüstet worden ist, weil der ursprüngliche Wert ja nach wie vor im gemeinsamen Topf liegt, aus dem alle und damit auch zukünftige Generationen ihren Teil der Zinsen beziehen.

So interessant diese Überlegungen sind, so können gegen sie doch auch eine Reihe von Einwänden ins Rennen geführt werden. Abgesehen von der realpolitischen Frage, wie denn von der gegenwärtigen Verteilung des Landbesitzes auf ein *Earth-share*-Konzept übergegangen werden sollte und wer denn unter den gegenwärtigen Grundbesitzern bereit wäre, ein solches Konzept zu akzeptieren, stellt sich auch die Frage, ob die Mittel, die damit zur Umverteilung lukriert werden könnten, wirklich ausreichen, um ein annähernd existenzsicherndes Grundeinkommen zu finanzieren. Philippe Van Parijs[183] hat zum Beispiel wiederholt die Meinung geäußert, dass wenn

[181] Borovali 1998.
[182] Vgl.: Steiner 1992.
[183] Van Parijs u.a. 1992.

nur *External Assets*, das heißt also nur Land und die Natur besteuert würden, ein nur sehr mageres Grundeinkommen finanziert werden könnte. Andere Berechnungen kommen demgegenüber zwar zu dem Schluss, dass in den Vereinigten Staaten eine Steuer auf natürliche Ressourcen ein per capita Jahreseinkommen von immerhin 4000 US-Dollar erbringen könnte.[184] So nur Erwachsene berechtigt würden, wäre die Zahl noch höher. Einer anderen Schätzung zufolge sollen 1995 zum Beispiel von den 5,9 Billionen Dollar Einnahmen der US-Wirtschaft zwei Billionen direkt oder indirekt auf Immobiliengewinne zurückgehen.[185] So dies mit einer weiteren Schätzung von Fred Block und Jeff Monza[186] verglichen wird, nach der sich die Nettokosten eines Grundeinkommensschemas für die Vereinigten Staaten auf etwa 70 Milliarden Dollar belaufen würden, legt sich der Schluss nahe, dass die Einnahmen aus *External Assets* doch reichen könnten, um ein Grundeinkommen zu finanzieren.

Trotz allem scheint aber unter Ökonomen die Meinung vorzuherrschen, dass auch die höhere Besteuerung von Landbesitz bestenfalls nur einen Teil des Finanzplans darstellen kann, der für ein umgreifendes Grundeinkommensschema notwendig wäre. Dasselbe scheint auch für die zusätzliche Besteuerung von Umweltverschmutzung oder -exploitation, für Ökosteuern zu gelten.

9.4. Öko-Steuern

James Robertson, ein britischer Verfechter von Öko-Steuern, hat 1994 vorgerechnet, dass sich in Großbritannien ein monatliches Grundeinkommen in der Höhe von zirka 500 Euro für Rentner, 350 Euro für Erwachsene und 100 Euro für Kinder einzig aus Land- und Energiesteuern finanzieren ließe, wenn diese in Hinkunft anstelle von Steuern auf Profite, Einkommen und Mehrwert eingehoben würden. Schon zuvor, nämlich bereits 1974 hatte Robertson argumentiert, dass es unlogisch sei, dasjenige zu besteuern, was die Gesellschaft benötigt, also etwa Arbeit, und nicht dasjenige, was sie in keinem Fall braucht, nämlich Umweltverschmutzung. Es sei völlig irrational, so betont er, die Mitglieder der Gesellschaft für etwas Steuern zahlen zu lassen, was sie der Gesellschaft geben, etwa Mehrwert, während sie absolut nichts zahlen müssen, für das, was sie ihr nehmen. Aus diesem Grund sollten Einkommenssteuern vollständig durch Steuern auf Konsum und auf Reichtum ersetzt werden. Das existierende

[184] Anderson 1999.
[185] Vgl.: Widerquist 1999.
[186] Block/Monza 1997.

Transfersystem, das mit seinen Versicherungsbeiträgen im Prinzip eine Besteuerung der Arbeitsplätze darstellt, sollte durch eine universelle Wohlfahrtszahlung, ein Grundeinkommen, ersetzt werden, das dafür kompensiert, dass alle, und nicht nur die Reichen, Steuern auf den Gebrauch natürlicher und sozialer Ressourcen, auf den Mietwert von Land und auf die Kapazität der Umwelt, Verschmutzung und Abfall zu absorbieren, zu bezahlen hätten.

Diese Vorstellungen hat Robertson seit 1983 in seinem Projekt einer post-industriellen *SHE-Society* (*SHE* für *Sane, Human and Ecological*) weiter ausgebaut. Das primäre Anliegen dieser Society ist es, dem Wachstum deutliche Grenzen zu setzen und die gesellschaftlichen Ziele und Daseinsformen mehr auf das „Sein", denn auf das „Werden" zu orientieren. Von zentraler Bedeutung für eine solche Gesellschaft sei, so Robertson, eine so genannte *Ownwork*, also eine selbstorganisierte, bedeutungs- und sinnstiftende Beschäftigung, die zwar nach wie vor bezahlt werden kann, nicht aber primär um der Bezahlung willen durchgeführt wird.[187] Für *Ownwork* würde damit nicht mehr die finanzielle Entlohnung der Arbeit im Vordergrund stehen. Die Lebensgrundlage würde vielmehr durch ein Grundeinkommen sichergestellt werden, dem Grund-, Boden- und Ressourcensteuern zugrunde liegen, welche nachhaltigen Landgebrauch belohnen, pure Profitsucht aber bestrafen. Durch *Ownwork* sollte sich schließlich ein „Dritter Sektor" einer „Sozialökonomie" ausbilden, der nun primär bedürfnis- und nicht mehr wachstumsorientiert operiert und der damit im Stande ist, den Druck von der Umwelt und der Infrastruktur zu nehmen.

Freilich hätte dies, so Robertson selbst, eine grundlegende Reform globaler ökonomischer Institutionen und die Einführung internationaler Steuern auf Währungsspekulationen, Umweltverschmutzung und Importe zur Voraussetzung. Inwiefern diese globalen Maßnahmen zur Zeit realisierbar sind, bleibt äußerst fraglich. Und auch von anderer Seite her ist betont worden, dass die Land- und Ressourcenbesteuerung unter ökologischer Perspektive nicht nur Zustimmung findet. Öko-Steuern, wie sie in zahlreichen OECD-Ländern bereits eingehoben werden, können, so wurde kritisiert, der Umweltverschmutzung kaum wirklich Einhalt gebieten. Das schon gegenwärtig in manchen Ländern zur Anwendung gebrachte Öko-Punkte-System zum Beispiel, das vorsieht, dass umweltverschmutzende Firmen für den Schaden, den sie einenorts anrichten, entweder bezahlen oder ihn andernorts gut machen, hätte nur zu einem regen Austausch von Umweltverschmutzung und einem Export der Verschmutzung in ärmere Länder geführt. Umweltbelastungen würden damit rechtfertigbar, hätte man

[187] Vgl.: Robertson 1985.

doch nun für sie bezahlt. Auch die höheren Abgaben etwa auf Benzin und Öl würden nur wenig bewirken. Die Reichen könnten sich die teureren Treibstoffpreise weiterhin leisten, die Armen haben Pech gehabt und die Luft bleibt trotzdem schlecht vor bezahlter Verschmutzung. Und überdies scheint, wie etwa das Beispiel Deutschland zeigt, auch die politische Machbarkeit von Ökosteuern nach wie vor an deutliche Grenzen zu stoßen.

Nichtsdestotrotz sollte diesbezüglich auch daran erinnert werden, dass der *Alaska Permanent Fund*, der wie oben beschrieben seit 1982 jährlich Dividenden aus Erdölgewinnen an jeden Einwohner Alaskas auszahlt, einstweilen das einzige tatsächlich funktionierende Grundeinkommenskonzept weltweit darstellt. Die Besteuerung von natürlichen Ressourcen – so sie freilich nicht schon zuvor Besitz spezieller Wirtschaftsinteressen sind – ist also als einzige Finanzierungsart bisher auf hinreichenden politischen Konsens gestoßen, um ein Grundeinkommen tatsächlich zu ermöglichen, und dies scheint ein gewichtiges Argument für diese Art der Finanzierung zu sein.

9.5. Neue Steuerkonzepte

Neben der Besteuerung von Landbesitz und natürlichen Ressourcen wurden in jüngerer Zeit auch eine Reihe von neuen Steuerkonzepten diskutiert. Der Ökonom und Nobelpreisträger James Tobin hat zum Beispiel 1978 vorgeschlagen, eine Art Minimalsteuer in der Höhe von 0,1 Prozent auf Devisengeschäfte einzuheben, die die Steuerschlupflöcher transnationaler Konzerne stopfen soll. Tobin hat angenommen, dass dadurch spekulative Devisenströme unterbunden würden und das Volumen der Transaktionen um zwei Drittel verringert werden könnte. Den einzelnen Staaten sollte dies um die 150 Milliarden jährlich einbringen. Auf die Kritik seines Vorschlags hin hat Tobin 1995 dafür plädiert, die Banken daran zu hindern in Steuerschlupflöcher auszuweichen, indem die Staaten jede Kreditvergabe von Banken an ausländische Institutionen, inklusive der an ausländische Filialen mit einer zusätzlichen Steuer von 0,04 Prozent belegen. Dies hätte, so Tobin, nur wenig Einfluss auf Handel und Investitionen, würde aber die reinen Spekulationsgeschäfte, deren Umfang bereits fünfzigmal größer ist als der Warenverkehr, eindämmen. Außerdem würden dadurch auch die Möglichkeiten der Finanzmärkte, Einfluss auf die Politik der Staaten auszuüben, eingeschränkt.[188]

Auch über die Tobin-Steuer hinaus, die zur Zeit von Gruppierungen wie

[188] Vgl.: Tobin 1978; Tobin et al. 1995.

Attac als Antiglobalisierungsmittel propagiert wird, werden verschiedene neue Steuerkonzepte diskutiert. So wurde zum Beispiel vor kurzem vorgeschlagen, eine Bit-Steuer auf Informationstransfers einzuheben.[189] Ein Vorschlag, der angesichts des rapide zunehmenden Informationsaustausches über das Internet, nicht zu unterschätzende Ressourcen für die Finanzierung eines Grundeinkommens erschließen könnte. Der britische Ökonom Robert Theobald hat, wie wir oben schon erwähnt haben, vorgeschlagen, ein Grundeinkommen durch eine nachhaltige Reduktion der Militärausgaben und durch eine umverteilende Körperschaftssteuer zu finanzieren. Und in Bezug auf die aktuelle Situation in den Vereinigten Staaten wird gegenwärtig darüber diskutiert, in welchem Ausmaß ein Grundeinkommen die Kriminalität in sozial schwachen Bevölkerungsschichten senken würde und damit entscheidende Ersparnisse der Kosten für das stark überlastete amerikanische Gefängnissystem nach sich ziehen könnte.[190]

9.6. Fonds, Aktien und Sozialdividenden

Eine Reihe von Überlegungen zur Finanzierung eines Grundeinkommens gehen aber auch über den Möglichkeitsspielraum, den Steuern bieten, hinaus und erwägen Kapitalerträge aus Fonds oder kommunalen Aktienpaketen als Finanzquelle eines Grundeinkommens. Das Modell von James Meade zum Beispiel, das einen Aufkauf nationaler Aktienpakete durch den Staat vorsieht, aus dem dann Dividenden an die Bürger bezahlt werden sollen, haben wir oben bereits beschrieben. Auch Major H. Douglas' Plan eines Dividenden abwerfenden Sozialfonds haben wir schon erwähnt. In die Richtung Dividenden-finanzierter Grundeinkommenskonzepte gehen auch eine Reihe von Überlegungen, die an ein Konzept anschließen, das der amerikanische Rechtsexperte Bruce Ackerman vor kurzem zur Diskussion gestellt hat.

In seinem zusammen mit Anne Alstott 1999 veröffentlichten Buch *The Stakeholder Society* diskutiert Ackerman im Anschluss an die Ideen von Thomas Paine als Alternative zu einem Grundeinkommen ein so genanntes *Basic capital*, eine Geldsumme oder ein Aktienpaket also, das jedem Bürger bei Erreichen der Volljährigkeit zur Verfügung gestellt wird, um damit zum Beispiel eine bessere Ausbildung, eine Unternehmensgründung oder auch einfach ein sorgenfreieres Leben zu finanzieren. Dieses Basiskapital, das aus einer zweiprozentigen „Wohlstandssteuer" finanziert

[189] Vgl.: Soete/Kamp 1999.
[190] Vgl.: Barry 2000.

werden soll, würde einem Grundeinkommen recht nahe kommen, da es, so es längerfristig angelegt wird oder als Aktienstock bereit steht, regelmäßige Zinsen abwerfen würde. Ackerman rechnet vor, dass ein Stock im Wert von 80.000 US-Dollar mit fünf Prozent verzinst jährlich 4000 Dollar erbringen könnte.

Um dabei die Gefahr zu vermeiden, zum Beispiel Spieler oder Drogensüchtige oder auch junge Menschen der Versuchung auszusetzen, ihren Anteil sofort nach Erhalt zu verjubeln und so später erst recht auf die Unterstützung der Gesellschaft angewiesen zu sein, haben Kritiker dieses Konzepts auf die Notwendigkeit eines „milden Paternalismus" seitens des Staates hingewiesen, der den Verwendungszweck des Basiskapitals gesetzlich beschränken sollte.[191] Nach Ackerman und Alstott sollte diese Starthilfe im Laufe des Lebens des Empfängers dann an den Staat zurückgezahlt werden.

Alternativ dazu hat Edwin Morley-Fletcher 1998 im Anschluss an dieses Konzept vorgerechnet, dass schon eine Summe in der Höhe von 2 bis 2,5 Prozent des Bruttosozialprodukts von Staaten wie Frankreich oder Italien ausreichen würde, um einen Fonds zu finanzieren, aus dem jedem Neugeborenen dieser Länder eine Summe von 40.000 US-Dollar auf einem virtuellen Konto zugewiesen werden kann. Bei einer durchschnittlichen Verzinsung von 5 Prozent würde diese Summe bis zum Alter von 65 Jahren auf 900.000 US-Dollar anwachsen, was dann jährlich Zinsen in der Höhe von 45.000 US-Dollar abwerfen würde. Bereits für die erste Generation, die in die Gunst dieses Fonds kommt, ließe sich mit dieser Summe eine äußerst komfortable Pension finanzieren.

Da die 900.000 Dollar auf dem virtuellen Konto dabei aber nicht angegriffen werden, stünden die 45.000 Dollar Zinsen nach dem Tod der ersten Generation – bei vereinfachter Annahme, dass die Bevölkerungszahl gleich bleibt (was zumindest für Industrieländer realistisch scheint) –, jährlich für die nachfolgende Generation bereits ab Geburt zur Finanzierung eines durchaus existenzsichernden Grundeinkommens bereit.[192]

Freilich würde in diesem Modell die Übergangsgeneration, die nun die Kosten des bestehenden Systems zusätzlich zu den Kosten des neuen finanzieren müsste, doppelt belastet werden. Alternative Konzeptionen, wie etwa die des früheren Investmentbankers Bernard Berteloot schlagen deswegen ebenfalls in Anlehnung an die Ideen von Thomas Paine vor, so genannte „Erbschaftsfonds" einzurichten, die jedem im Alter von 28 Jahren ein zinsenloses Darlehen gewähren, das im Fall einer Erbschaft und nur dann zurückzuzahlen sei. Aus einer ursprünglichen Allokation von nur

---

[191] Vgl. Van Parijs 2000.
[192] Vgl.: Morley-Fletcher 1998.

einem Prozent des Bruttosozialprodukts von Ländern wie Deutschland ließen sich, nach Berteloot, bei einer jährlichen Rückzahlungsrate von 2 Prozent im Jahr 2025 zum Beispiel bereits Darlehen in der Höhe von 70.000 Dollar für jeden finanzieren. Durch den wirtschaftlichen Aufschwung, den die damit verbesserten Startchancen der Jungen bewirken würden, könnte sich die Finanzierung eines solches Modells relativ schmerzfrei amortisieren.[193]

Ein etwas differenzierteres Sozialdividendenkonzept hat schon vor Bruce Ackerman der „Marktwirtschaftssozialist" John Roemer vorgeschlagen.[194] In seinem Modell unterscheidet er zwei Arten von Geld: das so genannte *Commodity money* oder Bargeld, das wie sonst auch weiterhin dazu verwendet werden soll, Waren zu kaufen; und das so genannte *Share money*, das in Form von Coupons kursiert, mit denen Besitzrechte an Unternehmen und Firmen erworben werden können. Die beiden Geldformen können nicht ineinander konvertiert werden: Bargeld kann keine Coupons kaufen und Coupons können nicht für Geld verkauft werden. Roemer sieht überdies vor, dass nur vier „korporative Akteure" finanzielle Transaktionen durchführen dürfen: erwachsene Staatsbürger, der Sektor der Staatsfirmen (zu dem nach Roemer alle Großunternehmen gehören würden), sowie Gemeinschaftsfonds und die Staatsfinanzen.

Sobald nun ein Staatsbürger volljährig wird, erhält er nach Roemers Plan eine bestimmte Anzahl von Coupons von der Staatsfinanz, mit denen er nichts anderes als Anteile an den Gemeinschaftsfonds erwerben kann. Die Gemeinschaftsfonds können ihrerseits mit diesen Coupons nichts anderes als Anteile an Staatsfirmen kaufen. Die Firmen können die Coupons aber über die Staatsfinanz in Bargeld zurücktauschen und damit investieren. Jeder ihrer Shareholder, ob Person oder Gemeinschaftsfonds, erhält aus seinen Anrechten einen entsprechenden Bargeld-Anteil aus den Profiten der Firmen und Fonds.

Wenn Bürger sterben, werden ihre Anteile an den Gemeinschaftsfonds verkauft und die dabei erzielten Summen zurück an die Staatsfinanz überwiesen. Weder Anteile noch Coupons können also vererbt werden, sondern werden bei Erreichen der Volljährigkeit vom Staat stets gleichmäßig verteilt. Die Anteile sichern damit jedem einen regelmäßigen Einkommensstrom während seiner gesamten Lebenszeit, ohne dass dieser durch spekulativen Verkauf gefährdet werden kann.

Die Gesellschafter hätten nach diesem Plan vier Einkommensquellen: nämlich die Löhne ihrer Arbeit, die Sparzinsen, die Gewinne aus ihren

[193] Vgl.: Berteloot 2000.
[194] Vgl.: Roemer 1996.

Coupons und eine Sozialdividende, die daher rührt, dass die Firmen um eine relativ kleine Anzahl von in Konkurrenz zueinander stehenden Banken gruppiert wären, die zwar Anteile an den Firmen besäßen, selbst sich aber im Besitz der Gemeinschaftsfonds und damit der Gesellschafter befinden und an diese einen Anteil ihrer Gewinne auszahlen.

Eine Reihe von Fragen bleiben freilich auch angesichts dieses differenzierteren Dividendenkonzeptes offen. So bleibt etwa ungeklärt, welche Instanz den Schwarzmarkt unterbinden würde, wenn sich herausstellt, dass sich manche Coupons großer Nachfrage erfreuen. Und auch für die jeweiligen Investitionsentscheidungen würde wohl ein relativ starker Staat notwendig sein, ein Staat, wie er unter gegenwärtigen Globalisierungsbedingungen immer schwerer zu finden ist. Überdies könnten nach diesem Modell je nach Investment die Sozialdividenden nicht unbedingt für alle Gesellschafter gleich hoch ausfallen und schließlich bleibt in dem Konzept auch unklar, was mit etwaigen Arbeitslosen geschehen soll.[195]

9.7. Geldkreation

Obwohl Dividendenkonzepte gegenwärtig auch im Rahmen der Europäischen Union, etwa zur Finanzierung zukünftiger Pensionsmodelle, diskutiert werden, scheinen *Shareholder*-Beteiligungen an gesellschaftlichem Wohlstand in den Augen der breiten Öffentlichkeit vielfach noch zu sehr mit unternehmerischem Risiko assoziiert zu werden, um wirklich zur Finanzierung eines sozialen Sicherheitsnetzes zu taugen, das im Prinzip genau jene schützen soll, die sich diesem Risiko nicht stellen wollen oder können. Demgegenüber grundsätzlicher, dafür aber möglicherweise auch politisch schwerer umsetzbar, setzt ein Modell an, dass die Finanzmittel für ein Grundeinkommen nicht direkt aus gesellschaftlichen Ressourcen, sondern vielmehr aus dem Verrechnungsmittel dieser Ressourcen, aus Geld nämlich, beziehen will.

Wir haben oben bereits das *Social Credit Movement* von Major H. Douglas beschrieben, das im Kanada der dreißiger Jahre mit der simplen Idee, die Zinsen aus staatlichen Industriekrediten in Form eines Grundeinkommens umzuverteilen, politische Erfolge erzielen konnte. In ähnliche Richtung gehen auch die Überlegungen von Marie-Louise Duboin's, die in Fortführung der Ideen ihres Vaters, des früheren französischen Finanzministers Jaques Duboin, mit ihrem *Mouvement francais pour l'abondance*

[195] Siehe zu den zahlreichen Einwänden zu seinem Konzept: Roemer 1996: 45-289.

ein nur auf realer Produktion basierendes und elektronisch verrechnetes Alternativgeld vorschlägt[196], dessen erhoffte Effekte nun, global gewendet, auch dem Plan einer *Global Resource Bank* zugrunde liegen.[197]

Etwas differenzierter in diese Richtung arbeitet auch der deutsche Ökonom Joseph Huber (1998) an einem so genannten *Vollgeld*-Modell, das die Souveränität der Geldkreation zurück in die Hände der Zentralbanken legen will. Bekanntlich wird Geld heute (nach Aufgabe des Goldstandards) nicht mehr nur, wie eigentlich vorgesehen, von der Zentralbank geschaffen, sondern mehr und mehr auch bargeldlos von den Geschäftsbanken, die mit Krediten und den Zinsen daraus gewissermaßen „virtuelles" Geld auf den niemals vollständig auszuzahlenden Konten ihrer Kunden erzeugen: eine Art von Geld, das nur in den Büchern existiert, und sich dort durch weitere Kreditvergaben auf diese virtuellen Summen vermehrt, ohne noch eine *reale* Grundlage zu haben. Dieser Umstand räumt den Geschäftsbanken immer mehr Macht gegenüber der Zentralbank ein. Die staatlichen Einrichtungen, die gegenwärtig ohnehin in Folge der Globalisierung an Macht und Möglichkeiten verlieren, werden dadurch zusätzlich geschwächt.

Huber schlägt nun vor, den Geschäftsbanken die Möglichkeit der bargeldlosen Geldkreation per Gesetz zu entziehen und die *Seigniorage*, also den öffentlichen Nutzen von neuer Geldkreation alleine der Zentralbank zuzusprechen. Dies hätte, so Huber, eine Reihe von Vorteilen: zum ersten würde grundsätzlich konstitutionelle Ordnung geschaffen. Die Finanzmacht der staatlichen Stellen würde nicht untergraben. Zum zweiten könnte breitere ökonomische Lebensfähigkeit gewährleistet werden, weil die Geldschöpfung genauerer Kontrolle unterliegt. Und zum dritten wäre damit auch bis zu einem gewissen Grad für finanzielle Stabilität gesorgt. Mit dem jährlichen Zuwachs der Geldmenge, der nun von der Zentralbank kontrolliert würde und sich nicht unkontrolliert aus den Transaktionen der Geschäftsbanken ergäbe, könnte überdies ein durchaus existenzsicherndes Grundeinkommen finanziert werden.

Für die Durchführung dieses Plans wäre nichts weiter als eine Gesetzesregelung notwendig, die von einem bestimmten Datum an, alle Gelder, die auf Konten liegen, zu *Vollgeld* erklärt und es damit verbietet, dass die entsprechenden Summen als Verpflichtung der Bank gegenüber ihren Kunden oder als Ansprüche der Kunden an die Bank in den Büchern geführt werden. Die Gelder würden, obwohl sie auch weiterhin hauptsächlich bargeldlos existieren, augenblicklich als tatsächliches Eigentum der Kunden auf deren Konten geführt. Die Geschäftsbanken können damit (nach einer bestimmten Übergangszeit) diese Gelder nicht mehr mehrfach

---

196 Vgl.: Duboin 1988.

197 Vgl. dazu das „Global Resource Bank Proposal": Pozzi 1996.

in ihren Bilanzen verbuchen und keine weiteren Geld-schöpfenden Transaktionen auf sie gründen. Die Vollgeld-Konten würden so zu Konten, die, wie eigentlich ohnehin vorgesehen, direkt von der Zentralbank bedient und kontrolliert werden. Alle anderen Aufgaben und Möglichkeiten der Banken würden dagegen unverändert so bleiben wie bisher.

Im bestehenden System, in dem die Geschäftsbanken selbst Geld erzeugen, hat der jährliche Geldzuwachs in Deutschland in den neunziger Jahren des zwanzigsten Jahrhunderts real zwischen 30 und 37 Milliarden Euro ausgemacht. Der Zuwachs an Zentralbankgeld betrug in dieser Zeit nur 4 bis 6 Milliarden jährlich. In der selben Zeit hat die Wohlfahrtsunterstützung Deutschlands 27 Milliarden Euro jährlich gekostet, was allgemein als zu hoch und nicht auf Dauer finanzierbar kritisiert wurde. Die Arbeitslosenunterstützung hat 8 Milliarden und Fortbildungszuschüsse haben 1 bis 2 Milliarden gekostet. Zusammengerechnet waren das um die 36 Milliarden. Da also offensichtlich der reale und eigentlich nicht vorgesehene Geldzuwachs und die (zu hohen) Kosten des fundamentalen Wohlfahrtssystems ungefähr gleich hoch sind, liegt es nahe, das eine mit dem anderen zu bezahlen. Und dies könnte, so Huber, das Vollgeld-Konzept ermöglichen. Es würde die Finanzierung eines Grundeinkommens ohne jegliche Steuererhöhungen erlauben.[198]

So überzeugend und simpel dieses Konzept auch klingen mag, auch ihm stehen, wie vielen der anderen hier besprochenen Konzepte, mächtige wirtschaftliche und politische Interessen – oder so man es unpersönlicher ausdrücken will – tiefgehende Systemzwänge entgegen, die zur Zeit eine Einigung sämtlicher weltweit relevanter Zentralbanken und Regierungen in Richtung eines Vollgeld-Konzepts, wie es Joseph Huber promotet, wenig wahrscheinlich machen.

Allerdings braucht uns die konkrete Wahrscheinlichkeit der Realisierbarkeit der hier besprochenen Modelle zur Finanzierung eines Grundeinkommens auch nicht weiter zu interessieren. Die vorangehenden Darstellungen sollten im Prinzip nur einen Überblick über die derzeit diskutierten Finanzierungsmöglichkeiten liefern und damit dem wohl am häufigsten vorgebrachten Argument gegen die Grundeinkommensidee, der Frage nämlich: „Wer soll das alles bezahlen?", den Wind aus den Segeln nehmen. Die Antwort auf die Frage scheint wie so oft nicht von einem einzelnen, besonders elaborierten Modell gegeben werden zu können, sondern dürfte vielmehr in einem „Cocktail" aus den diskutierten Finanzquellen zu suchen sein. Nicht in der Konzentration auf eine Steuerart oder auf ein spezifisches ökonomisches Modell wird ein Grundeinkommen

[198] Vgl.: Huber 1998.

in der Realität zu finanzieren sein, sondern vielmehr in der möglichst breiten Nutzung der Möglichkeiten aller zur Verfügung stehenden Ressourcen. Fasst man unter diesem Gesichtspunkt die wichtigsten Punkte des zuvor Gesagten noch einmal zusammen – also etwa die teilweise Amortisierung der Grundeinkommenskosten durch das Überflüssigwerden großer Teile des bestehenden Sozialsystems; die Möglichkeit einer langsamen, „Gewöhnung abwartenden" Anhebung von Steuerraten; die Streuung der Steuerbelastung über Öko-, Landbesitz-, Kapitalertrags-, Erbschafts- und neue Steuerarten wie Spekulations- oder Informationssteuern; die positiven Effekte für Beschäftigung, Kaufkraft, Unternehmensgründungen und insgesamt die Produktion; sowie die sukzessive Einbeziehung alternativer Finanzierungsformen von Sozialdividenden bis hin zur Geldkreation – so scheint sich mit einigem Recht behaupten zu lassen, *dass die Einführung eines bedingungslosen, existenzsichernden Grundeinkommens weniger eine Frage der Finanzierung, als viel mehr eine des politischen Willens ist.*

10. Politische Machbarkeit

Wenn dem so ist, so müssen wir im nächsten Abschnitt die Bedingungen des *politischen Willens*, der der Einführung eines Grundeinkommens zur Zeit entgegensteht, ein wenig genauer betrachten. Dass der politische Wille, oder genauer gesagt, die Kollision und der Dissens unterschiedlicher gesellschaftlicher Interessen, in unserem Sinn *Verwerfungen* also, einer der Haupthindernisgründe für den Umbau des sozialen Sicherheitssystems sein dürfte, scheint sich auch an den aktuellen Aktivitäten, die zur Diskussion und zur Verbreitung der Grundeinkommensidee unternommen werden, zu zeigen. Obwohl zum Beispiel das seit 1986 jedes zweite Jahr abgehaltene Treffen des *Basic Income European Networks*, des europäischen Dachverbandes aller an der Grundeinkommensidee Interessierten von mal zu mal auch mehr namhafte Politiker als interessierte Gäste aufweisen kann – im Jahr 2000 waren in Berlin etwa der ehemalige französische Premierminister Michel Rocard, die Gesundheitsministerin von Deutschland Andrea Fischer, der Sozialminister von Finnland Osmo Soininvaara oder der Abgeordnete zum Britischen Oberhaus Lord Raymond Plant angekündigt –, so fällt doch deutlich ins Auge, dass zur Zeit weltweit keine Regierungspartei und nur wenige Oppositionsparteien das Grundeinkommen als politisches Ziel in ihren Parteiprogrammen führen. Der politische Zuspruch für die Idee, so scheint es, war in den siebziger und achtziger Jahren des zwanzigsten Jahrhunderts schon einmal größer.

Dafür, dass es um den politischen Status einer Idee, die von so vielen, und durchaus auch einflussreichen Wissenschaftern und Denkern für diskutierenswert und interessant gehalten wird, so schlecht bestellt ist, gibt es eine Reihe von Gründen. Tony Fitzpatrick[199] macht zum Beispiel einen, wie er sagt, notorischen *Middle-range-effect* der Idee für ihre mangelnde politische Zündkraft verantwortlich. Würde man nämlich, so meint er, eine Liste mit verschiedenen sozialpolitischen Anliegen (mehr Sicherheit für Arme, Senkung der Arbeitslosigkeit etc.) anfertigen und dieser Liste einen Katalog von Lösungsvorschlägen gegenüberstellen, aus denen die für die jeweiligen Probleme effektivsten auszuwählen sind, so würde die Grundeinkommensidee kaum jemals gleich an erster Stelle der vorgeschlagenen Maßnahmen genannt werden. Für die Lösung isolierter Detailprobleme scheinen andere Maßnahmen aus Politikerperspektive meist näher zu liegen.

[199] Fitzpatrick 1999: 44f.

Wenn allerdings nicht nach isolierten Einzelproblemen gefragt wird, sondern das Gesamtlösungspotential der Maßnahmen ins Auge gefasst wird, fänden sich, so Fitzpatrick, nur wenige andere Konzepte, die ähnlich breite Zustimmung, wie die Grundeinkommensidee erhalten. Die mangelnde politische Zündkraft der Grundeinkommensidee hat demnach ihren Grund darin, dass die politische Tätigkeit zur Zeit noch vorwiegend darauf ausgelegt ist, Problemlagen isoliert zu betrachten, Arbeitslosigkeit etwa als von der Umweltverschmutzung getrenntes Problem zu sehen. Dadurch geraten Zusammenhänge, die übergeordnete Lösungsansätze erfordern, nicht hinreichend scharf in den Blick. Erst nach und nach scheinen komplexere Kausalketten auch in politischen Diskussionen an Wichtigkeit zu gewinnen, wie das Aufkommen von Schlagwörtern wie *Sustainable Economics* zeigen. Aus dieser Entwicklung könnte sich schließlich auch für die Grundeinkommensidee eine neue Chance ergeben.

Ein weiterer Hindernisgrund für die politische Durch- und Umsetzbarkeit der Idee ist ein Umstand, der ebenfalls in den Augen so mancher nicht unbedingt nur ein Nachteil sein muss. Der Umstand nämlich, dass die Idee keine natürliche politische Richtung oder auch Koalition hat, mit der sie sich in den Augen der Öffentlichkeit besonders assoziiert. Im Gegenteil, die Argumente für ein Grundeinkommen scheinen aus allen denkbaren politischen Windrichtungen zu kommen. Während die Debatte in den siebziger Jahren des zwanzigsten Jahrhunderts zwar durchaus im Rahmen einer traditionell marxistischen Kapitalismuskritik gestartet worden war, haben sich ihrer, wie schon erwähnt, bald schon auch Wirtschafttheoretiker wie etwa der Brite James Meade oder der Amerikaner Milton Friedman angenommen, die gemeinhin eher den liberalen oder sogar neoliberalen politischen Kreisen zugerechnet werden. In den achtziger Jahren haben sich dann verschiedenste Grün- und Frauenrechtsbewegungen der Idee angenommen und in den neunziger Jahren scheint sie sich überhaupt endgültig von allen politischen Farben losgesagt zu haben. Während zwar einige Diskutanten in ihr nach wie vor in guter Marxscher Tradition den „kapitalistischen Weg zum Sozialismus" sehen, scheint der Großteil derjenigen, die sich damit beschäftigen, wesentlich mehr an grundsätzlichen Argumenten und neuen Ideen interessiert als daran, aus welcher Richtung diese kommen.

Diese Positionierung der Grundeinkommensidee *jenseits von Links und Rechts* hat zwar nun eben zur Folge, dass sich keine der traditionellen Parteien vollherzig hinter die Idee stellen kann, weil sie stets auch Aspekte an ihr entdeckt, die zu sehr an das Gedankengut ihrer Opposition erinnern. Andererseits bleibt die Idee aber gerade dadurch auch nach allen Seiten hin offen für fruchtbare Kritik und neue Anregungen. Es lässt sich wohl zweifeln, ob die Vielfalt der in den vorhergehenden Kapiteln vorgestellten Modelle, Vorschläge und Beiträge zur Entwicklung der Idee auch zustande gekommen wäre, wenn die Grundeinkommensidee von Anfang an in das doch stets notgedrungen recht starre Korsett eines politischen Parteiprogramms gezwängt worden wäre. Dort, wo die Idee realpolitische Formen ausgeprägt hat, im Amerika der späten siebziger oder in Belgien der neunziger Jahre, scheint ihr das jedenfalls nicht unbedingt nur vorteilig bekommen zu sein.

Nichtsdestotrotz stellt die ideologische Diversität der Grundeinkommensidee natürlich ein großes praktisches Hindernis für ihre Realisierbarkeit dar. Zur Zeit fehlt ihr damit eindeutig die operable Basis, von der aus sie nach und nach größere Aufmerksamkeit in der Öffentlichkeit und schließlich vielleicht den entscheidenden Zuspruch zu ihrer Realisierung gewinnen könnte. Andererseits scheinen aber die klassischen monolithischen Parteien der europäischen Wohlfahrtsstaaten zusammen mit ihren politischen Grundsätzen zur Zeit ohnehin in rasanter Auflösung begriffen zu sein. Koalitionslos regiert heute keine der klassischen Großparteien mehr und die Zusammenschlüsse, die meist nur mehr mühselig und unter zähen Verhandlungen zustande kommen, gestalten sich durchwegs brüchig und porös. Vielleicht kann gerade angesichts der hochkomplexen Differenzierung der modernen Gesellschaft, die sich auch in der Diversität und der damit sinkenden Macht ihrer parlamentarischen Vertreter ausdrückt, eine sozialpolitische Idee, die sozusagen für jeden etwas bereit hält, eine integrierende Kraft darstellen, eine Kraft, die politische Kooperationen jenseits von parteipolitischen Vorgaben erlaubt und gerade dadurch in der Lage ist, tatsächlich notwendige Reformen durchzuführen, anstatt nur ständig erneut die bestehenden Strukturen zu flicken.

Ein weiterer Grund, warum die Grundeinkommensidee zur Zeit so wenig politischen Zuspruch findet, wird in dem Umstand gesehen, dass sie in ihrer radikalen Trennung von Arbeit und Einkommen dem Common sense widerspricht. Die Einwände gegen das *Something-for-Nothing*-Prinzip können zwar scheinbar, wie wir oben gesehen haben, in elaborierten philosophischen Diskursen ausgeräumt werden. Auf dem Niveau aber, auf dem sich die üblichen Wahlkampfdebatten und -argumente bewegen, scheint auch weiterhin im Großen und Ganzen die Meinung vorzuherrschen, dass, wer nicht arbeitet, faul ist und deshalb auch von den Gewinnen der gesellschaftlichen Produktion ausgeschlossen bleiben müsse. Grund für diese Meinung könnte aber auch nur eine psychologische Sperre sein, die einfach aus der Gewöhnung der Gesellschafter herrührt, nur für ihre Erwerbstätigkeit finanziellen und sozialen Lohn zu beziehen.

10.1. Die Schritt-für-Schritt-Einführung

In diesem Zusammenhang wird von Grundeinkommensbefürwortern gerne auf die Notwendigkeit der sukzessiven *Ent*wöhnung der Gesellschaft von dieser Gewohnheit verwiesen. Weil die augenblickliche Einführung eines Grundeinkommens eben zu große Änderungsbereitschaft der Gesellschaft verlangt, sollte ein Grundeinkommen der Wählerschaft über verschiedene andere sozialpolitische Maßnahmen Schritt für Schritt schmackhaft gemacht werden.

Diese Strategie wird verschiedentlich, so scheint es, auch tatsächlich bereits verfolgt. In Irland zum Beispiel wurde vor kurzem ein Steuer-Kreditsystem eingeführt, aus dem nichtarbeitenden Ehepartnern eines Haushalts ein ständiges arbeitsloses Einkommen zugewiesen werden kann. Gleichzeitig wurden verschiedene Studien zum Grundeinkommen durchgeführt und die Regierung hat die Absicht geäußert ein *Green-Paper* über die Grundeinkommensidee vorzulegen.[200]

Von anderen Sozialtheoretikern wurde vorgeschlagen, ein Grundeinkommen zunächst für spezielle Bevölkerungsgruppen einzuführen, für deren arbeitsunabhängige Unterstützung in der Gesellschaft eher ein Konsens hergestellt werden kann. David Purdy hat zum Beispiel vorgeschlagen, ein Grundeinkommen zunächst nur für Pensionisten einzuführen und sich von da dann langsam und abhängig von der Wirtschaftsentwicklung durch die Altersgruppen zurück vorzuarbeiten.[201] Andere Theoretiker gehen, wie schon erwähnt, davon aus, dass es sinnvoll wäre, ein Grundeinkommen sukzessive über sehr geringe Beträge einzuführen, die zunächst kaum mehr als Symbolwert hätten, gerade damit aber die Bevölkerung an den Bezug von arbeitslosen Einkommen gewöhnen könnten und so schließlich eine Basis für ein existenzsicherndes Grundeinkommen schaffen könnten.

Wieder andere Sozialpolitiker halten ein „Beteiligungseinkommen", ein so genanntes *Participation Income* für den geeigneten Weg, um die Gesellschaft an die Idee eines Grundeinkommens zu gewöhnen. Robert Goodin[202] zum Beispiel schlägt vor, die *Means tests*, die gegenwärtig vielerorts noch zur Berechtigungsfeststellung für Sozialhilfe durchgeführt werden, schrittweise auszuweiten, so dass nach und nach neben den derzeit gültigen Kriterien – Erwerbsarbeit, Suche nach Erwerbsarbeit, Ausbildung für Erwerbsarbeit – auch Tätigkeiten wie Kinderaufsicht, Aufsicht für

---

[200] Vgl. dazu u.a.: Healy/Reynolds 2000.

[201] Vgl.: Purdy 1994.

[202] Goodin 2000. „If people's needs are increasingly non-standardized, so too must be the social response."

bereits nicht mehr nur Vorschulkinder, Pflege von Invaliden oder pflegebedürftigen Verwandten etc. zu Kriterien für den Erhalt von Sozialhilfe würden. Goodin weist darauf hin, dass in Australien solche Kriterien für eine dreißigstündige freiwillige Tätigkeit pro 14 Tage bereits relativ frei gewählte Beschäftigungsarten zulassen. Auf diese Weise würden die drakonischen *Work-fare*-Regelungen, die zur Zeit über Erhalt oder Nichterhalt von Unterstützungen entscheiden, nach und nach in grundeinkommensnahe Schemata transformiert, die schließlich auch die politische Grundlage für ein tatsächlich arbeitsunabhängiges existenzsicherndes Grundeinkommen vorbereiten könnten.

In ähnlicher Weise argumentiert, wie wir oben schon einmal erwähnt haben, auch Claus Offe für die Prinzipien „schrittweise" und „reversibel" zur Einführung eines Grundeinkommens.[203] Die Idee dahinter sei es, wie er meint, „einen Kontext zu schaffen, in dem die Menschen ihre Präferenzen durch Lernen verändern, wie in dem Sprichwort 'der Appetit kommt mir dem essen'." Die Einführung eines Grundeinkommens sollte demnach nicht in Begriffen wie „zunächst" und „danach" vorgestellt werden, sondern unter dynamischen Aspekten wie „mehr" oder „weniger". Zum Bespiel könnte dazu übergegangen werden, als Kriterium der Berechtigungsfeststellungen nicht mehr den *Bedarf* für Unterstützung, sondern im Gegenteil das Vorhandensein von Kapital und Einkommensquellen feststellen zu lassen. Unterstützungen würden demnach den Normalfall darstellen und an jene nicht ausbezahlt werden, bei denen ausreichende Mittel zur Existenz festgestellt werden.

Eine andere Lösung, die Offe in diesem Zusammenhang vorschlägt, sind so genannte *Sabbatical Accounts*, also „Freizeitkonten", die Zeitgutschriften, – etwa 10 Jahre –, für jeden Bürger vorsehen, welche im Laufe des Lebens in bestimmten vorgegebenen Grenzen dazu genutzt werden könnten, sich unter Erhalt eines damit *temporären* Grundeinkommens von der Arbeit freistellen zu lassen. Abgesehen davon, dass solche Freizeitkonten die Arbeitnehmer in eine bessere Position gegenüber ihrem Arbeitgeber bringen würden, da sie ihnen erlauben, etwa schlechte Arbeitsbedingungen durch die Androhung eines „Urlaubsantritts" zu beantworten, würde die breite Nutzung von Freizeitkonten wohl schnell das ihre tun, um die Bevölkerung an ein arbeitsloses Grundeinkommen zu gewöhnen.

Wieder andere Theoretiker halten Steuerkredite oder eine Negative Einkommenssteuer für die adäquaten Mittel, um den politischen Boden für die Grundeinkommensdiskussion aufzubereiten. Fred Block betont zum Beispiel, dass die Negative Einkommenssteuer ein adäquates Mittel sein könnte, den Weg für die Grundeinkommensidee zu ebnen und gleichzeitig

---

[203] Offe 2000.

bereits die Ziele der Idee, nämlich die Besserstellung der Armen in der Gesellschaft, an Ort und Stelle zu verwirklichen.[204] Allerdings ist, wie wir schon einmal erwähnt haben, die Wegbereiterfunktion all dieser *Work-fare*-Modelle, die nicht unmittelbar dem *Something-for-Nothing*-Prinzip zu folgen bereit sind, nur die eine Seite der Medaille. Wann immer zunächst noch ein *Means test* der Auszahlung von sozialen Transfers vorausgesetzt wird, ist, wie gesagt, ein administrativer Apparat nötig, der die unterschiedlich gelagerten Bedürftigkeiten feststellt, und damit besteht die grundsätzliche Gefahr, das innovative Potential, das die Grundeinkommensidee birgt, in überbordender Bürokratie wieder zu ersticken. Statt Reform könnte diese Schritt-für-Schritt-Politik dann erst recht Regression zur Folge haben.

Zu bedenken wäre überdies auch, dass eine Schritt-für-Schritt-Verwirklichung der Grundeinkommensidee mit relativ langen Zeiträumen kalkulieren müsste, die unter Umständen deutlich über die Dauer der gängigen Legislaturperioden jener politischen Parteien, die sich einer solchen sukzessiven Einführung annehmen würden, hinausgehen. Da sich politische Mehrheiten, wie schon erwähnt, zur Zeit mitunter sogar nur um wenige Wählerstimmen von den ihnen entgegengesetzten Minderheiten unterscheiden, stehen viele Parteien schon heute mit viel konventionelleren Programmen als der Grundeinkommensidee vor dem Problem, ihr Anliegen ins Laufen zu bringen, bevor sie bei den nächsten Wahlen wieder der Opposition das Steuer überlassen müssen. Für langfristige Programme, wie die Schritt-für-Schritt-Einführung eines Grundeinkommensmodells, die mit Zeiträumen von mindestens zehn Jahren zu rechnen hätten, ist auch aus diesem Grund gegenwärtig nur wenig politischer Zuspruch zu finden. Den Parteien scheinen solche Projekte unmittelbar zu unrealistisch und *in the long run* zu riskant.

10.2. Weltweites Grundeinkommen?

Noch ein anderes, nicht von der Hand zu weisendes Problem lässt die Grundeinkommensidee gegenwärtig für die meisten politischen Richtungen nicht hinreichend attraktiv erscheinen, um sich ihrer vollherzig anzunehmen. Es ist dies ein Problem, das auch für die von uns im ersten Teil dieser Schrift verfolgte Argumentationslinie große, wenn nicht größte Relevanz hat. Die Grundeinkommensidee steht, insbesondere da, wo sie sich explizit als Möglichkeit anpreist, desintegrierende soziale Struktur-

[204] Block 2000.

unterschiede und Verwerfungen auszugleichen, vor dem Problem, dass sie halbwegs realistisch zur Zeit höchstens im engen Korsett nationaler Staaten, bestenfalls noch im Rahmen der Europäischen Union auf ihre Verwirklichung zählen kann.

Und auch im nationalstaatlichen Kontext werden, wie oben schon angedeutet, recht unterschiedliche Bezugsgrundlagen diskutiert. Während die einen grundsätzlich die Staatsbürgerschaft für das einzig adäquate Berechtigungskriterium halten, sehen die anderen zum Beispiel die permanente Residenz als Bezugsgrundlage vor, was unter anderem allerdings den Nachteil hätte, dass die Neigung wohlhabender Staaten, Gastarbeitern Langzeitaufenthalte grundsätzlich zu verwähren, Nahrung finden würde. Wieder andere schlagen Übergangsfristen vor, etwa vorangehende längerfristige Residenzen im Gastland, oder ein Reziprozitätsmodell, das außer den eigenen Staatsbürgern nur jenen Migranten den Bezug eines Grundeinkommens gewähren soll, deren Herkunftsländer bereits eine vergleichbare Grundsicherung eingeführt haben.[205] Abgesehen von den damit entstehenden administrativen Kosten und Schwierigkeiten, die unterschiedlichen Standards dann wieder zu vergleichen und auf einen gemeinsamen Nenner zu bringen, dürfte diesbezüglich allerdings kein Zweifel darüber bestehen, dass das hauptsächliche Problem des „Grundeinkommens-Tourismus" kaum aus jenen Ländern zu erwarten ist, die in absehbarer Zeit selbst eine vergleichbare Grundsicherung einführen würden.

Andere diesbezügliche Überlegungen, die sich vor allem auf die europäischen Wohlfahrtsstaaten und deren demografische Situation beziehen, schlagen demgegenüber vor, ein Grundeinkommen für Migranten explizit als „Bezahlung" dafür anzusehen, dass durch sie die vielerorts sinkenden Bevölkerungszahlen ausgeglichen würden und so zum Beispiel die Pensionssysteme der Staaten noch eine Weile finanzierbar blieben.[206] Und wieder andere Überlegungen stellen die möglichen Effekte eines auf nationalstaatlicher Ebene eingeführten Grundeinkommenskonzeptes explizit heraus. Sie betonen etwa, dass ein solches Konzept den Hochlohnländern, oder noch allgemeiner, den Ländern nahe an Billiglohnländern, Staaten wie Österreich zum Beispiel, eine Chance geben würde, ihre Konkurrenzfähigkeit unter globalen Bedingungen zu sichern. Die Arbeitskräfte würden für die Unternehmer in diesen Ländern ja um den vom Grundeinkommen abgedeckten Teil billiger und so die Wirtschaft gegenüber der ausländischen Konkurrenz begünstigt werden.

Gerade jene Staaten, die große Strukturunterschiede zu ihren Nachbarländern aufweisen, haben allerdings in den letzten Jahren auch die

---

[205] Vgl.: Jerusalem 1998.
[206] Offe 2000.

Erfahrung gemacht, dass ihre Grenzen zunehmend zum Ziel von Migrationströmen werden. Die Einführung eines nationalstaatlich isolierten Grundeinkommens, das als Begünstigung von Arbeitskraftkosten gegenüber einem billigeren benachbarten Ausland argumentiert werden will, müsste also mit einer noch wesentlich radikaleren Abschottung der Grenzen gegen dieses Ausland einhergehen als sie zur Zeit schon betrieben wird. Schon dies würde enorme Kosten verursachen. Die Strukturunterschiede aber, die von einer solchen Abschottung unweigerlich erzeugt würden, weil sie den ökonomischen, sozialen und kulturellen Kräften auf breiter Front die Möglichkeit nimmt, sich *auszugleichen*[207] – man denke allem voran etwa an die nachhaltigen Folgen des „Eisernen Vorhangs" – würden sich in einer hochdynamisierten Welt wohl innerhalb kürzester Zeit zu Differenzen auswachsen, die, wenn schon nicht unmittelbar, so doch in weiterer Zukunft wesentlich teurer zu stehen kämen und überdies wohl auch wesentlich schwerer zu kalkulieren wären als die wirtschaftliche Konkurrenz eines billigeren Auslands.

Die begrenzte Einführung eines Grundeinkommens würde also, wenn wir uns unserer Eingangs angestellten Überlegungen erinnern, unweigerlich genau das erzeugen, wogegen die Idee eigentlich antreten wollte, nämlich fatale Strukturunterschiede. Es wäre kaum zu vermeiden, dass sich an den Grenzen derjenigen Staaten, die sich für die Einführung eines Grundeinkommens entscheiden und damit für ihre Bürger die allgemeine Lebensgrundlage vollständig von Erwerbsarbeit trennen, enormer Migrationsdruck aufbaut. Zu Recht würden, unzählige Wirtschaftsemigranten versuchen, ihren Anteil an den damit noch viel verlockenderen Lebensbedingungen in den Grundeinkommensstaaten abzubekommen.[208]

Die Migration aus wirtschaftlich schlechter gestellten Staaten in die erste Welt schafft bereits gegenwärtig enorme Probleme, denen auch mit dem

---

[207] U.a. hat etwa Paul Samuelson bereits 1948 anschaulich demonstriert, welch nivellierenden Einfluss *freier* internationaler Handel über nationale Grenzen hinweg auf soziale Strukturunterschiede hätte, insbesondere auch auf die Einkommensunterschiede aus Arbeit und Kapital. Weil internationaler Handel aber natürlich niemals in diesem idealen Sinne *frei* ist und damit keinen nivellierenden Effekt erzielt, hat James E. Meade 1952 in seiner „Geometrie des Internationalen Handels" vorgeschlagen, Maßnahmen gegen die internationale Einkommensungleichverteilung zu unternehmen. Mit seinem Vorschlag einer Einkommensredistributation war Meade einer der ersten, der ein Basislohn-Konzept in globalem und nicht nur nationalen Rahmen gedacht hat.

[208] In einigen Fällen mag dies allerdings auch ein durchaus beabsichtigter Effekt sein. Der *Alaska Permanent Fund* (siehe oben) verdankt seine Existenz zum Teil der Absicht, die Zuwanderung nach Alaska anzukurbeln. Auch die ständigen Einwohner West-Berlins konnten sich bis 1989 eines Steuerkreditsystems erfreuen, das Anreiz für die Ansiedlung in der geteilten Stadt bieten sollte.

Einsatz modernster Grenzsicherungsmittel kaum beizukommen ist. An der Südgrenze der Vereinigten Staaten etwa, an den Ost- und Südostgrenzen Europas oder auch an den langen Küsten Australiens stehen Beamte im aussichtslosen Dauereinsatz gegen den nicht abreißenden Andrang illegaler Grenzgänger. Dabei rechnen aber gegenwärtig wohl nur wenige dieser Migranten damit, sich auf dem Polster des sozialen Sicherheitssystems der Erste-Welt-Staaten ein wirklich bequemes Dasein einrichten zu können. Im vollen Bewusstsein, nur die unattraktivsten Jobs in der Ersten Welt zu erheischen, setzen sie trotzdem alles daran, vom Reichtum der Wohlstandsnationen zu profitieren. Die Aussicht auf ein besseres und überdies noch dazu „arbeitsloses" Dasein hingegen würde wohl so viele Menschen ins vermeintliche Paradies aufbrechen lassen, dass die Reste der gegenwärtig ohnehin schon deutlich schrumpfenden Toleranz gegenüber Migranten, wie auch die wirtschaftlichen und sozialen Potentiale der Grundeinkommensidee selbst in den Wohlstandsnationen sehr schnell erschöpft wären.

Abgesehen von dieser realpolitischen Problematik entspricht es natürlich auch keineswegs dem Gedanken der Idee selbst, die Möglichkeiten für ein besseres Leben erneut nur einer kleinen Minderheit in einigen privilegierten Ländern vorzubehalten. Im Rahmen der Diskussionen wurde daher immer auch schon auf die Notwendigkeit und die Möglichkeit einer weltweiten Einführung des Grundeinkommens hingewiesen.[209] Zwar gehen die realpolitischen Debatten notgedrungen von „realistischeren" Größenordnungen aus und erwägen nur in Ausnahmefällen eine gleichzeitige Einführung in mehreren Staaten.[210] In ideeller Hinsicht scheinen sich aber die meisten derjenigen, die sich mit der Idee befassen, einig zu sein, dass eine nur partielle Realisation der Grundeinkommensidee durch isolierte Einführung in einzelnen Nationalstaaten nicht den damit verbundenen moralischen und ethischen Ansprüchen gerecht werden würde. Wie schon von Immanuel Kant in seiner Schrift *Zum ewigen Frieden* im Hinblick auf die „wahre Demokratie", und wie auch übrigens von Karl Marx im Hinblick auf die Utopie einer versöhnten, weil eigentumslosen, kommunistischen Gesellschaft, wird von den meisten Sozialtheoretikern auch in Bezug auf das Grundeinkommen dezidiert darauf hingewiesen, dass ein solches Konzept seiner Idee nur in einer Weltbürgergesellschaft tatsächlich entsprechen würde.[211] Die reichen Länder der Welt hätten daher die moralische Verpflichtung, den armen Ländern soweit administrativ und

[209] Vgl. etwa: Zorc 1994; Frankman 1998.
[210] Vgl. z.B.: Genet/Van Parijs 1992.
[211] Vgl.: Galston 2000, Rothschild 2000, Simon 2000.

finanziell unter die Arme zu greifen, dass die Grundeinkommensidee dort ebenfalls so schnell wie möglich verwirklicht werden kann.[212]

Diese Mahnung bleibt freilich in der aktuellen politischen Diskussion ein rein normatives Konstrukt. Real kann sich gegenwärtig kaum jemand vorstellen, dass ein weltweites Grundeinkommen irgendwie in realistischer Reichweite politischer Entscheidungen liegt. Und weil jede andere Art der Einführung aus den genannten Gründen höchst problematisch wäre, sind nur wenige etablierte politische Parteien bereit, sich der Idee wirklich vollherzig zu widmen.

10.3. Undogmatisch bis zur Selbstaufgabe

Grundsätzlich könnte man freilich auch versucht sein, den Umstand einfach zu ignorieren, dass es der Grundeinkommensidee gegenwärtig zu ihrer Umsetzung an politischem Willen fehlt. Die Idee nicht zu unterstützen, nur weil es zur Zeit keine Unterstützung für sie gibt, würde im Prinzip eine *Self-fulfilling Prophecy* wahr machen. Die ganze Diskussion um die möglichen Folgen der Einführung eines Grundeinkommens relativiert sich streng genommen bereits an der grundsätzlichen Schwierigkeit, die Folgen gravierender Eingriffe in komplexe Systeme, wie sie moderne Gesellschaften darstellen, abzuschätzen. So wie etwa die Folgen des großen russischen Experimentes von 1917 damals noch für den größten Realisten nicht in ihrer gesamten Tragweite abzusehen waren, so bleiben auch die Konsequenzen der Einführung eines Grundeinkommens notwendig weitgehend im Dunklen. Wie wir gesagt haben, legt jede neue Problemlösung auch stets eine neue Problemsicht fest, die neue Möglichkeiten und Perspektiven eröffnet und erst dadurch neue Probleme sichtbar werden lässt. Jede Komplexitätsreduktion zieht, um es abstrakt zu formulieren, notgedrungen auch immer eine Komplexitätssteigerung nach sich, die ihrerseits wieder nichtvorhersehbare Folgen hat. Jede Problemlösung schafft, anders gesagt, stets zugleich ermöglichende und einschränkende Bedingungen, die erst als solche den Blick freigeben auf neue Möglichkeitsräume, die notwendigerweise auch wieder neue Probleme bergen. Vom ursprünglichen Ausgangsniveau aus sind diese Probleme einfach nicht zu sehen. Man sieht auf dem jeweiligen Problemlösungs- oder Komplexitätsniveau das, was man sieht, und nicht mehr und nicht weniger, um eine berühmte Formel von Niklas Luhmann zu zitieren. Insofern bleiben noch die differenziertesten Folgenabschätzungen notgedrungen stets Spekulationen.

---

[212] Vgl. u.a.: Barry 2000.

Dies soll freilich nicht heißen, dass man sich über die Folgen eines so gravierenden Eingriffes in das komplexe Gefüge einer Gesellschaft, wie es die Einführung eines Grundeinkommens darstellen würde, keine Gedanken zu machen braucht. Natürlich wollen wichtige soziale Veränderungen und Reformen ausführlich überlegt sein. Dies ist ja auch eines der Anliegen des vorliegenden Buches. Grundsätzlich lässt aber die Schwierigkeit der Folgenabschätzung von Eingriffen ins Soziale eine wichtige Bedingung der Grundeinkommensidee deutlich vor Augen treten: wenn die Idee eine Chance haben soll, tatsächlich konstruktiv zu einem besseren Zusammenleben der Gesellschaft beizutragen, *so kann sie nicht anders als in hochflexibler Weise verwirklicht werden.* Hochflexibel soll heißen, dass die Idee dem Umstand Rechnung tragen muss, *dass ihre Verwirklichung unter Umständen Folgen nach sich zieht, die die Idee selbst anders zu stehen kommen lässt, als dies ursprünglich der Fall war.* Sie bedarf in ihrer Verwirklichung, anders gesagt, beständiger Revision und damit weiterer steuernder Eingriffe, weiterer Problemlösungen, die das Ursprungskonzept notwendig verändern und neue, zuvor nicht absehbare Bedingungen kreieren. Sie muss so konzipiert sein, dass sie in der Lage ist, noch auf die von ihr selbst hervorgerufenen Folgeprobleme so *flexibel* und – notfalls bis zur Selbstaufhebung – *undogmatisch* zu reagieren, *dass sich die Trennung von Arbeit und Einkommen nicht schlussendlich zu einem größeren Problem auswächst, als es die gegenwärtige Prekarisierung der Erwerbsarbeit bereits ist.*

Dieser Umstand kompliziert die Sache natürlich beträchtlich. Da er aber ein grundsätzliches Problem für *jede* Problemlösung und damit für *jede* Sozialpolitik darstellt, wollen wir uns hier mit dem Hinweis begnügen, dass die Folgen der Einführung eines Grundeinkommens also nur jeweils vom gegenwärtigen Standpunkt aus und damit entsprechend *bedingt* gefolgert werden können. Von diesem Standpunkt aus kann man zwar einiges sehen und darüber auch spekulieren. Man kann aber grundsätzlich nur das sehen, was man eben sehen kann. Man kann, anders gesagt, nur die Notwendigkeiten des jeweiligen Augenblicks abschätzen und höchstens ein sehr kleines Stück weit in die Zukunft blicken.

Weit trägt diese Zukunft nicht. *Denn sie gestaltet sich grundsätzlich gerade aufgrund dessen, was man selbst zu ihr beiträgt, stets anders als geplant.*

Nichtsdestotrotz, die Gegenwart ist von prekären Lohnarbeitsverhältnissen und dem Anwachsen eines von Vollbeschäftigung ausgeschlossen bleibenden Gesellschaftsteils geprägt. *Und diese Problematik schafft Handlungsbedarf*, bei aller Beschränktheit der einzelnen, konkreten Handlungen. Vom Standpunkt gar nicht so weniger Sozialwissenschafter,

Ökonomen, Philosophen und Politiker aus besehen sieht es, wie gesagt, so aus, als könnte ein Grundeinkommen dazu beitragen, eine Reihe von Problemen der modernen Erwerbsgesellschaft zu lösen oder zu lindern. Und dies auch dann, wenn sich im nächsten Schritt schon herausstellen sollte, dass neuerliche und dann vielleicht wieder ganz andere Problemlösungen gefragt sind.

Vom gegenwärtigen Standpunkt aus ist damit auch sichtbar, dass die Grundeinkommensidee wohl doch einiger Alliierter in der Gesellschaft bedürfen wird, um überhaupt eine Chance zu haben, realisiert zu werden und damit die Zukunft zu verändern. Die politischen Parteien, die gegenwärtig die politische Landschaft in den Wohlfahrtsgesellschaften der Ersten Welt bestimmen, scheinen, wie wir oben festgestellt haben, für eine solche Allianz zur Zeit nicht die aussichtsreichsten Kandidaten zu sein. Es stellt sich also die Frage, woher die Grundeinkommensidee dann die notwendigen Impulse zu ihrer Verwirklichung beziehen soll.

Wir haben zu Beginn dieses Teils unserer Schrift bereits angedeutet, dass es in Anbetracht der bisherigen Geschichte so aussieht, als würden ökonomische, oder wenn man so will, „kapitalistische" Kräfte mitunter mehr zur Überwindung bestimmter Trägheitsmomente in der „kapitalistischen Gesellschaft" beitragen, als Handlungen, die von rein moralischen oder ethischen Bedenken geleitet werden. Wie sich an vielen Einzelbeispielen – auch an solchen aus der Geschichte des Sozialismus – zeigen lässt, scheinen „antikapitalistische", „antiökonomische" oder sonst wie gegen ein fortgesetztes Wirtschaftswachstum gerichtete *moralische* Argumentationen genau dann die größten Chancen auf Erfolg zu haben, wenn sie sich *ökonomischer* Interessen bedienen, um deren Eigendynamik schließlich zu eigenen Zwecken zu instrumentalisieren. Schon Karl Marx hat ja in diesem Sinn immer wieder die *Selbst*aufhebungstendenzen des Kapitalismus herausgestellt. Anders gesagt: ein moralisch erhobener Zeigefinger scheint größere Chancen zu haben, die gewünschte Aufmerksamkeit zu erhalten, wenn er sich auf wirtschaftliche Interessen stützt, die von sich her in die von ihm angemahnte Richtung wirken. Normative Konzepte, wie die eines Garantierten Grundeinkommens, sollten sich von daher vielleicht grundsätzlich nicht *gegen* den Strom wirtschaftlicher Interessen stemmen, als vielmehr versuchen, zumindest teilweise *in ihm* zu schwimmen, um so eine Chance zu erhalten, ihn in die von ihnen angepeilte Richtung zu lenken.

Hält man von dieser Annahme her nun noch einmal Ausschau nach unterstützenden Impulsen für die Grundeinkommensidee, so wird ein recht mächtiger Bündnispartner sichtbar, der zwar einerseits selbst fest in die ökonomische Logik der Wirtschaft eingebunden ist, der aber nichtsdestotrotz gerade aufgrund dieser Logik zumindest ähnliche Interessen wie die Grundeinkommensidee zu haben scheint: nämlich die Erzeugung einer Gesellschaft, die das Zeitpotential, dass ihr der moderne Problemlösungsprozess, sprich die Arbeit verschafft, mehr und mehr *frei* nutzen kann, ohne dass gleichzeitig immer größere Teile von ihr vor Existenzproblemen wegen mangelnder Einkommen zu stehen kommen; eine Gesellschaft also, die zumindest tendenziell immer mehr in der Lage ist, zu *leben ohne zu arbeiten*.

10.4. Die Freizeitindustrie

Dieser mächtige Verbündete ist die Freizeitindustrie. Und man braucht nur einen kurzen Blick auf die vielen verschiedenen Bereiche der modernen Freizeitindustrie zu werfen, um zu sehen, um welch mächtigen Partner es sich dabei potentiell handelt.

Die Tourismusindustrie etwa ist längst ein weltumspannender Wirtschaftszweig geworden, dessen Wirkungsbereich weit über die Grenzen der ersten Welt hinausreicht. Für viele Europäer und Amerikaner sind ein oder zwei Fernreisen pro Jahr und darüber hinaus noch der eine oder andere Kurzurlaub schon längst Bestandteil des gewohnten Freizeitverhaltens. Darüber hinaus entdecken aber inzwischen auch immer mehr andere Weltgesellschaften den Tourismus. Während vor nicht allzu langer Zeit noch Japaner mit ihren Kodakapparaten eher Ausnahmeerscheinungen in den Zentren der europäischen und amerikanischen Großstädte dargestellt haben, sind es heute zum Beispiel die Bewohner der ehemaligen Ostblockländer, die danach trachten, nun auch endlich die ihnen so lang verschlossenen Sehenswürdigkeiten der Welt zu besuchen. Mit der voranschreitenden Globalisierung, den verbesserten und immer billiger werdenden Transportmitteln und den immer noch Schwung holenden Trends zu individueller und aktiver Lebensgestaltung scheinen gegenwärtig immer mehr Menschen ihre zur Rekreation der Arbeitskraft vorgesehene Freizeit, sprich den *Urlaub*, für Reisen zu nutzen und damit die Tourismusindustrie zu einem immer wichtigeren und mächtigeren Wirtschaftszweig zu machen.

In ähnliche Richtung scheint sich auch die Unterhaltungsindustrie zu entwickeln. Die Größen der Popmusikbranche, die Stars des internationalen Literatur-, Kunst- und Sportbetriebs, die Leinwandhelden Hollywoods oder auch die gängigen Fernsehformate der Soaps, Talkshows und Newslines sind längst zum internationalen Kulturgut geworden. Und dass der neueste Top-Ten-Hit in China ebenso gehört und gekauft wird wie in Amerika oder dass der neueste Hollywoodfilm Afrikaner ebenso begeistert wie Inder oder Europäer ist zu einer wirtschaftlichen Prämisse für die Unterhaltungsindustrie geworden, deren Prosperität nur gesichert erscheint, wenn sich Inder und Afrikaner diese Begeisterung ebenso leisten können wie Europäer und Amerikaner, und zwar sowohl in finanzieller Hinsicht wie auch im Hinblick auf die dafür nötige Freizeit.

Dasselbe gilt auch für die meisten anderen Zweige der Freizeitindustrie, für die Unterhaltungselektronik etwa, die Sportartikelindustrie, die Modebranche und viele mehr. Und selbst in Wirtschaftszweigen, die nicht direkt der Freizeitindustrie zugerechnet werden können, wird immer mehr mit der weltweiten Vermehrung von Freizeit und dem damit steigenden Unterhaltungsbedürfnis kalkuliert. Kein Auto, kein Motorrad mehr, dass als bloßes Fortbewegungsmittel beworben wird, kaum ein Computer oder Mobiltelefon, dass nicht den puren Spaß an der Unterhaltung, den es verspricht, gegenüber seiner ursprünglichen Funktion herausstellt. Ob Computer überhaupt jemals zu jenem Massenmedium geworden wären, das sie heute darstellen, wenn sie nicht gleichzeitig mit vielen anderen praktischen, aber in der Realität kaum jemals wirklich genutzten Features die Möglichkeit zu „spielen“, das heißt also die Möglichkeit, die Freizeit durch Unterhaltung anzureichern, bereitgestellt hätten, darf wohl bezweifelt werden.

Kurz, Unterhaltung und *bedürfnisunabhängige, lustvolle* Ausfüllung von Freizeit sind zu unverzichtbaren Bestandteilen der modernen Gesellschaft und ihrer Wirtschaft geworden, Freizeitgestaltung oder Freizeitmanagement zu allgegenwärtigen Schlagworten unseres Daseins.

Zwar darf nicht übersehen werden, welch enorme Bedeutung dieser Umstand auch für den modernen Arbeitsmarkt hat. In vielen „Freizeitgesellschaften” sind große Teile der Bevölkerung in der Freizeitindustrie tätig und verdienen dort ihren Lebensunterhalt. Ohne Tourismus- und Unterhaltungsindustrie wäre die Arbeitsmarktsituation in manchen OECD-Ländern ohne Zweifel weitaus prekärer und, wer weiß, die Grundeinkommensdebatte vielleicht sogar schon weiter als sie zur Zeit ist.

Trotzdem scheinen aber schon die gegenwärtige Größe und die Wirtschaftsmacht der Freizeitindustrie und die Tendenz ihrer Entwicklung ein deutliches Zeichen dafür zu sein, dass *Freizeit* gegenüber der *Erwerbszeit* in modernen Gesellschaften immer wichtiger wird. Und damit wird über kurz oder lang von der Wirtschaftsmacht Freizeitindustrie auch der entsprechende Druck ausgeübt werden, die Umverteilung der gesellschaftlichen Produktionsgewinne so zu regeln, dass damit für möglichst viele Menschen maximaler Freizeitgewinn bei *mindestens* gleichbleibendem, wenn nicht *steigendem* Wohlstand gewährleistet wird.

Die Trennung von Arbeit und Einkommen, sprich die Einführung eines bedingungslosen Grundeinkommens könnte dann diesem Ansinnen entsprechen.

Natürlich, – und das sei hier nicht außer Acht gelassen – das Ausmaß, in dem die Freizeitindustrie der Grundeinkommensidee in die Hände spielen kann, ist nicht unbeschränkt. Zwar scheinen die wirtschaftlichen Interessen den Intentionen und Perspektiven der Idee zu entsprechen, umgekehrt wird die Freizeitindustrie aber der emphatischen Idee eines vom Arbeitszwang befreiten Lebens, für die das Grundeinkommen jenseits seiner ökonomischen Implikationen auch steht, nur sehr bedingt gerecht. Als an Prosperität orientierter Wirtschaftszweig, der fest in die wachstumsorientierte Allgemeinwirtschaft eingebunden ist, kann auch sie das Produkt der Arbeit, die in ihr verrichtet wird, nur als Grundlage für weitere Arbeit betrachten. Obwohl Freizeit für die Freizeitindustrie so etwas wie eine *raison d'être* darstellt, vermarktet sie diese nur und trägt nicht selbst in einem Ausmaß, das über das der anderen Wirtschaftszweige hinausgeht, zur Erzeugung von Freizeit bei.

10.5. Freizeitgewinn

Freizeit (– wir wollen den Begriff im weiteren im Sinn des englischen *Leisure*, das „Muße" mitmeint, verstehen –) ist aber keineswegs nur ein „kommerzielles" Anliegen der Freizeitindustrie. Wie wir bereits im ersten Teil dieser Schrift anklingen haben lassen, kann Freizeit vielmehr als grundsätzliches, wenn auch jeweils nur interimistisches Ziel jeder Arbeit betrachtet werden. Denn wozu hätten, so ließe sich fragen, die Menschen jemals zu arbeiten anfangen sollen, wenn es nicht von Anfang an darum gegangen wäre, Arbeit zu erledigen, sprich das ihr zugrunde liegende Problem zu lösen und damit eine *problemlose*, sprich, eine *arbeitsfreie Zeit*, also *Freizeit* zu schaffen. Diesen Umstand hat schon Aristoteles in seinen Überlegungen deutlich herausgestellt. Das erste Prinzip jeder Tätigkeit, so schreibt er, sei *schole,* sprich Freizeit, beziehungsweise Muße.[213] So wie die Menschen Krieg führen, um Frieden zu haben, so würden sie arbeiten, um Freizeit zu gewinnen. Ihr gesamtes Handeln, ihr Tätigsein sei letztlich auf Freizeitgewinn ausgelegt.[214] Nach dem Vorbild der Götter beginnt deshalb für Aristoteles das wirkliche Leben erst in der Muße.

Dieses implizite Ziel aller Arbeit, so man es ähnlich rigide wie Aristoteles fasst, klingt auch bei Karl Marx an. Auch für ihn besteht „die

[213] Politik VII: 3. (Rolfes)
[214] Nikomachische Ethik X: 7 (Rolfes)

wirkliche Ökonomie in Ersparung von Arbeitszeit".[215] Allerdings sieht Marx diese Ersparung bereits deutlich unter dem für den Kapitalismus charakteristischen Aspekt fortgesetzten wirtschaftlichen Wachstums. Ersparte Arbeitszeit wird nämlich für ihn grundsätzlich eher als Zeit für weitere Produktion und nicht mehr nur als Freizeit verbucht. „Je weniger Zeit die Gesellschaft bedarf, um Weizen, Vieh etc. zu produzieren, desto mehr Zeit gewinnt sie zu anderer Produktion, materieller oder geistiger", schreibt er[216] und deutet damit selbst jenen Umstand an, den wir in unseren Überlegungen nun schon mehrmals erwähnt haben, den Umstand nämlich, dass auf jedem Niveau erarbeiteter Problemlösungen, oder anders gesagt, mit jeder Zeitersparnis, grundsätzlich neue Probleme und damit neuerliche Arbeitsnotwendigkeiten entstehen, die somit den in der Arbeit eingefahrenen Zeitgewinn stets nur zu einem *temporären* machen. Nicht *Frei*zeit, sondern nur Zeit, um weiter arbeiten zu können, um andere Arbeiten und seien es geistige, wie Marx meint, zu verrichten, wird aus dieser Perspektive mit Arbeit geschaffen.

Ein Umstand, der, so man ihn nicht grundsätzlich genug fasst, die verschiedensten „Entfremdungstheorien" auf den Plan ruft, die dann anmahnen, den angeblichen „Verblendungszusammenhang" einer Arbeit, die nur um der Arbeit und nicht mehr um der ihr zugrundeliegenden Bedürfnisse willen durchgeführt wird, zu durchbrechen. Selbst da noch, wo Zeitersparnis durch Arbeit dann in der Moderne schließlich zumindest begrifflich als *Freizeitgewinn* bezeichnet wird – unter anderem, weil eine mächtige Freizeitindustrie es so will –, diagnostizieren diese Theorien die totale Vereinnahmung der Freizeit etwa – nach einem Wort von Adorno[217] – als „gesellschaftlich bestimmte Konsumzeit", in der wir uns weder der Arbeit, noch der Muße widmen, sondern der Jagd nach stets neuen und vielfach eher modischen denn brauchbaren Konsumartikeln, die uns von Reklame- und Kulturindustrie, von Lifestylemagazinen und anderen Lebensberatern als unverzichtbar eingeredet werden.

Natürlich gehen diese Diagnosen, wie schon gesagt, nicht gänzlich an der Realität vorbei. Die moderne Gesellschaft neigt tatsächlich in hohem Maß dazu, sich mehr über Konsum, Mode und den Besitz der neuesten technischen *Gadgets* zu definieren, denn über das Ausmaß ersparter Arbeit. In einer hoch differenzierten, globalisierten Welt wie der unseren, die die unterschiedlichsten Subsistenzniveaus und kulturellen Bedürfnismuster mitunter auf engstem Raum zusammenwürfelt und damit Unterschiede im Konsumverhalten und in der Lebensweise deutlich kontrastiert, ist freilich

---

[215] Marx 1974: 599.
[216] Marx 1974: 89.
[217] Vgl.: Adorno 1970.

nicht mehr zu übersehen, *dass auch weniger mehr sein kann*, sprich dass weniger Konsum mehr Lebensqualität, mehr Freizeit bedeuten könnte. Und tatsächlich mehren sich in den letzten Jahren die Stimmen derer, die dafür plädieren, aus der Konsum- und Lohnarbeitsspirale auszusteigen. Auch die Argumentation in diesem Buch geht ja teilweise in diese Richtung.

Allerdings darf, wie wir schon festgestellt haben, auch nicht übersehen werden, dass die diesbezüglich unterstellte „Entfremdung von wahren Bedürfnissen" implizit davon ausgeht, dass es solche „wahren Bedürfnisse" gibt und dass sie von irgendjemandem *objektiv* festgestellt werden können. Irgendjemand, sei es Marx, sei es Adorno, würde damit also das Privileg beanspruchen, zu bestimmen, was „wahre Bedürfnisse" sind und was nicht.

Wir haben demgegenüber angenommen, dass Bedürfnisse, analog zu Problemen, die Arbeit schaffen, vom jeweiligen Standpunkt abhängen, der durch das erreichte individuelle oder gesellschaftliche Problemlösungsniveau determiniert wird. Bedürfnisse sind also ebenso wie Probleme höchst relative Größen und gerade in einer hochdifferenzierten Gesellschaft wie der unseren nicht absolut zu bestimmen. Wir müssen daher auch das, was Aristoteles noch rigide als Freizeit der Arbeitszeit entgegengesetzt hat, aus der damit gegebenen Perspektive betrachten.

10.6. Arbeit und Freizeit

Wie wir schon wiederholt festgestellt haben, können Probleme, die uns zu Lösungen herausfordern, die uns also, anders gesagt, zum arbeiten anhalten, sehr unterschiedlich aussehen. Es ist leicht vorzustellen, dass etwa die Lösung einer verzwickten mathematischen Aufgabe, die für einen Gymnasiasten die pure Arbeitsqual im wahrsten Sinn des Wortes bedeutet, für einen passionierten Mathematiker ein reines Vergnügen darstellt, dem er sich mit Genuss in seiner Freizeit widmet. Zwar lassen sich ohne Zweifel auch zahlreiche Probleme, sprich Arbeitsnotwendigkeiten finden, die sich für den größten Teil der Gesellschaft tatsächlich als solche darstellen und bei ihrer Verrichtung kaum Genuss oder Wohlbehagen auslösen. Trotzdem sind aber Probleme grundsätzlich *perspektivenabhängig* und damit *kontingent*. Sie werden auf jeweils erreichten Problemlösungsniveaus unter jenen Bedingungen sichtbar, die das jeweilige Problemlösungsniveau bietet.

Für einen westlichen Lohnarbeiter oder Unternehmer stellt sich, anders gesagt, die durch Arbeit gewonnene Zeit in der Regel als Zeit für weitere, in seinem Sinn produktionssteigernde Tätigkeiten dar. Für ein Mitglied östlicher Gesellschaften mag die selbe Zeitersparnis demgegenüber als Zeit für Tätigkeiten erscheinen, die im Westen eher als Muße- oder Freizeitbeschäftigungen angesehen werden. In Indien zum Beispiel ist, wie der Lebenswandel des Nagaraka im Kamasutra zeigt, die Muße der arbeitslosen Zeit von bestimmten gesellschaftlichen Schichten etwa zur Kultivierung des Liebesspiels genutzt worden. Und aus Australien wird berichtet, dass die dortigen Aborigines wenn überhaupt höchstens zwei bis drei Stunden am Tag Beschäftigungen nachgehen, die in der westlichen Wirtschaftswelt als Arbeit angesehen werden.[218]

Allerdings würde nun – und das ist die eigentliche Crux unserer Überlegungen – kaum ein australischer Ureinwohner umstandslos behaupten, dass er die restliche Zeit des Tages *nichts tut*, dass er sich der *Freizeit* oder *Muße* im westlichen Sinn des Wortes hingibt. Im Gegenteil, die Beschäftigung, der er nachgeht, der Pflege etwa der traditionellen Rituale seines Stammes, der sozialen Beziehungen oder das berühmte „Hineinhorchen" in die *Dreamtime*, die mystische Zeit seiner Vorfahren, welches aus westlicher Sicht gerne als Träumen, oder noch banaler, als Schlafen bezeichnet wird, stellt für ihn, aus seiner Sicht, *ein genauso wichtiges Problem* dar, wie für den westlichen Unternehmer die Steigerung der Produktivität seiner Wirtschaft.

Sowohl das Problem des Unternehmers wie auch das des australischen Ureinwohners entstehen aber analog zueinander als Ergebnis der durch vorausgehende Arbeit, etwa die Sicherung materieller Grundbedürfnisse etc., eingefahrenen Zeit. Beide Probleme werden im Prinzip auch analog zueinander gelöst. Freilich mit dem kleinen, aber entscheidenden Unterschied, dass die diesbezügliche Tätigkeit des westlichen Unternehmers im mittlerweile vorherrschenden Sprachgebrauch einer globalisierten Wirtschaftswelt weiterhin als *Arbeit* bezeichnet wird, die des australischen Ureinwohners aber im Gegensatz dazu als *Nichtarbeit*. Beschränkte Geister assoziieren das Tagwerk der australischen Aborigines mitunter sogar explizit mit *Faulheit*. Nicht wenige europäischstämmige Australier sind der Meinung, dass die Sozialzahlungen des australischen Staates an die „faulen" Aborigines um einiges zu üppig seien und deswegen abgeschafft werden sollten.

Entscheidend für unsere Überlegungen hier ist der Umstand, dass sich die Unterschiede der Bewertung der Problemlösungsmethoden der westlichen Unternehmer und der australischen Ureinwohner auf bloße rhetorische Konventionen reduzieren. Die eine Problemlösungstätigkeit wird als *Arbeit* bezeichnet, die andere nicht. *Qualitätsmäßig besteht zwischen ihnen kein Unterschied*. Beide ergeben sich als Reaktion auf Probleme, die vom jeweiligen kulturellen Background der Betroffenen aus als tatsächlich *schwerwiegende, ernsthafte und dringend zu bearbeitende* Probleme

[218] Vgl.: Groh 1992.

gesehen werden. Dem australischen Ureinwohner erscheint der Aufenthalt in der *Dreamtime* und das dazu nötige „Träumen" *genauso wichtig*, wie dem westlichen Unternehmer die Produktionssteigerung. Beides ist im Prinzip ein und derselbe Vorgang, nämlich der einer *Problemlösung*.

Aus dieser Perspektive reduziert sich für uns also der Unterschied zwischen Arbeit und Freizeit, den Aristoteles noch mit weitreichender Wirkung herausgestellt hat, auf bloße Konvention. Ob Zeitgewinn, der durch Arbeit erzielt wird, „reinvestiert" wird und zu weiterer „Arbeit" im Sinne kapitalistischer Produktionssteigerung verwendet wird, oder ob Zeitgewinn eher als *Freizeitgewinn* verbucht wird, ist eine Frage, die jeweils von spezifischen, kulturell determinierten Standpunkten aus und damit *verschieden* beantwortet wird. Sowohl den Tätigkeiten, die Produktionssteigerung zum Ziel haben, wie auch denen, die dasjenige zum Ziel haben, was im westlichen Sprachgebrauch im allgemeinen als Müßiggang oder Freizeitgenuss bezeichnet wird, liegen im Prinzip „Probleme" zugrunde, die erst vom jeweils selbst geschaffenen Standpunkt aus als solche erscheinen. Marx hatte also recht, wenn er die Tätigkeiten, die durch arbeitsbedingte Zeitersparung möglich werden eher in „materielle" und „geistige" unterteilt hat, denn, so wie Aristoteles, in „mühsame" (*pónos*) und „freizeitgenießende" (*schole*). *Freizeit* oder *Müßiggang* sind aus dieser Perspektive nur andere Bezeichnungen für einen Problemlösungsprozess, der auch dem Begriff „Arbeit" zugrunde liegt.

Und Freizeit ist so gesehen übrigens auch kein „tragisches Geschenk", das soziale Kontakte und Lebensräume entzieht, wie dies die klassische Studie über die *Arbeitslosen von Marienthal* noch betont hat. Auch Freizeitgenuss kann, wie dies etwa Robert Stebbins in seinen Studien zu *Serious Leisure* am Beispiel der Tätigkeiten von Amateuren und Liebhabern gezeigt hat, Zugehörigkeiten, Sozialkontakte, Integration schaffen und Möglichkeiten zur Selbstverwirklichung und Identifikation und sogar für Karrieren und Laufbahnen bereitstellen.[219] Auch dem Müßiggang und dem Freizeitgenuss liegen nämlich, wie gesagt, Probleme zugrunde, die aus der entsprechenden Perspektive als gravierend wahrgenommen werden und unter Umständen genauso dringend und auch mit dem selben Energieaufwand und Arbeitseinsatz zu lösen versucht werden, wie die Probleme der Lohnarbeit. *Der Unterschied zwischen Arbeit und Freizeit ist damit kein substantieller, sondern ein rein konventioneller.*[220]

---

[219] Vgl.: Stebbins 1992.

[220] Dass Arbeit und Freizeit keine totalen Gegensätze sind, wie dies seit Aristoteles Unterscheidung angenommen wird, gehört mittlerweile auch zu den Grundannahmen der Wissenschaft, die sich der Erforschung der Freizeit annimmt, der so

Für unsere Überlegungen ist dieser Umstand von zentraler Bedeutung. Durch ihn wird deutlich, dass, wie wir schon eingangs erwähnt haben, auch die Rede von einem *Leben ohne zu arbeiten* auf bloßer Konvention beruht. Hätten wir, wie gesagt, unsere Überlegungen von vornherein eine Abstraktionsstufe tiefer angesetzt und nach einem *Leben ohne Probleme zu lösen* gefragt, so hätten wir diese Möglichkeit sofort ausschließen müssen. Aus der Perspektive des soeben Gesagten erscheint aber ein *Leben ohne zu arbeiten* nicht mehr so abwegig. Es handelt sich dabei einfach um ein Leben, dass anderen Problemen gewidmet ist, als denen, die in der kapitalistischen Erwerbsgesellschaft durch das gelöst werden, was traditionell als „Arbeit" bezeichnet wird, Problemen, die aber nichtsdestotrotz drängend sind, und zwar möglicherweise gerade für eine Gesellschaft, die mehr und mehr auf ein Problemlösungsniveau zusteuert, auf dem Probleme in den Blick geraten, die prinzipiell nicht mehr durch „Arbeit" zu lösen sein werden.

Und auch für die Frage nach dem Sinn und der Möglichkeit eines *Garantierten Grundeinkommens* ist dieser Umstand von großer Bedeutung. Wenn Arbeit und Freizeit nicht mehr als einander entgegengesetzte Tätigkeitszustände betrachtet werden, von denen der eine mit Schweiß und Fleiß und der andere mit Nichtstun assoziiert wird, so geht es nicht mehr darum, mit der Einführung eines Grundeinkommens den Übergang von einer tätigen, weil „arbeitenden" Gesellschaft zu einer *untätigen*, weil nun auch ohne „Arbeit" lebenden Gesellschaft zu schaffen, *sondern es geht einzig und alleine darum, der Gesellschaft eine Möglichkeit zu geben, die auf dem von ihr erreichten Problemlösungsniveau neu auftauchenden Probleme auch weiterhin zu lösen, obwohl diese Probleme nicht mehr mit dem zu lösen sind, was traditionell als Arbeit bezeichnet wird.* Es geht also der Grundeinkommensidee keineswegs darum, *Nichtstun* zu ermöglichen, sondern es geht ihr im Gegenteil gerade darum, Tätigkeiten und Beschäftigungen zu ermöglichen, die aus der Sicht der Betroffenen – so wie das Träumen der Aborigines – *tatsächliche Notwendigkeiten* darstellen, *weil sie auf echten, realen Problemen beruhen.*

---

genannten „Leisure Theory". (Vgl. dazu u.a.: Rojek 1995, Stebbins 1992, Shields 1992, Samuel 1994). Schon Thorstein Veblen (1925), einer der Begründer dieser Wissenschaft, hat verschiedentlich darauf hingewiesen, welche „Mühen" die „Leisure class" auf sich nimmt, um ihren Müßiggang zu pflegen und zu kultivieren. Auch wenn es vor dem Hintergrund einer Gesellschaftsordnung, in der Muße eine elitäre Angelegenheit bleibt, zynisch klingen mag: es erfordert doch einige „Arbeit", oder um genauer zu sein, es erfordert *Anstrengung*, es müssen zahlreiche Probleme gelöst werden, um richtig „müßig zu gehen".

Nachwort in eigener Sache

Der Sozialwissenschafter Claus Offe hat in Bezug auf Überlegungen zum Phänomen der Arbeit wiederholt betont, dass eine schlüssige Theorie zur Arbeit auch fähig sein müsste, eine Betrachtung ihrer Selbst zu ermöglichen.[221] Eine solche Theorie müsste, anders gesagt, in der Lage sein, sich reflexiv auf sich selbst zurück zu wenden. Noch Überlegungen zur Arbeit sollten sich demnach im Lichte der Arbeit darstellen lassen. Dies fällt uns hier insofern nicht schwer, als wir ja Arbeit grundsätzlich als Problemlösungsprozess aufgefasst haben und damit natürlich auch das Denken, sprich das gedankliche Lösen von Problemen miteinbezogen haben. Auch „geistige" Arbeit ist in diesem Sinn, wie dies schon Marx klar gesehen hat, Arbeit, und die Reflexion von Arbeit, das Nachdenken über Arbeit ist in sich eine spezifische, hochkomplexe Problemlösungstätigkeit, die einiger Anstrengung bedarf, wenn damit anschlussfähige Lösungen oder Vorschläge gefunden werden sollen.

Freilich wird unter der von uns hier eingenommenen Perspektive auch deutlich, dass eine Vielzahl von Problemen bereits gelöst sein muss, bevor Arbeit und ihre Notwendigkeit als Problem in den Blick kommen können, damit also, anders gesagt, über Arbeit und ihre Notwendigkeit und damit schließlich auch über den theoretischen Versuch, die damit verbundenen Probleme zu lösen, nachgedacht werden kann. Es bedarf, anders gesagt, komplexer Vorraussetzungen, damit der dem Leben zugrundeliegende Problemlösungsprozess *selbstreflexiv* wird.

Zumindest müssen wohl die essenziellsten Lebenserhaltungsprobleme für einen Teil der Gesellschaft bereits gelöst, die materiellen Grundbedürfnisse schon befriedigt sein, bevor „Geistesarbeiter", gemeinhin wohl Wissenschafter, die damit erarbeitete Freizeit *rein* theoretischen Problemen widmen können.[222] Dass sich zum Beispiel die Mathematik in Ägypten entwickelt hat, hat schon Aristoteles auf den Umstand zurückgeführt, dass dort die Priesterklasse aufgrund der günstigen Wirtschaftsbedingungen die

[221] Vgl. z.B.: Offe 2000.

[222] Grundsätzlich beansprucht natürlich jede menschliche Problemlösungstätigkeit stets „physische" und „psychische" Leistungen gleichermaßen. Keine menschliche Arbeit lässt sich ohne entsprechend erlernte skills, ohne ein wie auch immer marginal zugrundeliegendes Wissen vorstellen. Der Erkenntnisapparat ist, anders gesagt, in gleichem Ausmaß ein „Problemlösungswerkzeug", wie es unsere Hände sind. Auch bezüglich „physischer" und „psychischer Arbeit" gilt also, dass der Unterschied ein bloß analytischer ist und damit auf Konvention beruht.

Zeit, die *Freizeit* – auf griechisch *schole* – gefunden hat, um sich entsprechenden Problemen zu widmen.[223]

Das griechische Wort *schole* bedeutet ursprünglich „innehalten" und zwar in der Arbeit und bildet – man ahnt es bereits – die Wurzel des deutschen Wortes „Schule", das seinen Konnex dem mittelalterlichen Klosterwesen und dem lateinischen Lehnwort *schola* für „Muße, Ruhe" und schließlich auch für „wissenschaftliche Beschäftigung während der Mußestunden" verdankt. Die Wissenschaft ist also auch etymologisch aufs Engste mit Arbeit, beziehungsweise mit der durch sie geschaffenen *Freizeit*, oder genauer, mit der durch sie geschaffenen Zeit für andere, eben *theoretisch* zu lösende Probleme, verwandt.

Und es liegt, wie wir vor dem Hintergrund unserer Überlegungen nun sehen können, auch aus anderen Gründen nicht fern, die Wissenschaft in die Nähe von *Freizeitbeschäftigungen* zu rücken. Denn die Wissenschaft in ihrer zeitgenössischen Form liefert geradezu ein Paradebeispiel für die Differenzierungs- und Spezialisierungstendenz, der die gesellschaftliche Problemlösungstätigkeit allgemein unterliegt.[224] In kaum einem anderen gesellschaftlichen Bereich werden die Folgen dieser Spezialisierung heute so deutlich. Selbst Wissenschafter, die an ein und demselben, ohnehin als solchem schon hochspezialisierten Institut arbeiten, sehen sich heute mitunter außer Stande, ihre Forschungsergebnisse ihren Kollegen im Zimmer nebenan zu kommunizieren, weil das zugrundeliegende Wissen und die Terminologie dafür bereits zu speziell geworden sind. Und nicht nur, dass dieser Umstand die wissenschaftliche Arbeit selbst beeinträchtigt, er hat auch Folgen für ihren Entlohnungsmodus. Aufgrund der mangelnden Kommunizierbarkeit mancher wissenschaftlichen Ergebnisse fällt es Experten, vor allem – aber nicht nur – entlegener Fachgebiete (die natürlich nicht aus Selbstzweck *entlegen* sind, sondern weil dies die immanente Dynamik der Forschungstätigkeit nach sich zieht), immer schwerer, Mittel und Gelder für ihre Forschungen zu akquirieren oder eine Stelle zu finden, an der sich sorgenfrei für längere Zeit professionell arbeiten lässt. Die Prekarisierung der Beschäftigungsverhältnisse hat längst auch den Wissenschaftssektor drastisch getroffen. Forscher, die zwischen zwei Projekten immer wieder um Sozialhilfe ansuchen, Habilitierte, die ihr Einkommen als Taxichauffeur aufbessern, stellen längst keine Ausnahmen im modernen Forschungsbetrieb dar.

---

[223] Übrigens zunächst durchaus selbst „materiellen" Problemen wie denen der Haushaltsplanung, der Buchführung oder des Handels. Vgl.: Aristoteles: Metaphysik I: 1 (Rolfes).

[224] Vgl. u.a. ausführlicher dazu: Stichweh 1988.

Kurz gesagt, Wissenschafter bieten heute – durchaus vergleichbar mit individualisierten Müßiggängern – ein Paradebeispiel für hochspezialisierte Problemlöser, deren Arbeit unter den gegebenen Bedingungen nicht mehr hinreichend und für alle gleich[225] von der Gesellschaft entlohnt werden kann. Und dies, obwohl sie, anders als Müßiggänger, in ihrer Problemlösungstätigkeit hochgeschätzt und im allgemeinen für das Prosperieren der Gesellschaft und der Wirtschaft für äußerst wichtig gehalten werden.

Die Wissenschaft stellt damit einen Bereich dar, für den sich die Einführung eines Garantierten Grundeinkommens in besonderer Weise nahe legen würde. Einen Bereich, der sich, weil es sich bei wissenschaftlicher Tätigkeit auch heute schon vielfach um subventionierte Arbeit handelt, vielleicht sogar – trotz all der Bedenken, die sich daran knüpfen ließen – als *Experimentierfeld* für eine stufenweise Einführung des Grundeinkommens anbieten würde. Wie immer man über die Tätigkeit mancher Forscher in ihrem Elfenbeinturm im einzelnen denken mag, die Wissenschaft stellt in gewissem Sinn eine Kondensationsform der menschlichen Problemlösungstätigkeit dar. Und zugleich ist sie auch ihre Reflexionsform. So man will, dass die menschliche Problemlösungstätigkeit sowohl in der einen wie auch in der anderen Form weitergeht, – auch wenn sich weder die eine, noch die andere noch einer breiten gesellschaftlichen Nachfrage erfreuen kann –, so wird dies auf längere Sicht wohl nicht anders zu bewerkstelligen sein, als indem *Arbeit und Einkommen* grundsätzlich voneinander getrennt werden, – auf dass damit auch die Arbeit schließlich so *frei* werde, wie dies die Wissenschaft schon lange für sich proklamiert.

---

[225] Es erübrigt sich vermutlich darauf hinzuweisen, dass natürlich auch in diesem Bereich *Verwerfungen* aller Art dafür sorgen, dass die Daseinsbedingungen der Wissenschafter heute in der Regel stark differieren – und dies nicht nur aufgrund unterschiedlicher Qualifikationen.

Verwendete Literatur

Adler-Karlsson, Gunnar (1979): *Gedanken zur Vollbeschäftigung*; in: *Mitteilungen zur Arbeit und Berufsforschung* 4/1979, S. 481-505

Adorno, Theodor W. (1970): *Freizeit*, in: ders., *Gesammelte Schriften* 10.2, S. 645-655

Altvater, Elmar (1973): *Zu einigen Problemen des „Krisenmanagement" in der kapitalistischen Gesellschaft*; in: Jänicke, M. (Hrsg.): *Herrschaft und Krise*, Opladen

Anderson, Elizabeth (1999): *What is the Point of Equality?*; in: *Ethics* 109/1999, p. 287-337

Anderson, V. (1991): *Alternative Economic Indicators*, London (Routledge)

Andersson, Jan Otto (1996): *Why a Citizen's Income Should be Combined with a Citizen's Wage*, Paper presented to the Sixth International Congress of the Basic Income European Network, Vienna International Center, Vienna, 12-14 September 1996

Barry, Brian (2000): *UBI and the Work Ethic. A Respond to Van Parijs*; in: *Boston Review*, im Internet unter: http://bostonreview.mit.edu/ndf.html #Income (25.10.2001) (jetzt auch: Van Parijs, Philippe (2001): *Whats Wrong with a Free Lunch?* Boston (Beacon Press "New Democracy Forum")

Bauman, Zygmunt (1998): *Work, Consumerism and the New Poor*, (Open University Press)

Beck, Ulrich (1999): *Schöne neue Arbeitswelt*, Frankfurt / New York

Bell, Daniel (1973): *The Coming of Post-Industrial Society*, New York (Basic Books)

Berteloot, Bernard (2000): *A Basic Income or a Basic Capital*, Paper presented at the 8th International Congress of Basic Income European Network, Berlin, 6-7th October 2000

Block, Fred / **Monza**, Jeff (1997): *Could we End Poverty in a Post-Industrial Society*?; in: *Politics and Society* 25, no.4

Block, Fred (2000): *Why Pay Bill Gates? A Respond to Van Parijs*; in: *Boston Review*, im Internet unter: http://bostonreview.mit.edu/ndf.html #Income (25.10.2001) (jetzt auch: Van Parijs, Philippe (2001): *Whats Wrong with a Free Lunch?* Boston (Beacon Press "New Democracy Forum")

Borovali, Murat (1998): *Self-ownership, Private Property, and Unconditional Income: a variation on the Georgist proposal for Basic Income*. Paper, presented at the BIEN 7th International Conference on Basic Income in Amsterdam 1998

Brittan, S. (1995): *Capitalism with a Human Face*, Aldershot (Edward Elgar)

Buchanan, James (1985): *The Limits of Liberty*, Chicago (University of Chicago Press)

Burkitt, Brian / **Hutchinson**, Frances (1994): *Major Douglas' Proposals for a National Dividend. A Logical Successor to the Wage*; in: *International Journal of Social Economics* 1/1994

Brown, W. / **Thomas**, C. (1994): *The Alaska Permanent Fund: Good Sense or Political Expediency*?; in: *Challenge* 9-10/1994, p. 38-44

Büchele, Herwig / **Wohlgenannt**, Lieselotte (1985): *Grundeinkommen ohne Arbeit: Auf dem Weg zu einer kommunikativen Gesellschaft*, Vienna & Zürich (Europaverlag)

Büchele, H. / **Wohlgenannt**, L. (1990): *Den öko-sozialen Umbau beginnen: Grundeinkommen*, Vienna & Zürich (Europaverlag)

Carlson, J. (1997): *Is a Basic Income Women Friendly? Assessment of the Problems and Prospects Associated with Basic Income Schemes*, Social Policy Paper no. 1, University of Hertfordshire

Chancer, Lynn (1998): *Benefiting from Pragmatic Vision: The Case for Guaranteed Income in Principle*; in: Aronowitz, Stanley / Cutler, Jonathan (Eds.): *Post-Work: The Wages of Cybernation*, New York, Routledge, p. 81-128

Clark, C. / **Kavanagh**, C. (1996): *Basic Income, Inequality and Unemployment*; in: *Journal of Economic Issues*, vol. 30, no. 2, p. 399-407

Considérant, Victor (1845): *Exposition abrigée du systéme Phalanstérien de Fourier*, Paris

Cutler, Jonathan / **Aronowitz**, Stanley (1998a): *Quitting Time: An Introduction*; in: Cutler, Jonathan / Aronowitz, Stanley (Hg.) (1998): *Post-Work. The Wages of Cybernation*, London (Routlegde), p. 1-30

Dahrendorf, Ralf (1995): *Report on Wealth Creation and Social Cohesion in a Free Society*, London

Dallinger, Alfred, et al. (Hrsg.) (1987): *Basislohn / Existenzsicherung. Garantiertes Grundeinkommen für alle?* Bundesministerium für Arbeit und Soziales. Forschungsbericht aus Sozial- und Arbeitsmarktpolitik, Nr. 16, Wien

Daly, M. (1997): *Cash benefits in European Welfare States*; in: *Journal of European Social Policy*, vol. 7, no. 2, p.129-146

Döring, Diether (1999): *Sozialstaat in unübersichtlichem Gelände*; in: ders. (Hrsg.) (1999): *Sozialstaat in der Globalisierung*, Frankfurt/M., S. 11-40

Dworkin, Ronald (1981): *What is Equality? Part II. Equality of Resources*; in: *Philosophy and Public Affairs* 10/1981, p. 283-345

Duboin, Marie-Louise (1988): *Guaranteed Income as an Inheritence*; in: Miller, A.G. (Ed.): *Proceedings of the First International Conference on Basic Income*, London (BIRG), Antwerp (BIEN), p. 134-145

Eisenberg, Götz (1999): *Wer nicht arbeitet, soll auch nicht essen. Zur Sub- und inneren Kolonialgeschichte der Arbeitsgesellschaft*; in: Kurz, Robert / Lohoff, Ernst / Trenkle, Norbert (Hrsg.), 1999, *Feierabend. Elf Attacken gegen die Arbeit*, Hamburg (Konkret), S. 43-56

Elster, Jon (1986): *Comment on Van der Veen and Van Parijs*; in: *Theory and Society*, 15 (1986), p. 709-721

Engels, Wolfram / **Mitschke**, Joachim / **Starkloff**, B. (1974): *Staatsbürgersteuer*, Bad Wörishofen

Esam, P. / **Berthoud**, R. (1991): *Independent Benefits for Men and Women*, London (PSI)

Ferry, Jean Marc (1995): *L'Allocation universelle. Pour un revenu de citoyenneté*, Paris (Cerf)

Fitzpatrick, Tony (1999): *Freedom and Security. An Introduction to the Basic Income Debate*, Basingstoke / London

Frankman, Myron (1998): *Planet-Wide Citizen's Income. Antidote to Global Apartheid*, Montreal (McGill University)

Fraser, D. (1984): *The Evolution of the British Welfare State*, London (Macmillan)

Fromm, Erich (1966): *The Psychological Aspect of the Guaranteed Income*, in: Theobald, Robert, (ed.), (1966): *The Guaranteed Income*, New York (Doubleday and Company), p. 175-177

Füllsack, Manfred (1996): *Postsowjetische Gesellschaft. Studien zur Gesellschaftsentwicklung am europäischen Rand*. Wien (Turia + Kant)

Füllsack, M. (1998): *Die Ökonomie der gesellschaftlichen Verständigung. Soziologische Aufklärung zwischen Diskurs und System*, Wien, Ms.

Füllsack, M. (Hrsg.) (2000): *Garantiertes Grundeinkommen?* Themenheft der *Zeitschrift für Gemeinwirtschaft* 38. Jg. / H. 3-4

Füllsack, M. (2000a): *Vom Staatsbetrieb zur Gartenwirtschaft. Zur Lage der postsowjetischen Landwirtschaft in Russland*; in: *osteuropa-wirtschaft* 1/2000, S. 82-97

Füllsack, M. (2000b): *Von Schweinen, Geisteswissenschaftern und Arbeitsämtern. Soziale Verwerfungen und ihre mögliche Entschärfung durch ein „garantiertes Grundeinkommen"*; in: ders. (Hrsg.) (2000): *Garantiertes Grundeinkommen?* Themenheft der *Zeitschrift für Gemeinwirtschaft* 38. Jg. / H. 3-4, S. 77-87

Füllsack, M. (2001) *Darf, wer nicht arbeitet, essen? Zur Frage einer bedingungslosen Trennung von Arbeit und Einkommen*; in: *SUB* 1/2001, S. 16-27

Galston, William A. (2000): *What About Reciprocity?; A Respond to Van Parijs*; in: *Boston Review*, im Internet unter: http://bostonreview.mit.edu/ndf.html#Income (25.10.2001) (jetzt auch: Van Parijs, Philippe (2001): *Whats Wrong with a Free Lunch?* Boston (Beacon Press "New Democracy Forum")

Gamel, Claude (1998): *The Use of „Employment rents" for the Financing of Basic Income*. Paper presented at the 7th International Congress on Basic Income on 10-12 September 1998 in Amsterdam, The Netherlands

Genet, Michel / **Van Parijs**, Philippe (1992): *„Eurogrant"*, in: *BIRG-Bulletin* 15, p. 4-7

Gilboy, Elizabeth W. (1932): *Demand as a Factor in the Industrial Revolution*; in: Cole, Arthur H. et al. (ed.), *Facts and Factors in Economic History*, (Cambridge, Mass.: Harvard University Press) 1932

Goodin, Robert E. (2000): *Something For Nothing? A Respond to Van Parijs*; In: *Boston Review*, im Internet unter: http://bostonreview.mit.edu/ndf.html#Income (25.10.2001) (jetzt auch: Van Parijs, Philippe (2001): *Whats Wrong with a Free Lunch?* Boston (Beacon Press "New Democracy Forum")

Gorz, André (1994): *Kritik der ökonomischen Vernunft. Sinnfragen am Ende der Arbeitsgesellschaft*, Hamburg (Rotbuch Verlag)

Gorz, A. (2000): *Arbeit zwischen Misere und Utopie*, Frankfurt/M. (Suhrkamp)

Granados, Gilberto / **Gurksdies**, Erik (1990): *Lern- und Arbeitsbuch Ökonomie*, Bonn (J.H.W. Dietz)

Gray, John (1996): *After Social Democracy: Politics, Capitalism and the Common Life*, London

Groh, Dieter (1992): *Anthropologische Dimensionen der Geschichte*. Frankfurt/M.

Groot, Lucas / **de Beer**, P. (1998): *Netherlands: CI Pilot in Dordrecht?*; in: *Citizen's Income Bulletin*, no. 25, p. 16

Groot, Loek F.M. (1999): *Basic Income and Unemployment. Balancing the Welfare State.* Amsterdam (Netherlands School for Social and Economic Policy Research)

Gutmann, Amy / **Thompson**, Dennis (1996): *Democracy and Disagreement*, Cambridge, Mass. (Harvard University Press)

Hamminga, Bert (1995): *Demoralizing the Labour Market: Could Jobs be like Cars and Concerts?*; in: *Journal of Political Philosophy*, 3/1995, p. 23-35

Harrington, M. (1984): *The New American Poverty*, Harmondsworth (Penguin)

Healy, Sean / **Reynolds**, Brigid (2000): *Progressing Basic Income on a Range of Fronts*, Paper presented at the 8th International Congress of Basic Income European Network, Berlin, 6-7th October 2000

Heinze, Rolf G. / **Streeck**, Wolfgang (2000): *Institutionelle Modernisierung und Öffnung des Arbeitsmarktes: Für eine neue Beschäftigungspolitik*; in: Kocka, Jürgen / Offe, Claus (Hrsg.) (2000): *Geschichte und Zukunft der Arbeit*, Frankfurt / New York (Campus), S. 234-261

Hirsch, Joachim (1974): *Staatsapparat und Reproduktion des Kapitals*, Frankfurt/M.

Huber, Joseph (1998): *Vollgeld. Beschäftigung, Grundeinkommen und weniger Staatsquote durch eine modernisierte Geldordnung*, Berlin (Dunker&Humboldt)

Iacobacci, Mario / **Seccarecci**, Marlo (1989): *Full Employment versus Income Maintenance: Some Reflections on the Macroeconomic and Structural Implications of a Guaranteed Income Program for Canada*; in: *Studies in Political Economy* 28 (Spring 1989), p. 137-173

Jahoda, Maria / **Lazarsfeld**, Paul F. / **Zeisel**, Hans (1975/1933): *Die Arbeitslosen von Marienthal*. Frankfurt/M.

Jerusalem, Erwin (1998): *Basic Income – How it was introduced to the political agenda in Austria*; Paper presented at the BIEN 7th International Conference on Basic Income in Amsterdam

Kaltenborn, Bruno (1999): *Reformvorschläge für die Sozialhilfe – und ihre Achillesfersen*, In: *NDV – Nachrichtendienst des Deutschen Vereins für öffentliche und private Fürsorge* Jg. 79, Heft 3/1999, S. 76-81

Keynes, John M. (1931/1952): *Economic Possibilities for our Grandchildren*; In: ders., *Essays in Persuasion*. London

Kier, Volker (2000): *Grundsicherung als Rechtsanspruch. Die Lösungsansätze des Liberalen Forums*; in: Füllsack, M. (Hrsg.) (2000): *Garantiertes Grundeinkommen?* Themenheft der „Zeitschrift für Gemeinwirtschaft" 38. Jg. / H. 3-4, S. 130-140

Krebs, Angelika (ed.) (2000): *Basic income? A Symposium on Van Praijs.* Special Issue of *Analyse und Kritik* 22/2, (Berlin)

Landes, David S. (1973): *Der entfesselte Prometheus*, Köln

Lerner, Sally (1994): *The Future of Work in North America: Good Jobs, Bad Jobs, Beyond Jobs*; in: *Futures*, vol. 26, no. 2, p. 185-196

Linder, Staffan (1970): *The Harried Leisure Class*, New York (Columbia University Press)

Marx, Karl (1974/1857): *Grundrisse der Kritik der politischen Ökonomie*, Berlin

Marx, Karl / **Engels**, Friedrich (1978/1983): *Werke* (MEW), Berlin

Meade, James (1989): *Agathotopia: The Economics of Partnership*, Aberdeen (Aberdeen University Press)

Mill, John Stuart (1987/1848): *Principles of Political Economy*, New York (Augustus Kelley)

Miller, Anne (1983): *In Praise of Social Dividends.* Edinburgh: Heriot-Watt University. Department of Economics, Working Paper 1, December 1983

Mironov, B.N. (1999): *Social'naja istorija Rossii perioda imperii (XVIII-načalo XX v.)* Tom 2, S.-Peterburg. S. 305-317

Mitschke, Joachim (1985): *Steuer- und Transferordnung aus einem Guß*, Baden-Baden

Morley-Fletcher, Edwin (1998): *Opening Address to the 7th International Congress on Basic Income*, 10-12. September 1998, Amsterdam

Neuberg, L. (1995): *What Defeated the Negative Income Tax? Constructing a Causal Explanation of a Controversial Historical Event*, New York University: Robert F. Wagner Graduate School of Public Service

Nozick, Robert (1974): *Anarchy, State and Utopia*, Oxford (Blackwell)

O'Brien, J. Patrick / **Olson**, Dennis O. (1990): *The Alaska Permanent Fund and Dividend Distribution Program*, in: *Public Finance Quarterly* 18 (2), 1990, p. 139-156

Offe, Claus (1995): *Freiwillig auf die Anteilnahme am Arbeitsmarkt verzichten*; in: *Frankfurter Rundschau* 19. Juli 1995

Offe, Claus / **Mückenberger**, U. / **Ostner**, I. (1996): *A Basic Income Guaranteed by the State: A Need of the Moment in Social Policy*; in: Offe, C., (1996), *Modernity and the State: East, West*, Cambridge (Polity Press)

Offe, Claus (2000a): *Anmerkungen zur Gegenwart der Arbeit*; in: Kocka, Jürgen / Offe, Claus (Hrsg.) (2000): *Geschichte und Zukunft der Arbeit*, Frankfurt / New York (Campus) S. 493-501

Offe, Claus (2000b): *Pathways from Here. A Respond to Van Parijs*; in: *Boston Review*, im Internet unter: http://bostonreview.mit.edu/ndf.html #Income (25.10.2001) (jetzt auch: Van Parijs, Philippe (2001): *Whats Wrong with a Free Lunch?* Boston (Beacon Press "New Democracy Forum")

Paine, Thomas (1995/1796): *Agrarian Justice*; in: Mark Philp, ed. (1995) *Thomas Paine: Rights of Man, Common Sense and Other Political Writings*, Oxford (Oxford University Press)

Parker, Hermione (1989): *Instead of the Dole*, London (Routledge)

Passet, René (1996): *La Sécu entre deux chaises*, in: Transversales 37

Pechman, Joseph A. / **Timpane**, P. Michael (Hrsg.) (1975): *Work Incentives and Income Guaranteed: The New Jersey Negative Income Tax Experiment*, Washington, D.C.: The Brookings Institution

Pelzer, Helmut (1994): *Bürgergeld. Rechenmodell zur aufkommensneutralen Finanzierung eines allgemeinen Grundeinkommens*. Stuttgart

Pioch, Roswitha (1996): *Basic Income: Social Policy After Full Employment*; in: Erskine, A. (ed.): *Changing Europe*, Aldershot (Avebury)

Pipes, Richard (1984): *Rußland vor der Revolution*, München

Polanyi, Karl (1995/1944): *The Great Transformation*, Frankfurt/M.

Pozzi, John (1996): *The Global Resource Bank Proposal*: im Internet unter: http://www.globalideasbank.org/worldtrans/whole/globalresource.html (25.10.2001)

Purdy, David (1993): *The Political Economy of Basic Income*, London (Academic Press)

Purdy, D. (1994): *Citizenship, Basic Income and the State*, in: *New Left Review* No. 208, p. 30-48

Rawls, John (1975): *Eine Theorie der Gerechtigkeit*, Frankfurt/M. (Suhrkamp)

Reid, Margaret (1934): *The Economics of Household Production*, New York (John Wiley)

Rifkin, Jeremy (1995): *The End of Work*. New York

Rimlinger, G. (1971): *Welfare Policy and Industrialization in Europe, America and Russia*, New York (John Wiley & Sons)

Robertson, James (1985): *Future Work*, London (Gower/Smith)

Robeyns, Ingrid (2000): *The Political Economy of Non-Market Work*; Draft paper presented at the BIEN 8th International Conference on Basic Income in Berlin

Rodgers, James (1981): *Zur Erklärung der Einkommensumverteilung*; in: Klanberg, Frank / Krupp, Hans-Jürgen (Hrsg.): *Einkommensverteilung*, Königstein, S. 225-258

Roemer, John (1996): *Equal Shares: Making Market Socialism Work*, (ed. E. O. Wright), London (Verso)

Rojek, Chris (1995): *Decentring Leisure – rethinking leisure theory*, London (Sage)

Rothschild, Emma (2000): *Security and Laissez-faire; A Respond to Van Parijs*; In: *Boston Review*, im Internet unter: http://bostonreview.mit.edu/ndf.html#Income (25.10.2001) (jetzt auch: Van Parijs, Philippe (2001): *Whats Wrong with a Free Lunch?* Boston (Beacon Press "New Democracy Forum")

Sahlins, Marshall (1974): *Stone Age Economics*, London (Tavistock)

Sainsbury, Diana (ed.) (1999): *Gender and Welfare State Regimes*, Oxford/New York

Samuel, N. (1994): *The Future of Leisure Time*; in: *New Routes for Leisure*, Lisbon/Portugal, p. 45-57

Saving, Jason L. (1997): *Tough Love: Implications for Redistributive Policy*; in: *Economic Review*. 3/97

Schor, Juliet (1991): *The Overworked American*, New York

Schwimmer, Erik (1979): *The Self and the Product. Concepts of Work in Comparative Perspective*; in: Wallmann, Sandra, (Hrsg.), *Social Anthropology of Work*, London (Academic Press), p.287-315

Sennett, Richard (1998): *Der flexible Mensch. Die Kultur des neuen Kapitalismus*, Berlin: Berlin Verlag

Shields, R. (1991): *Places on the Margin*, London (Routledge)

Siegenthaler, Hansjörg (2000): *Arbeitsmarkt zwischen Gleichgewicht und Ungleichgewicht im Zeitalter modernen Wirtschaftswachstums*; in: Kocka, Jürgen / Offe, Claus (Hrsg.) (2000): *Geschichte und Zukunft der Arbeit*, Frankfurt / New York (Campus), S. 88-109

Simon, Herbert A. (1998): *Letter to the organizers of BIEN's seventh congress*; in: *Basic Income* 28 (Spring 1998)

Simon, Herbert A. (2000): *UBI and the Flat Tax; A Respond to Van Parijs*; in: *Boston Review*, im Internet unter: http://bostonreview.mit.edu/ndf.html#Income (25.10.2001) (jetzt auch: Van Parijs, Philippe (2001): *Whats Wrong with a Free Lunch?* Boston (Beacon Press "New Democracy Forum")

Smith, Jeffrey (o.J.): *Earth Share Manifesto*; im Internet unter: www.progress.org/dividend/cdman.html (25.10.2001)

Soete / Kamp (1999): *The Bit Tax: taxing value in the emerging Information Society*; im Internet unter: www.ispo.cec.be/hleg/bittax.html (28.4.2001)

Sombart, Werner (1928): *Das Wirtschaftsleben im Zeitalter des Hochkapitalismus*, München/Leipzig

Spencer, Herbert (1868): *Social Statistics*, London (Williams and Norgate)

Standing, Guy (1992): *The Need for a New Social Consensus*; in: Van Parijs, Philippe (ed.): *Arguing for Basic Income. Ethical foundations for a radical reform* , London (Verso), p.62-80

Standing, Guy (1999): *Global Labour Flexibility: Seeking Distributive Justice*. Basingstoke (Macmillan)

Stebbins, Robert A. (1992): *Amateurs, Professionals and Serious Leisure*, Montreal, Quebec and Kingston (McGill-Queen's University Press)

Steiner, Hillel (1992): *Three Just Taxes*, in: Van Parijs (ed.), (1992), *Arguing for Basic Income. Ethical foundations for a radical reform*, London (Verso), p. 81-92

Stichweh, Rudolf (1988): *Differenzierung des Wissenschaftssystems*; in: Maintz, Renate et al. (Hrsg.), *Differenzierung und Verselbständigung. Zur Entwicklung gesellschaftlicher Teilsysteme*, Frankfurt/New York (Campus) 1988, S. 45-116

Supiot, Alain (2000): *Wandel der Arbeit und Zukunft des Arbeitsrechts in Europa*, in: Kocka, Jürgen / Offe, Claus, (Hrsg.) (2000): *Geschichte und Zukunft der Arbeit*, Frankfurt / New York (Campus) S. 293-307

Suplicy, Eduardo / **Buarque**, C. (1996): *A Guaranteed Minimum Income to Eradicate Poverty and Help Poor Children go to School instead of being Forced to Work*, Paper presented to the Sixth International Conference of the Basic Income European Network, Vienna International Center, Vienna, 12-14 September 1996

Tinbergen, Jan (1976): *Reshaping the International Order: A Report to the Club of Rome*, New York (E. P. Dutton & Co)

Titmuss, Richard (1958): *Essays on the Welfare State*, London

Tobin, James / **Pechman**, Joseph A. / **Mieszkowski**, Peter M. (1967): *Is a Negative Income Tax Practical?*, in: *The Yale Law Journal* 77 (1), p. 1-27

Tobin, J. (1978): *A Proposal for International Monetary Reform*; in: *Eastern Economic Journal* 3-4/1978

Tobin, J. / **Eichengreen**, J. / **Wyplosz**, C. (1995): *Two Cases for Sand in the Wheels of International Finance*; in: *The Economic Journal* 105/1995

Topalov, Christian (o.J.): *The Invention of Unemployment. Language, Classification and Social Reform 1880-1910*; in: Anne-Marie Guillemard u.a. (Hg.): *Comparing Social Welfare Systems in Europe*. Vol. 1, Oxford (Conference MIRE)

Trenkle, Norbert (1999): *Es rettet euch kein Billiglohn! Die Illusion vom Elends- und Dienstleistungskapitalismus*; in: Kurz, Robert / Lohoff, Ernst / Trenkle, Norbert (Hrsg.) (1999): *Feierabend. Elf Attacken gegen die Arbeit*, Hamburg (Konkret), S. 109-134

UNDP (1997): *Human Development Report 1997.* New York (Oxford University Press)

Vallentyne, Peter (1997): *Self-Ownership and Equality: Brute Luck, Gifts, Universal Dominance and Leximin*; in: *Ethics* 107/1997, p. 321-343

Vanderborght, Yannick (2000): *The 'VIVANT' experiment in Belgium: an issue-based party focused on full basic income.* Paper presented at the Basic Income European Network 8th International Congress, Berlin, 6-7 October 2000

Van der Veen, Robert J. / **Van Parijs**, Philippe (1986): *A Capitalist Road to Communism*; in: *Theory and Society* 15/1986, p. 635-655

Van Parijs, Philippe (1991): *Why Surfers Should be Fed: The Liberal Case for an Unconditional Basic Income*; in: *Philosophy and Public Affairs*, 20 (1991), p. 101-131

Van Parijs, P. (1991b): *Basic Income: A Green Strategy for the New Europe*; in: Parkin, S. (ed.), *Green Light on Europe*, London (Heretic Books)

Van Parijs, P. (ed.) (1992): *Arguing for Basic Income. Ethical foundations for a radical Reform*, London / New York (Verso Paperback)

Van Parijs, P. (1992a): *Competing Justifications of Basic Income*; in: Van Parijs (ed.) *Arguing for Basic Income. Ethical foundations for a radical Reform*, London / New York (Verso Paperback), p. 1-43

Van Parijs, P. (1995): *Real Freedom for All: What (if anything) can justify capitalism?*, Oxford (Clarendon Press). (Paperback 1997 Oxford University Press)

Van Parijs, P. (1998): *Justice as the Fair Distribution of Freedom*; in: Laslier, Jean-Francois / Fleurbaey, Marc, (Eds.), *Freedom in Economics*, London/New York

Van Parijs, P. (2000): *A Basic Income for All. If you really care about freedom, give people an unconditional income*; in: *Boston Review*, im Internet unter: http://bostonreview.mit.edu/ndf.html#Income (25.10.2001) (jetzt auch: Van Parijs, Philippe (2001): *Whats Wrong with a Free Lunch?* Boston (Beacon Press "New Democracy Forum")

Van Parijs, P. (2001): *Whats Wrong with a Free Lunch?* Boston (Beacon Press "New Democracy Forum")

Van Trier, W. (1995): *Every One a King*, Katholicke Universiteit Leuven: Departement Sociology

Veblen, Thorstein (1919): *The Vested Interests and the Common Man*, New York (B.W. Huebsch)

Veblen, Thorstein (1925): *The Theory of the Leisure Class*, London (Allen & Unwin)

Vives, Juan Luis (1943/1526): *De Subventione Pauperum, Sive de humanis necessitatibus*, French edition: De l'Assistance aux pauvres, Bruxelles (Valero et Fils)

Vobruba, Georg (1983): *Politik mit dem Wohlfahrtsstaat*, Frankfurt/M. (Suhrkamp)

Vobruba, G. (1985): *Arbeit und Essen. Die Logik im Wandel des Verhältnisses von gesellschaftlicher Arbeit und existentieller Sicherung im Kapitalismus*; In: Leibfried S. / Tennstedt F. (Hg.) 1985, *Politik der Arbeit und die Spaltung der Gesellschaft*, Frankfurt/M.

Vobruba, G. (1989): *Arbeiten und Essen*, Wien

Vobruba, G. (2000): *Alternativen zur Vollbeschäftigung*, Frankfurt/M. (Suhrkamp)

Walter, Tony (1989): *Basic Income: Freedom from Poverty, Freedom to Work*, London (Marion Boyers)

Walwei, Ulrich (1999): *Die Europäisierung der nationalen Arbeitsmärkte*; in: Döring, Diether (Hrsg.): *Sozialstaat in der Globalisierung*, Frankfurt/M. 1999: S. 168-191

Weber, Max (1976): *Die protestantische Ethik und der Geist des Kapitalismus*; in: *Gesammelte Aufsätze zur Religionssoziologie*, Bd. 1, Tübingen

White, Stuart (1997): *Liberal Equality, Exploitation and the Case for an Unconditional Basic Income*; in: *Political Studies* 45, p. 312-326

Whyte, William Foot (1970): *Money and motivation. An Analysis of Incentives in Industry*. New York

Widerquist, Karl (1999): *Reciprocity and the Guaranteed Income*: in: *Politics and Society* 33 (3), September 1999

Wiesenthal, Helmut (2000): *Globalisierung. Soziologische und politikwissenschaftliche Koordination im neuartigen Terrain*; in: Brunkhorst Hauke / Kettner Matthias (Hrsg.): *Globalisierung und Demokratie. Wirtschaft, Recht, Medien.* Frankfurt/M., S. 21-52

Willke, Gerhard (1999): *Die Zukunft unserer Arbeit*. Frankfurt / New York (Campus)

Wispelaere, Jurgen De (1998): *Job Rights, Reciprocity and the Constitutional Approach to Basic Income.* Paper presented at the BIEN Biannual Conference, Amsterdam, 10-12 Sep. 1998

Zorc, Anne (1994): *The Global Citizens Plan*; in: *Earth Times* 11/1994